浙江省高校重大人文社科项目攻关计划资助

U0680752

创新如何"教"

创新创业教育课程案例

The Cultivation of Students' Innovative Ability
Selected Cases of Innovation and Entrepreneurship Education

主　编　计伟荣
副主编　汤　智

ZHEJIANG UNIVERSITY PRESS
浙江大学出版社
·杭州·

图书在版编目（CIP）数据

创新如何"教"：创新创业教育课程案例/计伟荣
主编. --杭州：浙江大学出版社，2022.5
ISBN 978-7-308-22563-2

Ⅰ.①创… Ⅱ.①计… Ⅲ.①创造教育—研究—中国
Ⅳ.①G40-012

中国版本图书馆CIP数据核字(2022)第069146号

创新如何"教"——创新创业教育课程案例

CHUANGXIN RUHE "JIAO"——CHUANGXIN CHUANGYE JIAOYU KECHENG ANLI

主　编　计伟荣
副主编　汤　智

责任编辑	柯华杰
文字编辑	沈巧华
责任校对	汪荣丽
封面设计	春天书装
出版发行	浙江大学出版社
	（杭州市天目山路148号　邮政编码　310007）
	（网址：http://www.zjupress.com）
排　版	杭州林智广告有限公司
印　刷	杭州高腾印务有限公司
开　本	787mm×1092mm　1/16
印　张	13.5
字　数	271千
版印次	2022年5月第1版　2022年5月第1次印刷
书　号	ISBN 978-7-308-22563-2
定　价	45.00元

版权所有　翻印必究　　印装差错　负责调换

浙江大学出版社市场运营中心联系方式：0571-88925591；http://zjdxcbs.tmall.com

编委会名单

主　编　计伟荣

副主编　汤　智

编　委　潘柏松　陶　宏　张建勇

21世纪以来，全球新一轮科技革命和产业革命加速发展，新技术、新业态不断涌现，社会对创新创业人才的需求持续增加，如何更好地开展创新创业教育已成为高等教育必须思考的问题。

在"大众创业、万众创新"的背景下，创新创业教育应更具有广泛性和普及性，切实融入人才培养全过程，从原先以竞赛为载体，小范围、精英化的培养模式转变为以课程为载体，全过程、普及化的培养模式，让每一位本科生都具有创新意识、创新精神和创业能力。课程是育人主战场，课堂是育人主渠道，创新创业教育要融入每一门课程之中，在每一节课堂上体现出来。

创新创业教育具有学科专业属性，知识创新、技术突破都需要坚实的学科专业基础，没有学科专业基础的创新就犹如无源之水、无本之木；同时创新创业教育还具有社会市场属性，要求学生能够把握社会需求和市场脉搏，拥有管理和领导能力。因此，如何在本科教育中将创新创业教育的两种属性相融合，在专业课程中培养学生的创新精神和创业能力，是创新创业教育的关键所在。

浙江工业大学针对这一问题已率先展开了十余年探索与实践，坚持以课堂教学为本科创新创业教育的突破口，全面推进"理论学习＋项目实践/案例分析＋学术报告/小组研讨"教学模式，形成通、专、创一体化的"认知－行知－创知"融合教育模式，激发、培养学生的批判性思维、创新精神、创业意识、创造能力。本书选取了15个能较好体现通识教育、专业教育与创新创业教育融合的课程教学案例，旨在展示浙江工业大学"以课堂教学为主渠道开展创新创业教育"的教育理念，推广"创在工大"的优秀课程教学经验。本书有以下两个特色：一是以专业课程为开展创新创业教育的主要渠道，所选择的案例均为专业课程的教学案例，以专业知识技能教授为主要教学目标，潜移默化地传递创新创业的知识和能力，而专门教授创新创业相关知识的课程并未列入其中。二是选择了课堂教学这个独特的视角来具体展现创新创业教育与专业教育这两种截然不同的教育是如何有效结合的，在教学理念、教学方法、教学过程、教学评价等各个环节都体现了对学生创新精神和创业能力的培养。

创新创业教育探索之路漫漫，我们进行了大胆的尝试，也获得了一定成效，但未来之路依然道阻且长，期待更多教师怀揣着热爱与激情共同求索。

目 录

问题驱动　构想未来
——"计算机工程实践"课程案例

雷艳静、陈朋

计算机科学与技术学院

一、课程基本信息

- ◎　课程名称：计算机工程实践
- ◎　课程性质：专业必修课
- ◎　授课教师：雷艳静、陈朋
- ◎　授课对象：计算机科学与技术专业大二学生
- ◎　授课单元：基于现实生活场景和实际应用需求的计算机智能系统构想
- ◎　授课学时：本课程共40课时，其中本授课单元4学时

二、课程教学目标

1．知识目标

理解树莓派智能小车的结构组成及其工作原理，能够熟练进行组装和拆卸；掌握树莓派开发平台的环境搭建与配置方法、wiringPi函数库和Linux常用命令的使用方法，能够对智能小车进行控制和驱动。

2．能力目标

具有从现实生活实践中发现问题、捕捉机会并大胆提出新理念、新点子和新创意的意识；能够整合资源和新技术进行计算机智能系统新作品创作，并具有制定决策与方案、计划行动并具体执行的能力。

3．素质目标

在问题构建、方案设计和具体实现过程中，能够开拓思维，匠心独运，创新性解决问题；理解实践项目的工程管理原理与经济决策方法，以及工程实践对社会、安全、健康和生态环境的影响。

三、教学理念及设计

1．教学理念

计算机工程实践采用开放性自主实验模式，不设固定题目，需要学生深入生活实践，主动发现问题，自行构建问题，并开展问题式项目。本授课单元的主要教

学内容是问题的构建与形成，教学理念借鉴了丹麦奥尔堡大学（Aalborg University，AAU）的PBL（problem based learning，基于问题的学习）教学模式，重在突出以问题为基础的项目式教学、小组合作式学习、同伴学习、以学生为中心的跨学科学习。

2. 教学方法与教学思路设计

本授课单元主要采用小组研讨法和案例式教学法两种教学方法。小组选题环节采用头脑风暴形式，讨论创意和观点，给出初步设想；教师从中挑选几个案例进行分析，之后小组再进行多轮研讨，确定自己的主题，进行小组汇报与分享。

本授课单元的基本教学思路是PBL问题式教学，如图1所示。其主线为：

①教师引入问题情境，引发学生思考，鼓励其提出自己的想法；

②学生分组研讨方案，制定对策，进行分享与汇报；

③教师点评，启发学生并给出建议，最后进行归纳总结，使学生的想法得到升华。

图1　PBL教学思路

四、课堂教学实录

本授课单元教学围绕工程实践的选题环节——"计算机智能系统的构想"来展开，分为两次课堂授课和两次课下讨论共4个阶段，总体安排如下。

①第一次课堂授课：话题引入＋知识讲解＋选题初探。首先引出计算机智能系统的话题，讲解相关基础知识，然后过渡到选题任务，组织学生进行选题讨论，使其对计算机智能系统的构建有初步设想。

②第一次课外学习：同伴讨论＋选题汇报准备。该阶段鼓励学生利用课外时间继续对选题进行深入讨论，并做好课堂选题汇报准备。

③第二次课堂授课：选题汇报＋师生研讨。该阶段主要任务是组织学生进行选题汇报和研讨，教师启发学生并给出建议，引发其对选题的进一步思考。

④第二次课外学习：选题完善＋提交定稿。该阶段学生根据老师、同学的意见和建议，继续深入讨论，不断完善，提交最终定稿。

这样，经过充分研讨、论证、修订与完善，学生的选题质量得到了保证，为后续工程实践的具体实施打下坚实的基础。

这里以第一次课堂教学为例，来阐述授课过程和具体教学设计。第一次课堂授课，各教学环节的详细设计如下所述。

1．课堂引入

课堂引入环节的具体教学设计如图2所示。

①活动1（1分钟）：教师抛出问题"日常生活中有哪些计算机智能系统？"

②活动2（4分钟）：学生短时讨论后回答问题。

学生A：扫地机器人、饭店里的迎宾机器人和送餐机器人。

学生B：智能手机、电脑、游戏机、VR装备。

学生C：马路上的视频监控系统、"天眼"。

学生D：Siri、AlphaGo。

③活动3（3分钟）：师生互动与在线调查。教师通过"微词云"工具（或DataV、PollEverywhere、NiucoData等同类产品）在线收集学生的答案，并实时生成一张可视化词云图，使学生对计算机智能系统有初步认识。

2．知识点讲授

该环节的具体教学设计如图3所示。

（1）核心知识点（板书）

①计算机智能系统的基本知识。

含义：能产生人类智能行为的计算机系统。

特征：处理对象不仅有数据还有知识；往往采用人工智能的问题求解模式；具有现场感应能力。

分类：标准不唯一，常见的有专家系统、模糊逻辑系统、神经网络系统、机器学习系统、仿生进化系统、群体智能系统、多Agent系统和混合智能系统等类型。

实现原理：软硬件紧密结合协同设计来实现特定功能。

课堂引入（8分钟）			
教学活动及角色分工	教师	抛出问题	日常生活中有哪些计算机智能系统？
	学生	讨论+回答	智能手机、扫地机器人、游戏机……
	教师+学生		互动 + 研讨
教学策略			实时在线调查与互动
教具			软件：微词云、DataV、Poll Everywhere、NiucoData等工具
部分教学场景展示	  		

图2 课堂引入环节的教学设计

②典型的计算机智能系统举例。

机器人：能够半自主或全自主工作的智能机器，例如，水下机器人、医疗机器人、清洁机器人、送餐机器人等。

智能家居系统：利用技术手段对生活相关的子系统进行智能化控制和综合管理以带来全新体验和便捷性的系统，例如，海尔的u-home、上海尔申科技的未来密码等。

无人驾驶系统：通过电脑系统实现无人驾驶的智能汽车，例如，百度的红旗EV和出租车队Robotaxi。

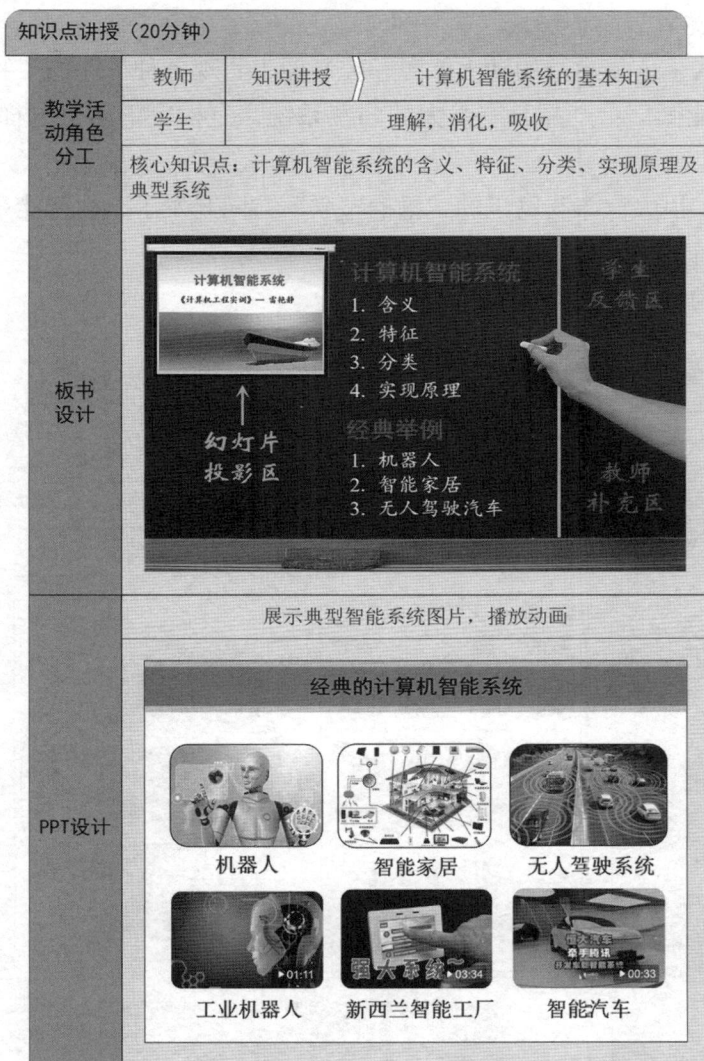

图3 知识点讲授环节的教学设计

（2）PPT展示内容

①三张智能系统图片。

机器人：具有保姆、厨师、快递员、遛狗、管理家庭收入等多项功能。

智能家居系统：能够实现对安防、门禁、灯光、窗帘、煤气阀、采暖、防疫、家庭娱乐等智能化控制。

无人驾驶系统：集人工智能、视觉计算、雷达、监控装置和GPS系统等技术于一体，让电脑在没有人类主动操作的情况下，自动安全地操作机动车辆。

②三段视频。

工业机器人：依靠自身的动力能源和控制能力实现各种工业加工和制造等功能。

新西兰智能工厂：产品具有强大的门禁系统，有楼宇消防、电梯控制和灯光控制等功能。

智能汽车：恒大汽车与腾讯的"梧桐车联"共同开发了车载智能系统。

3．小组研讨

研讨环节的具体教学设计如图4所示。

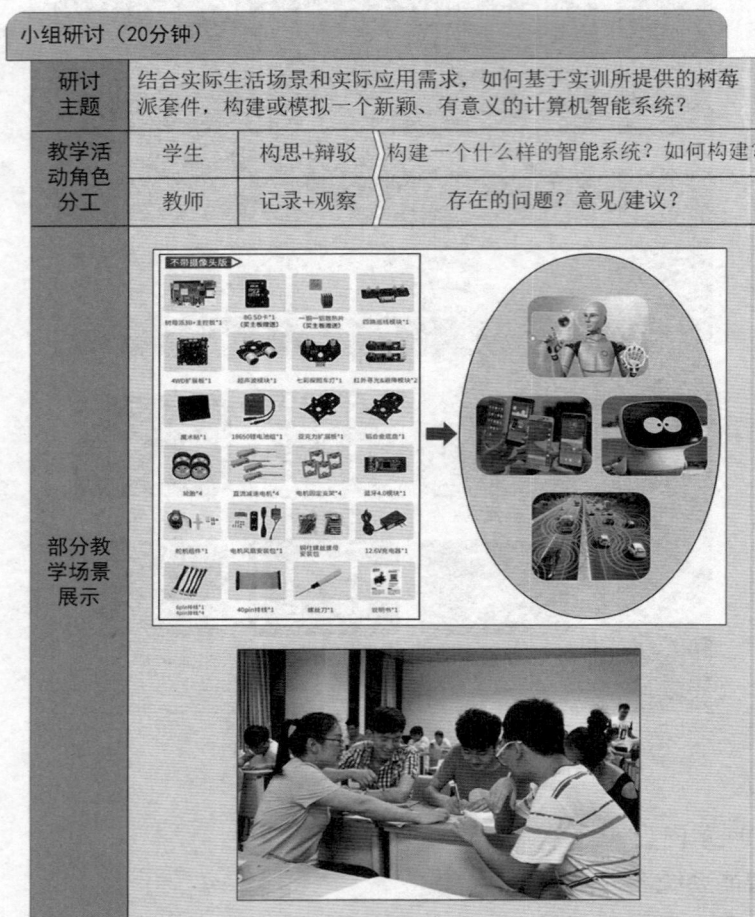

图4 小组研讨环节的教学设计

（1）研讨主题

结合实际生活场景和实际应用需求，如何基于工程实践所提供的树莓派套件，构建或模拟一个新颖、有意义的计算机智能系统？

（2）研讨组织形式

①角色与分工。

学生：围绕“构建什么样的智能系统以及如何构建”这个核心问题，以小组为单位采用头脑风暴形式，提出想法，进行论证与辩驳。

教师：对学生的讨论过程进行观察和记录，听取学生的想法，对其进行鼓励和启发，但不限制和强加干预，尽量给予其最大的发挥空间。

②时长与程度预期。持续20分钟，学生对构建计算机智能系统有初步想法即可，不要求系统很完美，后续还可以进行细化和完善。

4．研讨汇报

该环节的具体教学设计如图5所示。

研讨汇报（25分钟）

教学活动及角色分工	汇报学生	汇报+分享	分组陈述所构建系统的创意与价值等
	其他学生	聆听+学习	从中学习，提出建议，同伴交流
	教师	点评+启发	点评，给出意见和建议，进一步启发
部分教学场景展示	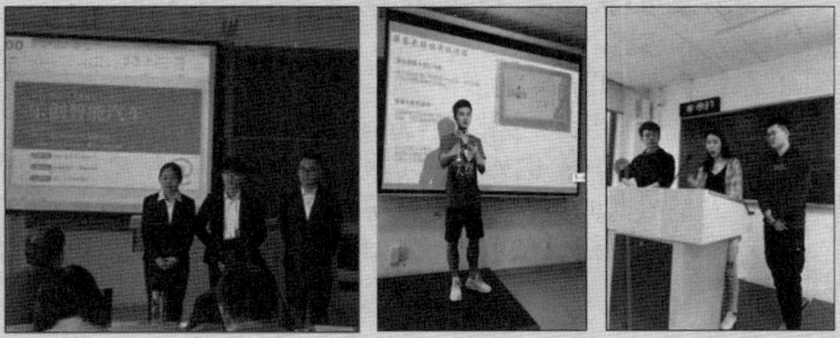		

图5　研讨汇报环节的教学设计

（1）角色分工

①汇报学生。汇报小组以团队的形式对自己的选题进行汇报和陈述，重点在于选题的意义、价值、创意和新颖之处。汇报可采用口头、板书或PPT形式。每组5分钟，5组共25分钟。

②其他学生。其他学生聆听汇报同学的发言，从中吸取经验与教训，并学习。同伴之间相互学习与交流，并提出自己的意见和建议。

③教师。对学生的选题进行总结、点评，给出建设性意见，并进一步启发学生深入思考。

（2）研讨汇报案例

以第2小组为例，其研讨汇报情况如表1所示。

表1　研讨汇报情况

汇报人	第2小组全体成员
汇报选题	基于深度学习的垃圾分类机器人
功能设想陈述	树莓派智能小车的摄像头实时采集图片信息，然后将图片上传到云端；在云端部署一套深度学习识别算法，该算法可以对垃圾进行识别和分类，然后将信息返回到树莓派；树莓派端利用机械臂将垃圾分拣到对应的垃圾桶中。
其他小组提问交流	A问：树莓派如何将图片传输到云端？需要额外硬件模块吗？ 小组答：项目组准备配备一个Wi-Fi模块来上传图片，同时在选配摄像头时选择像素，否则所采集的垃圾图片分辨率太大，网络传输时间过长，系统延迟较大，用户体验不好。 B问：垃圾识别和分类使用什么算法？ 小组答：拟采用YOLO（you only look once）算法，它是一种非常经典的目标检测算法。 B建议：可以考虑多尝试几类算法，并进行性能对比，最终确定使用哪一种。比如Yolo V3、V5、SSD（single shot detection）以及ResNet等都可以尝试对比一下。
教师点评与建议	1.总体评价 总体方案可行，具有较好的研究意义和较高的实现价值。但一些细节尚需要进一步深入和完善。 2. 系统实现可能会存在的问题 算法部署在哪里？是租公有云还是私有云？还是自己搭建服务器？机械臂可以分拣所有的垃圾吗？例如：湿垃圾如何处理？是否考虑其他机械结构？机器人是放在固定地方，还是可以移动？如果可以移动，机器人回到垃圾桶边的姿态不同，机械臂按照固定自由度投放可能会出现很大偏差，需要重新计算和调整。 3. 建议 可以添加语音模块和显示屏，使得人机交互性更好，屏幕可以显示识别结果，语音可以辅助播放信息。 智能小车的轮子还没有充分利用，可以考虑将场景进一步扩大，变为指定区域的垃圾清理，即移动捡垃圾机器人。

5.往届优秀案例讲解与作品赏析

该阶段的具体教学设计如图6所示。

（1）赏析4个优秀作品

①基于树莓派的游戏掌机。

②基于树莓派的Magic Mirror（魔镜）。

③基于树莓派的智能圣诞树。

④基于树莓派的迷宫探险智能小车。

（2）赏析方式

播放关于作品的视频，包含功能介绍与效果展示。

（3）教师点评

①游戏掌机的趣味性强，且学生根据产品特征手工制作了外壳。该产品功能比较完备，外观精美，且对游戏的控制比较灵活。

②Magic Mirror（魔镜）可实现魔幻镜面的同时，还可以展示日期、时间、天气以及今日头条等信息，且具有语音交互功能，功能点多，实用性强。

③智能圣诞树可以通过特定识别算法和配套的app，在手机上调整颜色从而实现智能控制彩灯的目的，算法含金量较高，实现效果好。

④迷宫探险智能小车趣味性强。充分利用小车移动和探测的特点，结合寻径算法，实现迷宫路径的试探。系统寻径准确，性能比较稳定。

往届优秀案例讲解 & 作品赏析（12分钟）

教学活动角色分工	教师	展示 + 解说	展示往届优秀案例与作品并进行解说
	学生	学习 + 思考	结合自己构建的系统，思考改进策略
部分教学场景展示	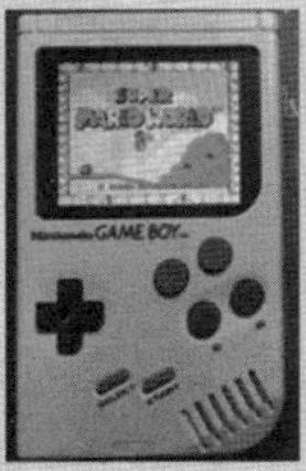 游戏掌机 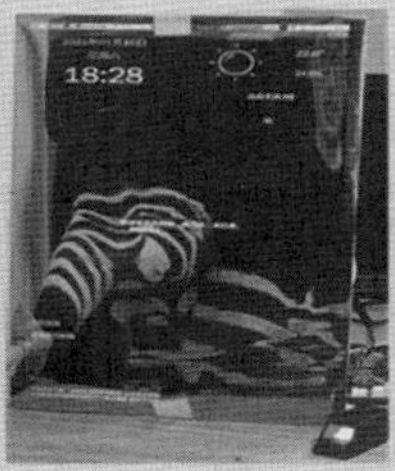 Magic Mirror（魔镜） 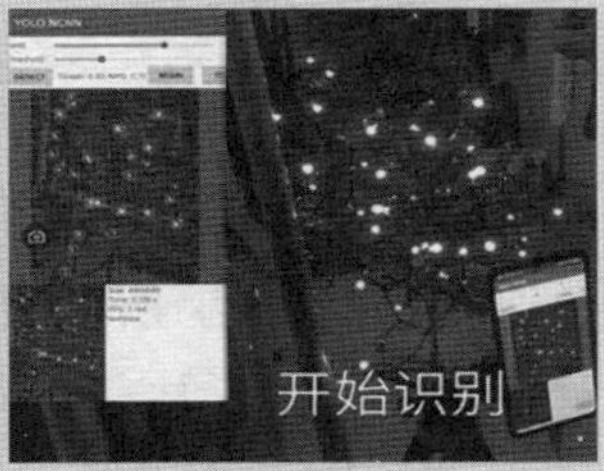 智能圣诞树 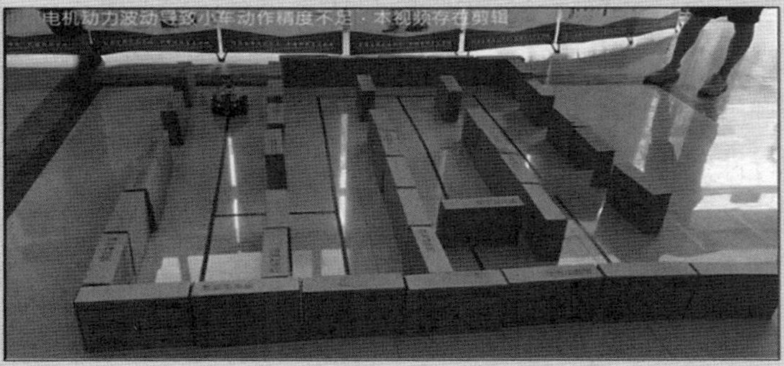 迷宫探险智能小车		

图6　往届优秀案例讲解与作品赏析环节的教学设计

6．总结与课外任务布置

该环节的具体设计如图7所示。

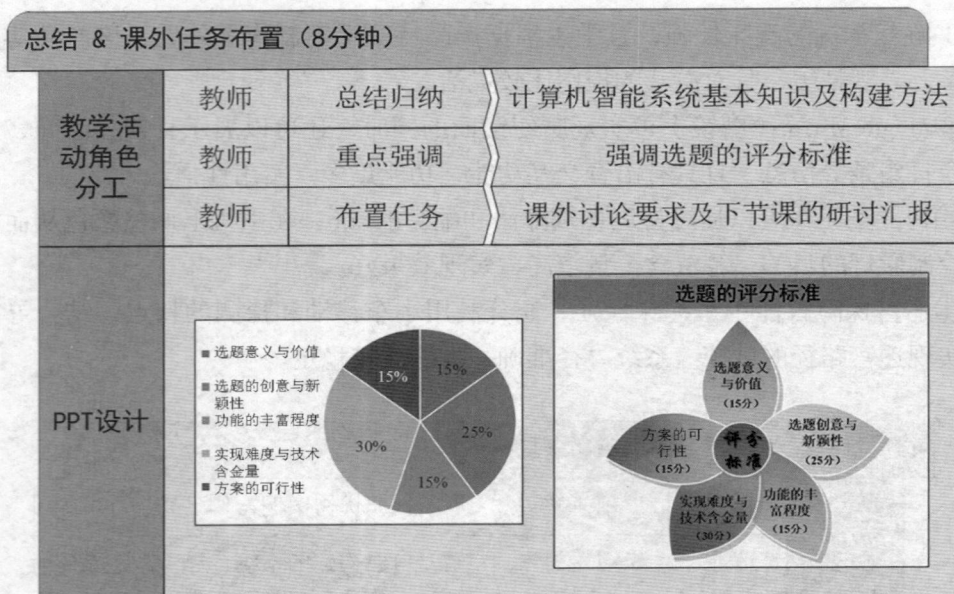

图7　总结与课外任务布置环节的教学设计

①教学活动1：总结归纳（3分钟）。内容包括计算机智能系统的含义、特征、分类、要素、典型系统，构建计算机智能系统的方法。

②教学活动2：重点内容强调（3分钟）。选题要符合满足实际应用需求、创意新颖、可行性强等规则，评分标准包含选题意义与价值、选题创意与新颖性、方案的可行性、功能的丰富程度、实现难度与技术含金量等要素。

③教学活动3：教师布置课外任务（2分钟）。要求学生在本节课选题初探的基础上，课下继续进行第2轮讨论；讨论时不仅要注重选题的创意与新颖性，还要进一步考虑其可行性、难度和技术含金量等。

7．项目实践

以2021年暑期计算机科学与技术专业2019-01教学班为例，全班有52人，共分为14组。各个小组的作品清单如表2所示。

表2　作品清单

序号	作品名称	功能简介
1	校园迎新公交车辅助系统	入校新生通过手机app设置要到达的区域，系统生成二维码，上车时扫描二维码，驾驶系统自动规划路径，到站语音提醒，提升校园内接驳车的运营效率

序号	作品名称	功能简介
2	家庭老人摔倒报警系统	能够监控家庭环境信息以及家里老人是否摔倒，如果摔倒，则自动向子女发送报警信息
3	Magic Cube	能够通过电机、摄像头等硬件，结合深度学习算法，自动还原魔方，或者控制高阶魔方显示指定图案，达到娱乐的目的
4	体感交互式游戏控制系统	利用OpenPose技术，通过手势、姿态、声音、触摸等多种信息，实现推箱子、吃金币、坦克大战、捕兔等游戏控制
5	具有风格迁移的手写/绘画机器人	能够通过光学字符识别（optical character recognition，OCR）技术提取图片中的文字和图形信息，通过GRBL进行精准绘画和写字控制；能够使用zi2zi神经网络训练手写体，从而写出具有自己风格的字
6	炫彩心情灯	能够用语音唤醒系统，展示各种炫彩灯效；能够识别当前用户，滚动显示其信息；能够识别用户表情，进行语音和文本清晰分析，开启不同色彩色调的灯并播放适当感情基调的歌曲，来舒缓用户的情绪
7	BlueFi智能台灯	能够通过语音控制或者手机app端操作，远程控制台灯进行开关、亮度调节和色彩变化等
8	疫情时代无人值守快递投送系统	快递小车自动规划路线后进行快件投递，然后以微信或短信的方式通知取件人来取件；取件人需要通过人脸识别、二维码扫描等方式进行身份识别后才可取走
9	疲劳驾驶监测系统	能够实时监控驾驶员的身体状态，通过深度学习算法判断其是否疲劳驾驶，并进行语音和震动提醒等
10	校园宿舍智能门禁系统	能够通过人脸识别、指纹识别和近场通信（near field communication，NFC）技术进行身份验证，并开启门禁；若身份识别失败，或其检测到恶意入侵，则进行报警，通知后台或主人进行处理
11	"你是我的眼"导盲系统	能够通过摄像头摄取周围环境信息，通过计算机视觉技术进行道路识别和障碍物识别，为盲人进行导航辅助
12	智慧植物识别系统	能够通过手机随手拍照，上传图片，进行植物识别和信息展示，从而为用户提供知识
13	多功能树莓派智能音箱	能够以语音形式开启对话、进行闲聊、查询天气、播放新闻以及指定音乐等
14	Parrot听译读画智能助手	以Parrot为唤醒词，用语音形式来启动系统，能够进行语音命令识别、文章朗读、中英文翻译和绘画等

以第6组炫彩心情灯为例，其实现关键步骤如下。

（1）系统总体功能确定

系统总体上分为语音处理、炫彩灯控制和情绪治疗三大模块，各模块的主要功能如图8所示。

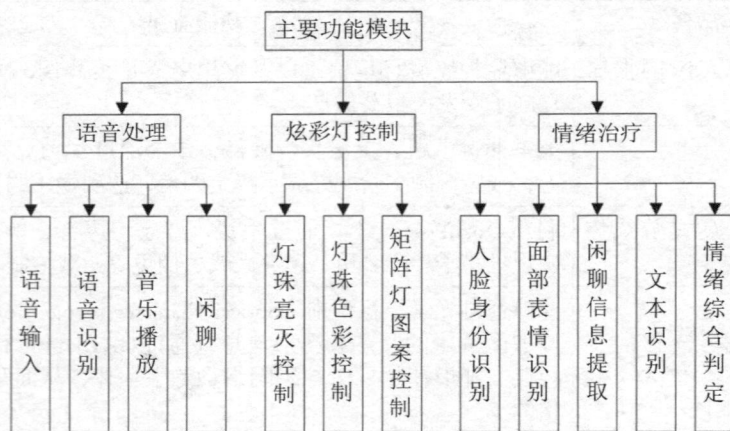

图8 炫彩心情灯总体功能设计

（2）系统硬件电路设计与产品外观设计

系统硬件由 Raspberry 3B+ 开发板、WS2812B灯条、CSI摄像头、USB麦克风和蓝牙音箱组成，CSI摄像头和USB摄像头分别通过CSI排线和USB接口与树莓派主板相连，而WS2812B灯条需要根据产品外观进行剪切和定制。

在设计炫彩灯外观时，团队首先设计了一个空心圆柱体的灯架，共五层，每一层有20个方格，设计图纸后发送到激光切割厂家进行切割，如图9（a）所示。然后根据加工后切割的结果，拆下零件，通过榫接的方法搭建了高16.5cm、直径为20cm的灯架，每层的中心点间距约为30mm，如图9（b）和（c）所示。

其次，根据所设计灯架的尺寸，对WS2812B灯条进行剪切，并采用专门的连接件进行连接，如图10所示。

最后，将系统所有的硬件模块进行组装，搭建成如图11所示的系统。

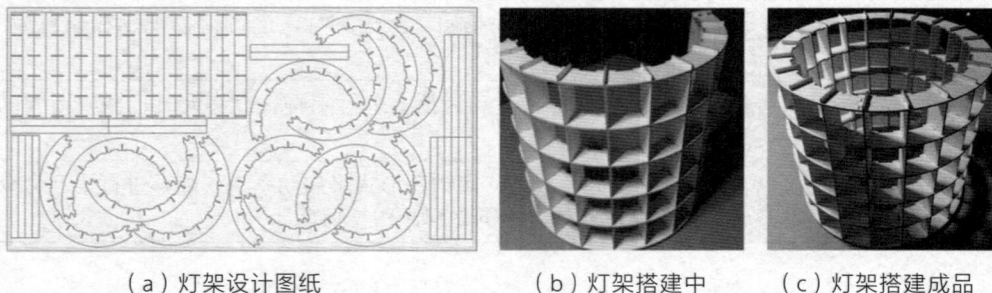

（a）灯架设计图纸　　　　　（b）灯架搭建中　　　　（c）灯架搭建成品

图9 炫彩灯灯架设计

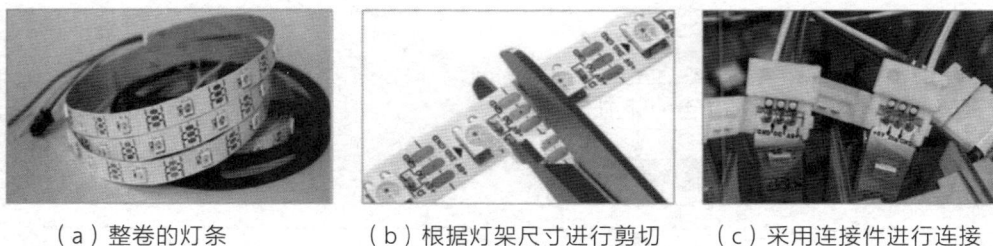

（a）整卷的灯条　　　　（b）根据灯架尺寸进行剪切　　（c）采用连接件进行连接

图10　WS2812B灯条定制设计

图11　系统硬件总体电路设计

（3）系统软件设计

首先，团队设计了系统的总体流程，如图12所示。其次，针对流程中的各个步骤，采用各种技术手段来实现对应功能。例如，语音唤醒采用Snowboy语音唤醒引擎来实现，人脸识别采用CNN（convolutional neural networks）卷积神经网络和Face++ API两种接口实现，语音情绪分析采用LSTM模型，而语音闲聊采用GPT-2 OpenAI开源语言模型和思知机器人闲聊API接口两种方法来实现。

（4）系统调试与实现效果

最后，团队对系统进行了软硬件联合调试，所实现的部分效果如图13所示。其中，图13（a）展示了系统开机后动画滚动显示的"HELLO"欢迎界面；图13（b）为识别到学生李诗琪后动态显示其姓名汉语拼音的灯效；而图13（c）到图13（e）分别为识别到人的不同情绪后显示的暖色灯效、冷色灯效以及随机灯效结果，每种灯效在保持基本色调、色系不变的情况下还会随机变动，展现出心情灯炫彩瑰丽的神奇魅力。

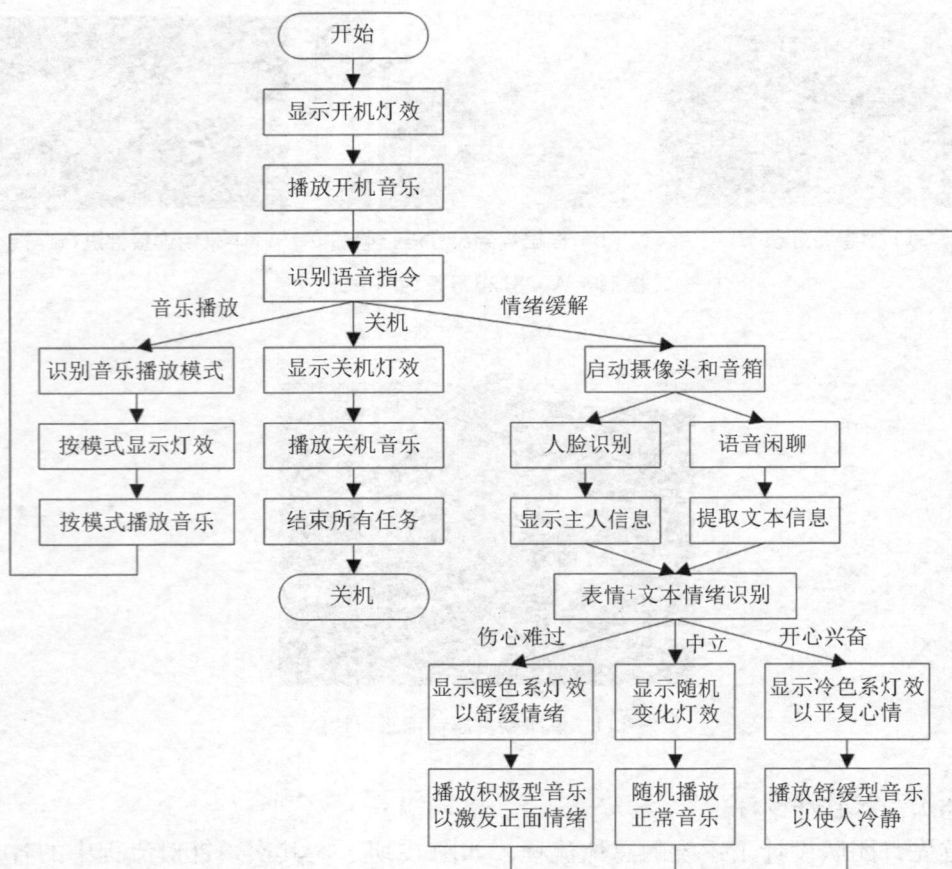

图12　系统软件流程

（a）开机灯效"HELLO"

（b）人脸识别灯效

图13　炫彩心情灯部分实现效果

（c）暖色灯效

（d）冷色灯效

（e）中立随机灯效

图13 炫彩心情灯部分实现效果（续）

图13

五、学业评价方式

本课程采用五分制，总成绩＝题目构建×15%＋实践过程×25%＋实现结果及演示×15%＋答辩×15%＋设计报告×20%＋团队协作×10%。各个阶段的考核要点及分值如表3所示。

表3 课程考核要点、要求及其分值

主要环节	考核指标点	分值	总分值
题目构建	选题的创意、新颖性及价值	10	15
	题目的技术含金量及难度	5	
实践过程	操作过程的娴熟度及开发工具与软件的使用情况	4	25
	对系统工作原理及核心技术的理解程度	8	
	硬件设计/连线及软件编码与系统调试能力	8	
	遇到问题主动查阅资料或文献自行解决的能力	5	

续表

主要环节	考核指标点	分值	总分值
实现结果及演示	系统功能的丰富性及工作量	10	15
	系统运行的稳定性	5	
答辩	思维的逻辑性及语言表达能力	5	15
	对系统实现过程的理解及回答问题情况	7	
	PPT（含视频）的制作情况	3	
设计报告	逻辑结构、内容完整性、书面表达能力	5	20
	设计过程、关键技术实现及实验数据分析情况	10	
	格式排版的规范性	5	
团队协作	协作紧密性、成员分工合理性与解决冲突的能力	4	10
	责任心及个人对团队的贡献度	6	

六、课程教学效果

该课程学习中，学生经过不懈努力，做出了 Magic Cube、炫彩心情灯、智能音箱、智能台灯、手写/绘画机器人等许多有创意的作品，学生收获满满。开课以来，学生学习热情空前高涨，对计算机工程实践充满了极大兴趣。在线问卷调查显示，91.41%的学生对该课程非常感兴趣，99%的学生认为学有所获，其中86.36%的学生感觉收获巨大；学生对老师的满意度达96.46%。

问卷还调查了学生对课程开设的总体感受，绝大部分学生都给予了高度评价，好评如潮。表4是匿名抽样的部分学生的反馈信息。

表4　匿名抽样部分学生对课程的评价反馈

问卷编号	学生对课程的评价
45	我对这个课很感兴趣，可以很好地锻炼我们的选题能力、实践动手能力、写代码能力和逻辑思维能力，并且这一切都可以在作品的实际运行中得到体现，很有收获。另外，这门课也让我知道了好的创意的重要性和价值
23	这是一个要求动手能力强、仔细耐心、有想法、逻辑思维能力强的课程，对我们有很大的帮助，我们通过团队协作完成产品的设计制作，相互之间学到了不少东西，包括如何配合、如何分工等
19	通过这次工程实践，我们小组反复讨论了很多次，终于确定了一个比较有新意、有趣的题目，并进行了设计和实现，特别有成就感。看到我们熬了这么多天开发出来的作品，我自己都不敢相信。收获非常多，特别感谢老师

问卷编号	学生对课程的评价
4	这个课确实挺好的,锻炼了很多技能,还是真的实践,玩真实的机器,既有趣又充满意义,对我们来说很有挑战性,光是选具有一定创新性的题目就很锻炼我们。就是时间稍微有点短,还没过瘾时间就到了,希望时间多一些
17	课程内容丰富,扩展性挺强的,有创意、有能力的话可以做出更优秀的作品,提升个人能力,对于思维的发散与创新有很大帮助
38	课程挺有意思的,十分考验我们的创新思维和大胆动手尝试的能力,而且要求团队齐心合力一起努力。这个课程让我印象最深刻的就是选题,需要创意,大胆构思,变想象为现实。最后还能见证自己努力的结果。希望学校以后多开一些这样的课程,比理论课有意思多了,我们的收获也更大

由学生的反馈可知,学生掌握了树莓派开发的基本知识与基本过程,具有从实际需求出发、大胆提出创意、构建新系统和新作品并进行实现的能力,同时在设计过程中能够团队紧密合作,对项目进行有效管理和经济决策,达到了预期的教学目标。

创意开发　实践求索

——"整车开发与项目管理"课程案例

柳政卿、佘翊妮 ——

机械工程学院

一、课程基本信息

- ◎ 课程名称：整车开发与项目管理
- ◎ 课程性质：专业必修课
- ◎ 授课教师：柳政卿、佘翊妮
- ◎ 授课对象：车辆工程专业大三年级学生
- ◎ 授课单元：整车开发流程管理
- ◎ 授课学时：本课程共32课时，其中本授课单元4学时

二、课程教学目标

结合方程式赛车工程实践特点，以学生为中心，对知识、能力、素质三方面的内涵及其关系进行深入分析与研究，制定并具体化本授课单元的教学目标。

1．知识目标

理解整车开发流程框架，掌握整车研发各阶段的根本任务和具体开发流程；熟知整车开发流程中的相关项目管理方法及技术标准体系、知识产权、产业政策和法律法规；了解整车开发项目管理中，社会、健康、安全、法律、文化以及环境等因素的影响和制约。

2．能力目标

指导学生学会借助计算机辅助软件，运用系统工程理论、汽车质量管理原则和方法，综合解决整车开发过程中复杂工程问题；结合方程式赛车的开发流程和工程实践特点，培养学生创新所需的能力和技能。

3．素质目标

培养学生重视实践、乐于创新的工匠精神；提升基于多学科背景的沟通和交流能力，提高团队协作意识，加强团队精神建设；引领学生构建全局统筹思维模式，健全创新人格，培养创新意识，提高创新能力。

三、教学设计理念

1．教学内容

本授课单元核心教学内容围绕整车开发过程中的开发流程和项目管理进行系统展开，教学内容主要有：① 整车开发流程的目的和目标；② 整车开发流程各阶段（架构阶段、战略阶段、概念阶段、开发阶段、产品及生产成熟阶段）的根本任务和具体流程；③ 虚拟样车及样车开发；④ 系列车型开发项目管理（目标管理、质量管理、成本管理、风险管理等）；⑤ 整车开发创新管理（矩阵式管理、计划管理等创新方法和模式）。

2．教学理念与特色

本授课单元的教学理念借鉴了产出导向（outcome-based education，OBE）教学理念，以学生为中心，教师引导和启发为辅，通过引导学生自主文献查阅、问卷调查、合作式学习、团队协作、项目研讨、答辩汇报、课外工程实践等，完成对学生创新能力、解决复杂工程问题的实践能力的培养，其教学理念与核心特色如图1所示。

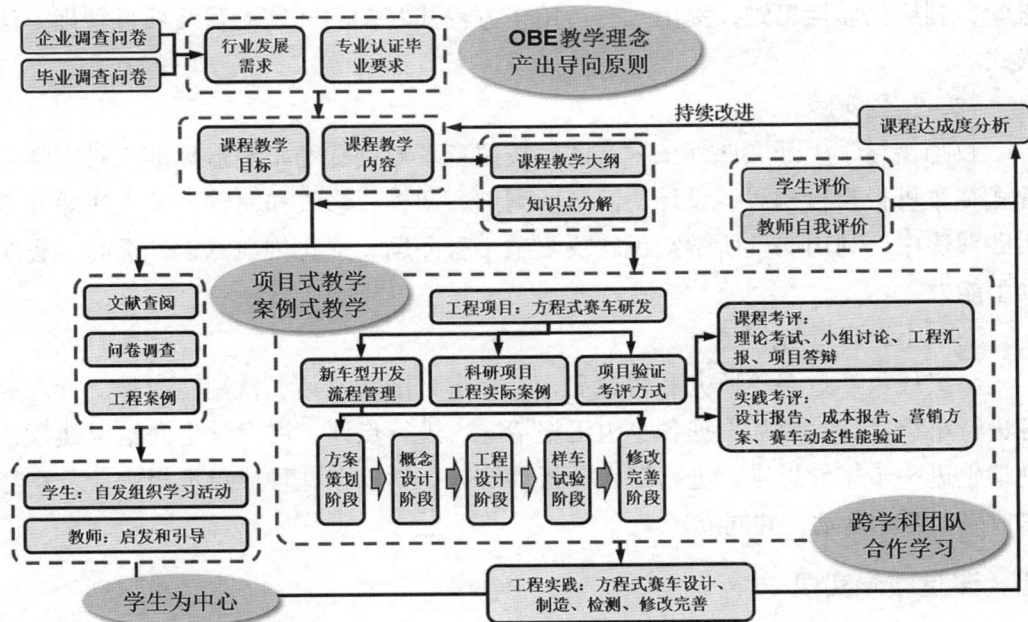

图1　基于OBE教学理念的课程教学特色

（1）基于OBE教育理念，产出导向原则

通过对企业和已毕业学生进行问卷调查等多种形式确定行业发展需求，结合工程认证标准确定专业毕业要求，据此反向设计确定课程教学目标和教学内容，让课程内容满足行业对人才培养的新要求，打通从校园到社会的"最后一公里"。

（2）以学生为中心

重视学生主动学习能力的培养，学生需要自主完成文献查阅、调查问卷、竞品分析、工程案例研究等工作，通过小组研讨确定学习目标、管理学习进度，自发组织学习活动，教师则主要承担合理协调、适当引导的辅助催化工作。

（3）跨学科团队合作学习

整车开发流程管理涉及多学科范畴，需要学生基于各自学科知识背景，完成课题相关部分的工作。团队成员围绕同一个课题，组织多样化的学习和讨论活动，在沟通、交流、学习中融入各学科知识，总结创新方法，解决复杂工程问题，实现共同进步。

3．教学方法

（1）案例教学、项目式教学

授课过程中，采用案例教学法，例如通过开发成功车型案例和开发失败车型案例的对比与原因分析，引出汽车研发过程中战略阶段的重要性。教师以大学生方程式赛车开发为工程实践项目，让学生组建团队并充当各自的角色，结合课堂理论教学，利用创新性思维，提出一套适用于方程式赛车的开发流程及项目管理方法和模式。

（2）工程实践

教师指导学生开展课外工程实践，按照赛事规则和赛车制造标准，对大学生方程式赛车进行自行构思、设计、制造、测试、调校、修改和完善。学生在课外工程实践锻炼中，利用课堂所学知识解决复杂工程问题，强化创新意识，提高工程实践动手能力。

（3）小组研讨与汇报

小组成员经过多轮研究和讨论后，走上讲台围绕设计、营销、成本、管理等内容进行小组答辩，教师根据各小组汇报情况，进行点评，启发学生并给出建议，鼓励学生进一步拓展思维，进行深入分析和研究。学生在这种成果汇报中，分享经验和成果，互相激励，共同成长。

四、课堂教学实录

如图2所示，根据知识、能力、素质三方面的内涵及其关系进行深入研究和展开，制定并具体化本授课单元的总体教学目标。本授课单元的总体设计概况如图3所示，教师通过课堂授课传授知识和技能，学生通过小组讨论和实践锻炼提高各项能力，通过小组汇报提升综合素质，教师针对课程反馈进行持续改进。

知识	能力	素质
■ 整车开发流程的目的和目标 ■ 整车开发各阶段任务和具体流程 ■ 虚拟样车及样车开发 ■ 系列车型开发项目管理 ■ 整车可靠性试验与验证 ■ 知识产权、产业政策和法律法规	◆ 提出一套合理的方程式赛车开发流程及项目管理方法和创新模式 ◆ 掌握汽车质量管理原则和方法 ◆ 运用系统工程理论、计算机辅助软件等方法，解决整车开发过程中涉及的众多复杂工程问题	● 熟悉整车开发流程和管理体系 ● 强化产品质量意识 ● 强化创新意识，提高学生工程实践动手能力 ● 具备良好的沟通和交流能力 ● 培养团队合作精神和敬业精神

图 2　本授课单元知识、能力、素质三方面的教学目标细化

图 3　本授课单元的总体设计概况

1．课堂引入

①教师抛出问题（见图 4）：汽车新产品从概念设计到量产上市，要经历什么过程？整车开发需要多长时间？

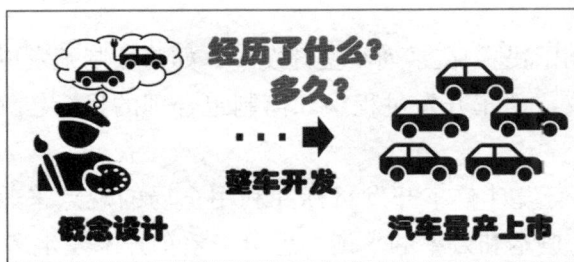

图 4　采用简笔漫画形式引入，激发学生兴趣并让其思考

②学生短时讨论，师生互动在线调查，并回答问题。

③短视频引入：吉利汽车中级车基础模块架构（compact modular architecture，CMA）平台。

④教师进一步提问：整车开发要经历哪些阶段？我们如何管理好整车开发流

21

程？通过问题导向，引出课堂知识点讲授环节。

2．知识点讲授

知识点讲授过程中，采用简洁明了的PPT设计风格（见图5），课堂中教师引导学生自主学习，注重与学生的情感沟通和交流。

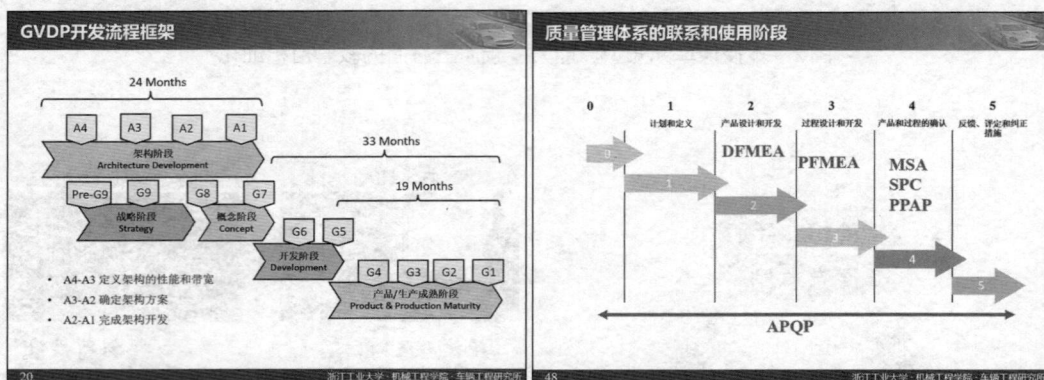

（a）通用GVDP开发流程框架　　　　　（b）汽车质量管理工具和使用阶段

图5　知识点讲授环节的教学PPT设计

总体设计如下：

①案例式理论教学，以通用的整车开发流程GVDP（global vehicle development process）框架为例子进行调研。

（师生互动：在线调研通用的GVDP开发流程框架，掌握每个阶段的主要任务和具体开发流程。）

②根据整车开发流程框架，帮助学生理解目标管理、质量管理、成本管理、风险管理等理论知识。

（课堂互动并提出问题：在系列车型开发中，如何控制开发成本？）

③讲解目标协议、整车开发过程中如何制定合理的目标、如何对制定的目标进行合理的管理。

（课堂思考：如何设计整车开发目标并利用全局的观点来兼顾各方面，例如布局空间、车辆性能、成本和效率的平衡？思考当整车开发发生多个设计目标冲突时，如何解决这些复杂工程问题？）

④讲解质量的定义，质量是一个产品或服务能够满足规定和隐含的所有特征和特性的总和。教师让学生自主学习并派代表讲解汽车质量静态审核、汽车质量的动态测试等内容，根据学生讲解情况，教师补充、梳理、总结讲解。

a.讲解汽车质量静态审核（白车身：外部间隙和面差；外表面：油漆和面板光洁度；内外饰：装饰适用性；发动机舱：部件适用性；底盘：部件适用性等。）

b.讲解汽车质量的动态测试（系统测试：检查所有电子系统的功能；性能测试：测试噪声、振动、舒适性、动力性、操控灵敏性；渗水测试：进行淋雨试验等。）

⑤重点讲解汽车质量管理五大工具：产品质量先期策划（advanced product quality planning，APQP）、生产件批准程序（production part approval process，PPAP）、潜在失效模式和后果分析（failure mode and effects analysis，FMEA）。测量系统分析（measurement system analysis，MSA）和统计过程控制（statistical process control，SPC）。

（课堂讨论：在汽车行业要求的高可靠性和定价敏感性制约下，如何开发具有竞争性的新车型？）

3．小组讨论

教师以方程式赛车开发为工程项目，鼓励学生分小组讨论，以沉浸式、角色扮演形式进行。如图6所示，学生采用矩阵式管理方法梳理方程式赛车队组织架构，明确各部门和小组的职能，分配相关任务和指标。学生在研讨过程中，以方程式赛车概念设计和成本案例为基础进行项目式、案例式讨论，分组融入各自的角色。

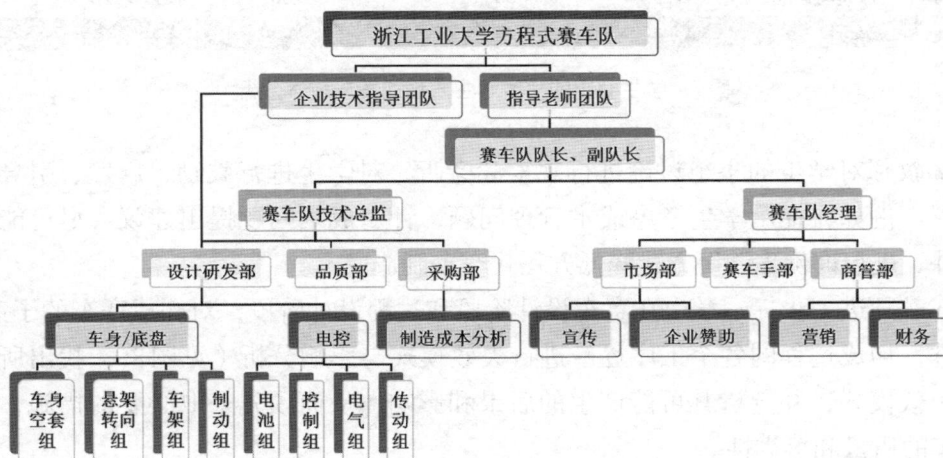

图6　学生制定的"浙江工业大学方程式赛车队"组织架构

①让某学生担任赛车队技术总监职位，组织新一代方程式赛车研发会议，组员一起通过文献查阅、问卷调查、竞品分析、沟通赞助商等方式，利用计划管理模式制定方程式赛车整车造价（见图7）、赛车各集成系统成本、整车开发流程和项目管理计划等各项任务。学生在这种探索过程中，可以深刻领会到计划管理的重要性，由此保证项目的稳定性、可靠性和经济性。

大学生方程式赛车E54成本分析

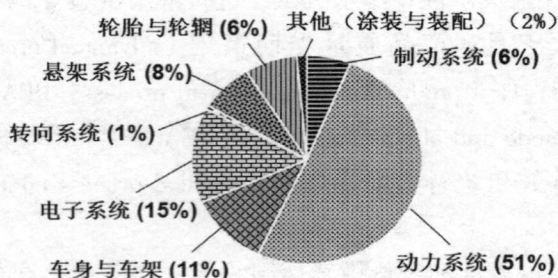

单位：元

	材料	工序	工具	成本
动力系统	￥80833.24	￥3371.67	￥568.00	￥84772.91
车身与车架	￥3731.03	￥14231.84	￥856.00	￥18818.87
电子系统	￥24036.08	￥531.76		￥24567.84
转向系统	￥206.75	￥787.83	￥145.00	￥1139.58
悬架系统	￥9441.61	￥2923.85		￥12365.46
轮胎与轮辋	￥8899.72	￥3375.90		￥12275.62
制动系统	￥9958.04	￥383.41		￥10341.45
其他（涂装与装配）	￥1755.74	￥560.51	￥225.00	￥2541.25
总计	￥138862.21	￥26166.77	￥1794.00	￥166822.98

图7 学生制定的"大学生方程式赛车成本分析"

②教师对学生的小组讨论进行观察和旁听，对学生进行鼓励、启发、引导并给出建议。例如，提示学生考虑成本管理问题，针对成本问题提出建议：尽可能选用标准件、进行询价采购等方式降低方程式赛车制造成本。

③教师进一步提示学生在赛车设计阶段和过程设计阶段，对构成赛车的子系统、零部件，构成过程的各个工序逐一进行失效模式与影响分析（见图8），找出所有潜在的失效模式，并分析其可能产生的后果和影响，从而预先采取必要的措施，以提高赛车的质量和可靠性。

序号	组件/项目	功能	失效形式	失效原因	失效影响		严重性等级	严重原因	出现概率等级	出现原因	故障检测	可检测性等级	检测依据	危险等级	故障处理（车辆）	故障处理（车队）
					局部	全局										
1	驱动系统线路	传递能量	正极接地	外部机械损伤或者线路的老化导致正极断开而触地	操作员接触车架或者电池负极时,导致触电	可能导致底盘参考电压变化,驱动系统失效并有潜在的起火隐患	4	车辆不能正常运行,且存在较大安全隐患,但是绝缘监测装置断开安全回路确保人员安全	2	正极部分与车架直接接触	绝缘监测装置检测	1	绝缘监测装置连接高压输出和车架,检测车辆的绝缘状况	8	绝缘监测装置激活,断开安全回路,高压电池放电停止,同时IMD灯亮,提醒维修人员检修	赛车返回检修检点,维修人员对线路进行检查并将线路正确地连接,需使用绝缘手套
2	驱动系统线路	传递能量	负极接地	外部机械损伤或者线路的老化导致负极断开而触地	操作员接触车架或者电池正极时,导致触电	可能导致底盘参考电压变化,驱动系统失效并有潜在的起火隐患	4	车辆不能正常运行,且存在较大安全隐患,但是绝缘监测装置断开安全回路确保人员安全	2	负极线路部分与车架等直接接触	绝缘监测装置检测	1	绝缘监测装置连接高压输出和车架,检测车辆的绝缘状况	8	绝缘监测装置激活,断开安全回路,高压电池放电停止,同时IMD灯亮,提醒维修人员检修	赛车返回检修检点,维修人员对线路进行检查并将线路正确地连接,需使用绝缘手套
3	驱动系统线路	传递能量	启动驱动系统时,高压部分开路	部分接线间断开或者零件损坏	驱动系统失效	车辆无法正常运行	1	驱动系统断路,车辆不能正常运行,但没有进一步影响,不会对人体有安全隐患	2	高压线缆与连接器连接不可靠,受外力或震动后断开	整车控制、电机控制以及电池管理系统	1	电池管理系统检测到电池没有供电,整车控制器与电机控制器通信发生故障	2	电池管理系统、整车控制器、电机控制器均通信,整车控制器向电池管理系统发送断开安全回路指令,并显示故障	赛车返回检修检点,维修人员检查并更换零部件

图8　学生制定的"方程式赛车驱动系统失效模式和影响分析报告"

4.课堂总结与任务布置

（1）教学活动

①归纳总结（整车开发流程、目标管理、质量管理、成本管理、风险管理、设计、成本、品质等）。

②强调重点和难点并引导学生思考：整车开发过程中，如何利用全局的观点来兼顾各个方面，例如设计、性能、成本、效率和品质的平衡？

（2）任务布置

教师布置课外任务，要求学生以"中国大学生方程式汽车大赛"为工程实践项目，通过文献查阅、问卷调查、课题调研、小组讨论等形式制定大学生方程式赛车整车和集成系统的开发流程框架图及相关管理任务。

5.工程实践

该环节以课外工程实践为主，学生根据前期制定的方程式赛车开发流程和项目管理体系（见图9），利用课外时间进行赛车设计、分析、制造、总装、测试。如图10所示，为了引导学生掌握相关工艺技术，提高工程实践动手能力，教师带领学生深入企业调研、沟通、交流与学习，通过走访生产线、请教企业工程师等途径，开阔学生视野，使学生获得工程实践知识和技能，为赛车的创新设计打下扎实的基础。

图9 方程式赛车开发流程

（a）学习项目管理经验
（杭州汽轮机股份有限公司）

（b）请教学习赛车轮辋轻量化设计
（浙江跃岭股份有限公司）

（c）"吉利大江东生产基地"生产实习

（d）"吉利长兴制造基地"整车开发交流学习

图10 教师带领学生深入企业调研、沟通、交流与学习

  学生根据课堂所学理论知识，结合企业工程师的专业指导，按照赛事规则和赛车制造标准，经过多轮小组讨论，确定最终设计方案，教师对学生的学习过程进行观察和旁听，针对学生的疑虑进行辅助分析和引导。如图11所示，学生在动力传动系统的设计中遇到了传动布局形式选择的问题，教师通过指导学生分析不同传动布局方式的优缺点，提示学生制定多套应对方案，例如平行轴布局方式具有很大的纵

向空间设计利用率，而同轴布局方案相比于平行轴方案，有集成度高、体积小等特点，但需要综合考虑赛车的总体设计目标来确定最终布局形式。

图11　学生作品：方程式赛车动力传动系统布局方案选择

教师进一步指导学生进行台架实验对赛车的动力性能参数进行采集和数据分析（见图12），通过实车实验进行验证，从而对赛车的动力性能和控制系统进行优化、完善和提高。

（a）台架实验　　　　　　　　　　（b）实车实验

图12　动力性能

教师通过编写步骤分解图文教程，指导学生利用计算机辅助软件，解决整车开发过程中涉及的众多复杂工程问题。例如，如图13所示，学生通过自学，利用计算机辅助工程（computer aided engineering，CAE）技术分析方程式赛车车架的强度、刚度和模态，并同前几代方程式赛车车架的计算结果进行对比分析研究，从而优化方程式赛车车架设计。学生的"学"就是要发挥学生的主观能动性，调动学习积极性、主动性和创造性。

一阶扭振：32.92Hz

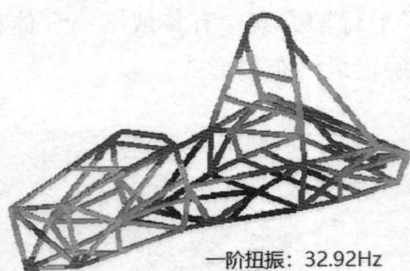

（a）大学生方程式赛车车架CAE分析　　　（b）大学生方程式赛车车架焊接效果

图13　学生作品

此外，教师鼓励学生进入工厂、企业请教资深技术人员，学习各项实践技能。如图14所示，学生进入温岭市向阳汽修有限公司学习车架焊接技术，动手制作碳纤维车身和空套；进入河南新晨新能源科技有限公司进行赛车电池装配等。学生在课外工程实践锻炼中强化了创新意识，提高了工程实践动手能力。最后自行设计和制造了一辆在加速、制动、操控性等方面具有优异表现的方程式赛车。

（a）学习车架焊接技术　　　（b）碳纤维车身和空套制作　　　（c）赛车电池组装

图14　学生工程实践

6.小组汇报、项目答辩

学生借鉴"中国大学生方程式汽车大赛"静态赛答辩的相关环节要求（见图15），制作设计报告和成本报告（见图16），对方程式赛车设计、成本、营销管理各方面进行PPT演讲。

图15　车辆专业学生参加"中国大学生方程式汽车大赛"（静态赛答辩环节）

图16　学生的项目策划营销方案、设计报告和成本报告

五、学业评价方式

本课程评价采用百分制，总成绩由四个部分组成，分别是平时作业（10%）、项目报告（30%）、小组汇报（25%）和期末考试（35%）。其中，项目报告和小组汇报的具体考核要点及其细分如表1所示。

表1　项目报告和小组汇报考核要点、要求及其分值

分项	细分项	考核指标	分值（百分制）	阶段分值
项目报告	个人技能和态度	内容逻辑性、实际性和饱满度	30	100	30%
		文档的规范性	15		
		分析与解决复杂工程问题的能力	40		
		开发流程和管理模式的创意与创新性	15		
小组汇报	个人技能和态度	创造性思维	8	45	25%
		演示效果	7		
		答辩能力	10		
		分析和解决问题的能力	20		
	团队精神	领导能力	8	35	
		团队协作情况	9		
		技术协作情况	18		
	交流能力	口头表达能力	10	20	
		语言逻辑性、规范性	10		

六、课程教学效果

本课程聚焦"中国大学生方程式汽车大赛"，授课内容涵盖整本方案策划、概念设计、工程设计、样车试验、项目管理等，学生通过对赛车进行设计、分析、制造、总装、测试，提高工程实践动手能力、创新应用能力、设计制造能力，培养团队观念、责任意识和创新意识，取得了一定的成果。学生的知识面得到拓展，视野更加开阔，思考问题更加严谨全面。

我们通过在线问卷调查，让学生对学习本课程后的能力提高情况进行自我评价。我们列举了十大能力，从"显著提高""有所提高""没有提高"三个维度让学生对每个能力收获进行选择，其中选择"显著提高"这一维度的学生比重如下：①逻辑思维能力（96.77%）；②工程实践动手能力（100%）；③项目管理能力（91.94%）；④报告写作能力（69.36%）；⑤人际交往能力（87.10%）；⑥心理调节能力（82.26%）；⑦创新能力（85.49%）；⑧独立思考和解决复杂工程问题的能力（91.94%）；⑨团队协作能力（95.16%）；⑩沟通交流、表达能力（80.64%）。由此可见，学生在能力收获评价上总体持肯定态度，觉得学习本课程对提高自身能力是有帮助的，尤其认为在工程实践动手能力、逻辑思维能力、团队协作能力、独立思考和解决复杂工程问题能力、项目管理能力等方面收获显著，提高明显。

问卷还调查了学生对本门课程开设的总体感受和体会，绝大部分学生对本门课程给予了高度评价，表2是随机抽取的几位学生对课程的感受和反馈。

表2 学生对课程的感受和反馈抽样

序号	学生对课程的感受和反馈
1	总的来说，课程给我提供了很多机会。在整车开发和项目管理方面，赛车活动给我提供了平时上课接触不到的知识，让我学会了规划整辆车的制造过程。在工程实践动手能力方面，经历了独立设计图纸、制造加工、零件装配的过程。自主分析问题、解决问题的能力得到了巩固和提高，还在团队合作当中提高了自己的团队协作的能力以及与他人交流的能力。另外，通过比赛提高了抗压能力
2	这个课程是对所学知识的一次综合运用，也让我学到了很多关于整车研发和项目管理的知识。同时，极大地增强了我的动手能力。此外，在与其他小组不同组员的交流沟通中，让我一个比较内向的人变得活泼开朗，与人交流的能力得到提升
3	我在这个课程当中收获很多，不论是问题的解决能力，还是团队合作能力，都得到了提高。其中我印象最深的就是将设计落地，用自己的设计去解决问题，这能为以后的工作积累宝贵的经验
4	整车开发与项目管理这门课让我学到很多东西。掌握了一辆新车从概念设计到投入市场的整个开发流程，在整个流程中运用各种理论对流程进行合理的管理。课堂上，老师还经常结合本校赛车队的例子进行介绍，让我有了更加直观的认识。这门课对我今后的学习甚至工作都会有莫大的帮助
5	这是一门综合性极强的课程，从整车的结构搭建到行动轨迹规划，从传感器判别逻辑到程序运行，都需要我们从头做起，查阅相关文献、设计方案等，这些过程都极大地提高了我们的动手能力以及将书本知识与实际联系的能力
6	这门课让我了解了整车的开发流程与分工；小组内合作协调，每个人又在自己负责的部分进行了实践操作；结合课堂讲解与设计过程中老师的指导，我们在原有的想法与设计上进行不断的改进与创新。整个课程学习中我们能了解到项目内不同负责人如何协作、具体工程问题如何解决、怎样进行合理的创新，使我受益匪浅

本门课程的教学效果在学生工程实践中也得到了印证，车辆工程专业学生连续参加了六届"中国大学生电动方程式汽车大赛"，创造性地推出了具有浙江工业大学特色的大学生方程式系列赛车（见图17），获得了由中国汽车工程学会颁发的多项奖项，包括2016赛季二等奖、2017赛季三等奖、MathWorks动力仿真一等奖、2019赛车技术创新奖三等奖、2020动力学仿真与控制线上竞赛二等奖等奖项。

（a）电动方程式赛车E27 　　　　　　　　　　（b）电动方程式赛车E54

图17　参赛创新系列车型

　　学生也积极参与校内学科创新竞赛，如近两年来，获得浙江工业大学第三十一届"运河杯"大学生课外学术科技作品竞赛二等奖一项、三等奖两项，获得2020年浙江工业大学"运河杯"大学生课外学术科技基金立项项目校级立项四项、院级立项一项，获得2021年浙江工业大学"运河杯"大学生课外学术科技基金立项项目校级立项四项，2021年"运河杯"大学生课外学术科技作品竞赛三等奖一项，发表多篇学术研究论文，多项发明专利获授权。

　　此外，学生以创新创业调研为目的开展的"浙工大赴吉利考察团"被评为2020年"双百双进"暑期社会实践团校级及院级重点立项团队，"吉利数字化生产实践调研团"于2021年被评为院级重点团队。

　　着眼新媒体效应，学生利用微信公众号、微博、抖音等新媒体平台，对研发的方程式赛车进行宣传报道。通过新闻发布会暨出征仪式（见图18），提高车队在校内的影响力，学生推广赛车的创新短视频获得了主委会颁发的大学生赛车梦视频大赛"传播奖"。此外，新一代方程式赛车E54也参加了2020年"GT-SHOW国际改装风尚秀"（见图19，赞助商：杭州东忠劲风技术有限公司），提高了车队的社会知名度。

图18　E54方程式赛车新闻发布会暨出征仪式（2019年）

图19　方程式赛车E54参加"GT-SHOW国际改装风尚秀"

　　通过对学生进行毕业后动态调查发现，如图20所示，51.72%的学生选择读研深造，其中保研率高达64.71%。学生在创新创业方面也有所突破，如2019届车辆工程专业学生、方程式赛车队队长姚铮杰（现任杭州东忠劲风技术有限公司技术部总监）的豪车升级改造中心成为创新创业教育的成功典范，这从另一层面表明了结合学科竞赛的创新创业课程教学具有较好的效果。在本课程的教学中融入工程创新实践，把理论知识和工程实践相结合，能够进一步提高教学质量，更重要的是学生的动手能力、综合分析问题的能力、独立完成工作的能力、团结协作的能力和应变能力得到了很好的培养和锻炼。

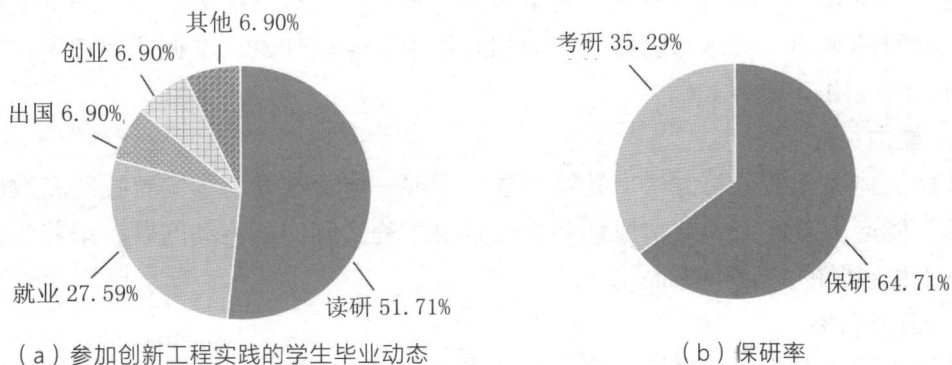

（a）参加创新工程实践的学生毕业动态　　　（b）保研率

图20　调查结果

任务驱动　实验探究
——"流体力学"课程案例

康泉胜
化学工程学院

一、课程基本信息

- ◎ 课程名称：流体力学
- ◎ 课程性质：学科基础必修课
- ◎ 授课教师：康泉胜
- ◎ 授课对象：安全工程专业二年级学生
- ◎ 授课单元：伯努利方程的推导与应用
- ◎ 授课学时：本课程共32课时，其中本授课单元2学时

二、课程教学目标

1. 知识目标

通过对流体力学的基本概念、基本理论及水力学计算方法的学习，理解流体静止和运动时的规律、流体与固体之间的相互作用等基础理论，掌握这些理论在工程实际当中的应用。

2. 能力目标

掌握流体力学的分析方法、计算方法，掌握一定的流体力学实验技能和数值模拟技术，能运用流体力学基本原理和方法解决工程实际中的流动问题，培养学生分析解决工程问题的能力和思维。

3. 素质目标

获得必需的专业技能锻炼，培养动手能力和创新意识，运用课程知识解决实际问题的能力，以提升专业素养、科学素质、工匠精神和社会责任感，为企业健康良性发展与社会和谐进步做出贡献。

三、教学设计理念

1. 教学内容

本授课单元的主要教学内容是伯努利方程的推导与应用，包括理论教学和实践教学等内容。首先通过工程实例引出问题，着重于介绍伯努利方程以及各分项的物

理意义；其次通过实验展示，运用伯努利原理对实验结果加以分析，以便学生能够更好地掌握伯努利方程并能进行灵活运用；最后选取与课程知识紧密相关的工程实例作为课外实践任务，要求学生使用数值模拟软件来完成项目的分析和求解，教师通过引导使学生围绕工作项目完成调查研究、信息搜集、文献查阅、讨论答辩以及团队合作等各项相关的实践与创新活动。

2．教学理念

始终贯彻"启发引导、循序渐进、促进发展"的原则，注重基础知识教学和对学生基本技能、基本素质的培养，强化工程实践教学环节，增加研究性、创新性的实践内容，提供多层次、开放性的项目式教学。以能力培养为核心，保证学生知识学习、能力培养、素质协调发展的全面提升，在教学中注重理论联系实际，通过实践加强学生对基础知识的积累和运用能力，培养学生解决安全工程领域科学问题或复杂工程问题的能力。

3．教学方法

（1）案例教学法

采用流体力学工程案例辅助理论教学，针对日常生活中常见的流体力学现象，运用数值模拟及实验研究手段，制作涉及伯努利方程、管内流动沿程阻力损失、管内局部阻力损失、圆柱绕流等内容的典型工程案例，形成流体力学工程案例实例库。

（2）任务驱动法

以任务驱动，引导学生。选取压力容器、危化品储罐等工程实例，要求学生根据流体力学理论知识解决器壁压力、储罐泄漏等问题，在完成任务的过程中达成教学目标。学生通过小组合作、展示汇报的方式分享自己的创意，最后将课程报告上传至信息化教学平台。

（3）项目教学法

针对课程中的重点、难点内容，结合典型事故过程或实际安全工程问题进行简化、提炼，得到一系列项目，运用计算流体力学（computational fluid dynamics，CFD）技术开展项目式教学，学生在教师的指导下应用数值模拟软件完成相应的项目研究。通过项目式的训练，对相关知识点有更加深刻的理解，并初步掌握CFD软件在工程实际中的应用方式。

4．教学过程

教学过程可以分为理论教学、选题分组、分析问题、设计方案、模拟分析和考核评价等六个阶段来进行，其具体实施过程如图1所示。

选取若干与课程知识结合紧密且与安全工程专业特点相关的具体案例为项目任务，以兴趣小组的形式进行项目的分析和求解，结合线上线下教学完成整个项目式教学过程，教师引导学生围绕工作项目完成调查研究、信息搜集、文献查阅、讨论答辩以及团队合作等各项相关的实践与创新活动。

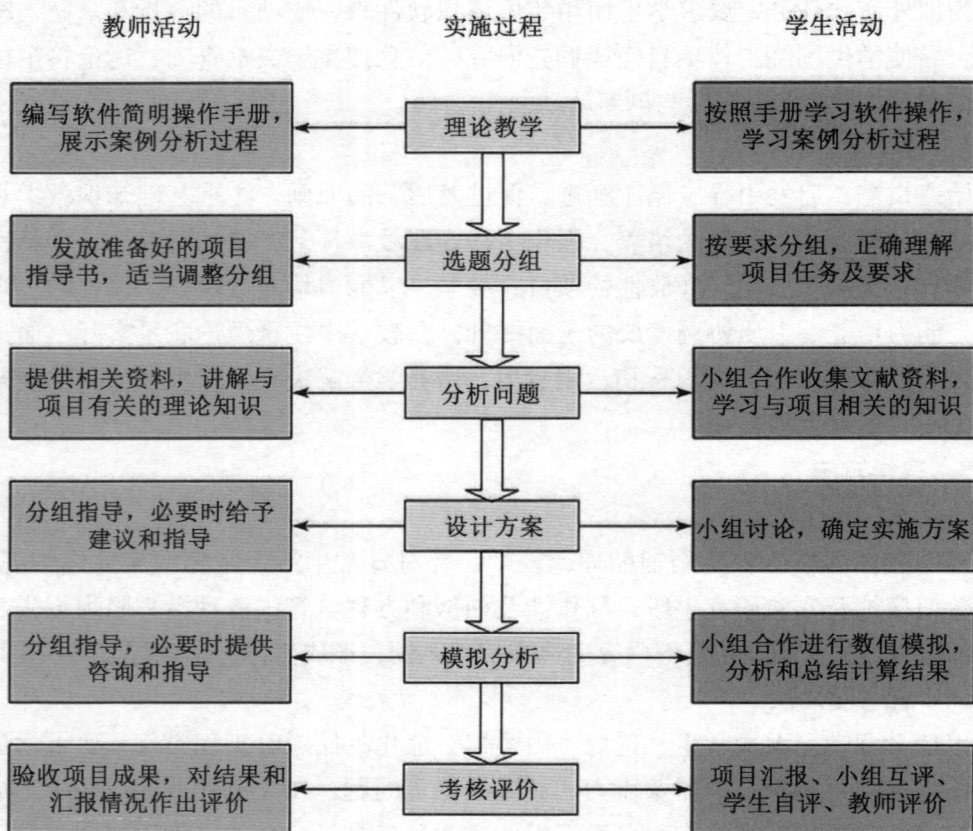

教师活动	实施过程	学生活动
编写软件简明操作手册，展示案例分析过程	理论教学	按照手册学习软件操作，学习案例分析过程
发放准备好的项目指导书，适当调整分组	选题分组	按要求分组，正确理解项目任务及要求
提供相关资料，讲解与项目有关的理论知识	分析问题	小组合作收集文献资料，学习与项目相关的知识
分组指导，必要时给予建议和指导	设计方案	小组讨论，确定实施方案
分组指导，必要时提供咨询和指导	模拟分析	小组合作进行数值模拟，分析和总结计算结果
验收项目成果，对结果和汇报情况作出评价	考核评价	项目汇报、小组互评、学生自评、教师评价

图1 基于CFD技术的项目式教学模式实施过程

四、课堂教学实录

下面以伯努利方程的推导与应用这一节（2课时）为例，来阐述完整授课过程与具体教学设计。

1.创设情景，引发思考

由现实事例引出问题，激发学生兴趣。首先以图片和动画的形式介绍航海史上经常出现的事故现象——船吸现象，可引导学生对事故原因作猜测和简单讨论；然后引出问题"为什么两艘船在高速并行时会撞到一起？"（见表1），以此吸引学生的注意力，促使学生积极思考。

表1　课堂导入环节教学设计

教学活动 角色分工	教师	【播放】神秘的船吸现象：奥林匹克号与豪克号相撞。 【提问】为什么两艘船在高速并行时会撞到一起？
	学生	【讨论】学生短时讨论，并回答问题。
教学素材		

2．层层推导，讲授新知

理论讲解时可适当淡化理论公式的复杂推导过程，着重介绍伯努利方程以及各分项的物理意义，以便学生能够更好地掌握伯努利方程并能灵活运用。

通过讲述提出伯努利方程的科学家丹尼尔·伯努利（Daniel Bernoulli）的一则小故事，提醒学生只有坚持自己的理想和信念，并为之不断奋斗，才能够取得成功。

通过介绍伯努利方程的物理意义，使学生能使用伯努利原理解释船吸效应的形成原因，回答本节开始提出的问题，与课程导入部分相呼应。该环节具体教学设计如表2所示。

表2　课堂讲授环节教学设计

教学活动 角色分工	教师	【讲授】介绍伯努利方程的理论推导，伯努利方程的物理意义、适用条件，伯努利其人其事。 【引导】用"流速增大，压强减小"这一规律分析船吸现象。
	学生	理解、消化、吸收

续表

PPT 设计	**2、伯努利方程** 1）伯努利方程的推导 $$p + \frac{1}{2}\rho v^2 + \rho gh = \text{constant}$$ ■ 结论：在作定常流动的理想流体中，同一流管的不同截面处，每单位体积流体的动能、势能、压强能之和为一常量。 相关资源　21名人名家 ■ 丹尼尔·伯努利（D.Bernoulli，1700—1782年），瑞士科学家，在1738年出版的名著《流体动力学》中，提出了伯努利方程。他在流体力学、气体动力学、微分方程和概率论等方面都有重大贡献，是理论流体力学的创始人。
板书设计	（1）伯努利方程的理论推导 （2）伯努利其人其事 （3）伯努利方程的物理意义 ①动能：$\frac{1}{2}pv^2$ ②重力势能：pgh ③压强能：p （4）伯努利方程的应用 ①小孔出流 ②机翼升力 ③站台"安全线"

3．动手实验，探究现象

通过展示两个有趣的小实验，要求学生运用伯努利原理对实验结果加以分析，以便加深对伯努利方程的理解。该环节具体教学设计如表3所示。

4．任务驱动，项目拓展

选取若干与课程知识结合紧密且与安全工程专业特点相关的具体案例作为项目任务，引导学生以兴趣小组的形式利用课外时间来完成项目的分析和求解。结合线上线下教学完成整个项目式教学过程，引导学生围绕工作项目完成调查研究、信息搜集、文献查阅、讨论答辩以及团队合作等各项相关的实践与创新活动。该环节具体教学设计如表4所示。

表3　实验探究环节教学设计

教学活动角色分工	教师	【展示】图片展示吹纸片实验和漏斗吹乒乓球实验。 【提问】实验中可以改变哪些物理量？改变后会出现哪些变化？ 【引导】归纳实验结果，用伯努利原理解释实验现象。
	学生	【实验1】两手各拿一张薄纸，使它们之间的距离为4~6厘米，然后向这两张纸中间吹气，会发生什么现象？ 【实验2】向漏斗管吹气，乒乓球会被吹走吗？
PPT设计		
板书设计		伯努利原理：流速高处压强小，流速低处压强大

表4 项目拓展环节教学设计

小组任务		针对课程重点、难点内容设计一系列数值计算模型，或通过把一些典型的安全工程问题或事故过程简化提炼成一系列项目，要求学生采用数值模拟软件进行求解和分析。
教学活动角色分工	教师	引导学生理解与项目相关的概念、原理、背景和理论知识； 引导学生根据掌握的理论知识和文献资料采用头脑风暴形式进行讨论，获得设计的大方向； 指导学生通过工程应用的实际情况确立项目实施方案，为学生提供相关咨询和指导，解答学生问题并提供建议； 引导学生对数值模拟结果的正确性进行分析，将模型计算结果与理论预测结果或实验测量值进行分析和比较。
	学生	以小组为单位收集文献资料，学习和分析与项目相关的知识，从而确定项目研究的初步思路； 通过工程应用的实际情况确立项目实施方案，根据小组成员的特长和能力进行分工，拟定具体的研究内容和实施计划； 利用CFD软件对研究方案进行实施，协同完成所选项目的建模与数值计算，得到研究结论并撰写报告； 分析边界条件、数学模型和求解方法对结果产生的影响，对研究方案进行改进设计，以提高数值模拟的准确性。
部分教学场景展示		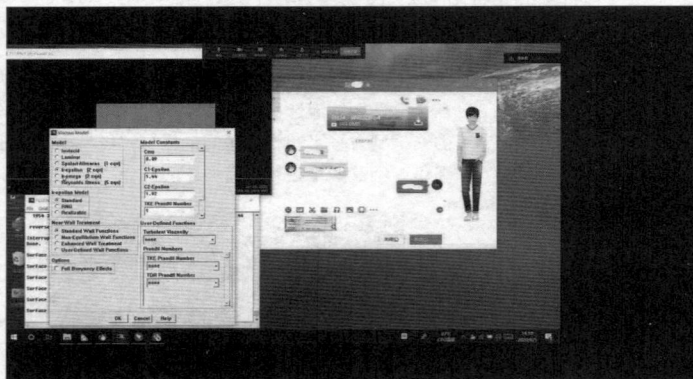 利用视频会议进行分组线上指导和讨论  小组讨论项目实施方案

5．分组汇报，展示成果

项目完成后，每个小组应提交研究报告。采用PPT进行汇报和演示，教师可针对研究过程中出现的难点问题和共性问题进行讲解并引导学生深入讨论。该环节具体教学设计如表5所示。

表5　汇报展示环节教学设计

教学活动角色分工	学生	提交研究报告，对小组的项目成果进行汇报和展示； 其他学生聆听汇报同学的发言，提出自己的意见和建议。
	教师	对学生的项目进行总结和点评，针对难点问题和共性问题进行讲解并引导学生深入思考和讨论。
部分教学场景展示		 报告线上提交 小组汇报和教师点评
研讨汇报情况（以第6小组为例）	汇报人	第6小组全体成员
	汇报题目	漏斗吹吸乒乓球模拟

续表

研讨汇报情况(以第6小组为例)	汇报内容	摘要:当前国际比赛标准的乒乓球直径为0.04m,重约2.7g(受到的重力约为0.026N)。人吹气速度最高可以相当于12级台风(32.6m/s)。可求解从漏斗口吹气或吸气时,乒乓球周围的压强分布、速度分布,以及乒乓球所受到的吸力大小,吸力−重力>0时,乒乓球可以被吸住。同时,我们在此实验的基础上,改变了入口速度的大小和方向,得到了多组实验数据。 GAMBIT建模 01 启动 Gambit,建立单位网格为0.5的坐标系 02 创建计算域,分别创建各坐标点并连线。 03 将上述线条组成面,除去网格并进行布尔运算 (1)打开 Fluent,选择 2DDP 求解器,导入网格,左键单击 Grid-display 显示网格,并点击 Grid-check,进行检查。 (2)更改相应数据 结果分析 左键单击 Display-Contours,显示机翼附近的压力云图、速度云图。 从乒乓球附近压力分布云图可以看出,乒乓球上表面受到负压,下表面受到正压,受此压力作用,乒乓球受到向上的吸力作用。 从乒乓球附近速度云图可以看出乒乓球上表面速度大,下表面速度小,因此根据伯努利原理,乒乓球上表面的压力小,下表面的压力大。 结果分析(以吹气为例) 显示压力云图和速度云图 从压力云图和速度云图可以看出,乒乓球上表面两侧速度大、压力小,下表面速度小、压力大,符合伯努利原理 结果分析 国际比赛标准的乒乓球受到的重力约为0.026N,由曲线趋势图可知,吹气速度约为1m/s 时即可使乒乓球不掉落,吸气速度至少约为12m/s 时才能使乒乓球不掉落。

| 研讨汇报情况(以第6小组为例) | 其他小组交流讨论 | A问：数值模拟方法相对于传统的理论分析和实验研究法有何优缺点？
小组答：优点是能模拟较复杂过程，能快速且简便地得到结果，对实验进行补充，可以施加实验方法达不到的条件。缺点是直观性不如实验方法好，在模拟分析过程中，往往要对边界条件和材料属性进行简化，或多或少都会对分析结果产生影响。
B问：在使用数值模拟软件建模和求解过程中需要注意哪些问题？有何体会？
小组答：应当注意根据实际情况对一些条件进行修改，使模拟结果更加符合实际情况，而且要对一些数据进行取舍，舍去部分的变量可以使模拟结果更加简洁明了。 |
| | 教师点评与建议 | 总体评价：第6组学生参与项目积极性较高，研究方案较为合理、可行，研究内容比较丰富，计算结果正确，能通过数值模拟可视化图形来验证伯努利原理，PPT制作规范，汇报过程中讲述流畅，回答问题思路清晰。
存在问题：计算结果是基于二维模型计算得出的，虽然能够显示漏斗内流场的变化特征，但是结果无法很好地与实际情况作对比分析。
建议：采用三维模型进行建模计算，并将计算结果与实际实验结果作对照分析。 |

五、学业评价方式

本课程采用百分制，总成绩 = 课堂表现 × 10% + 作业 × 10% + 实验 × 10% + 项目 × 20% + 期末考试 × 50%。

其中，项目的评价分为小组合作评价（见表6）和项目质量评价（见表7），权重分别为30%和70%。项目的评价以一定比例计入个人最终的课程成绩，通过将项目教学纳入课程评价，可以调动学生的主观积极性，引导学生通过参与项目式教学提升分析问题、解决问题的能力。

表6　小组合作评价

评价指标	评价内容	分值
参与程度	能够积极主动参与项目，为项目方案设计出谋划策	20
合作意识	合作意识强，能够主动和别人交流想法，帮助小组成员完成任务	20
责任意识	能够按时有效完成自己的任务，并带动小组成员积极讨论	20
表达能力	能够清楚地表达自己的想法，对专业术语和知识表述准确	20
探究能力	面对项目中出现的问题，能够通过自己的努力解决问题	20

表7　项目质量评价

评价指标	评价内容	分值
项目方案	主题明确	10
	内容积极向上，体现正确的社会责任意识	10
	项目内容具有一定的创新性	10
	项目计划清楚、易于执行	10
项目成果	能基本完成方案中预设的目标	10
	能较好地解决现实问题，具有一定的推广价值	10
	能呈现有别于其他成员的成果，如本学科知识的深层次研究，或跨学科研究成果的呈现	10
	能通过自主学习、运用新知识、新技术实现项目创意	10
项目展示	PPT制作规范、内容翔实	5
	语言表达清晰简洁	5
	声音洪亮、大方得体	5
	能回答同学和老师提出的问题	5

六、课程教学效果

整个项目活动结束后，学生填写"流体力学数值模拟项目"教学活动满意度问卷，考查学生在项目教学中的进步情况、课堂效果的满意情况、参加项目教学活动的意愿等。问卷调查统计结果如图2所示。

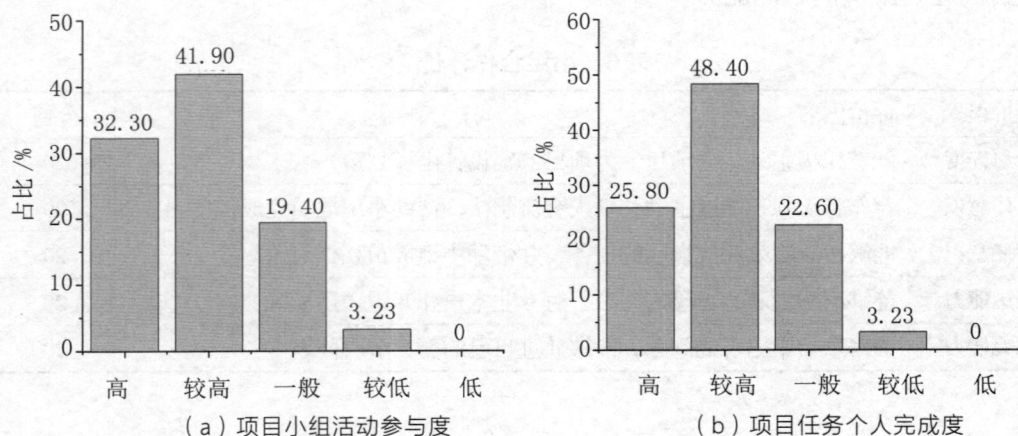

（a）项目小组活动参与度　　　（b）项目任务个人完成度

图2　项目教学效果问卷调查结果

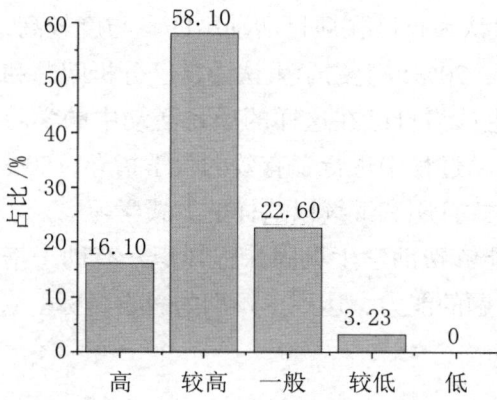

（c）个人素质和能力提升

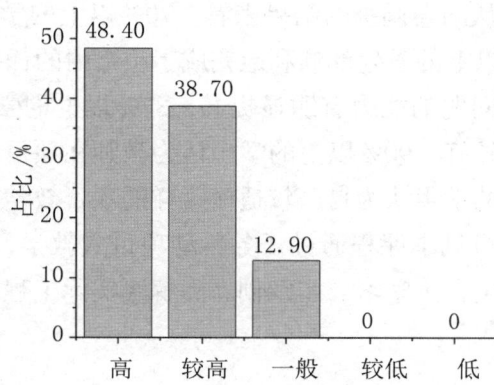

（d）项目活动过程学习效果

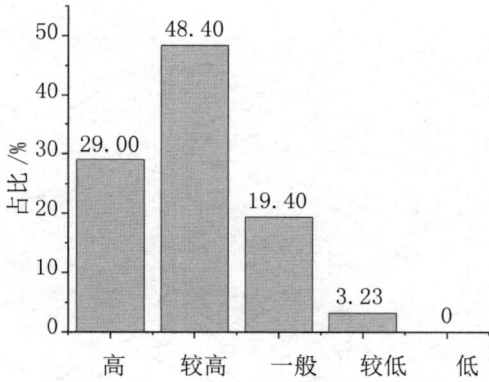

（e）项目小组活动开展频率

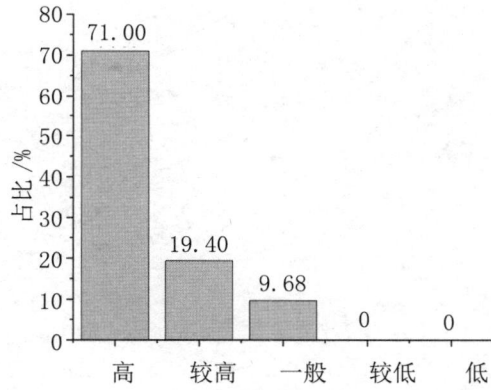

（f）教师对项目的有效指导

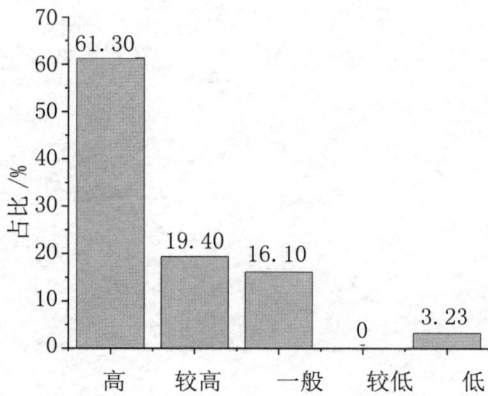

（g）对项目教学方式的适应性

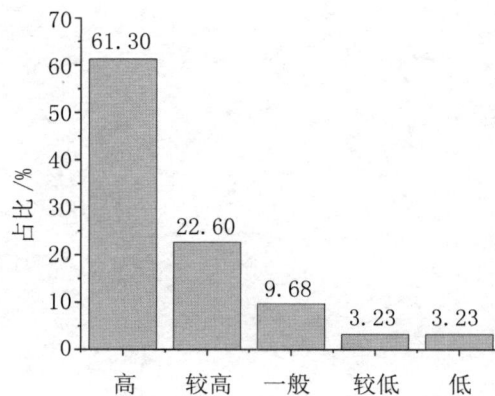

（h）继续参加项目活动的意愿

图2　项目教学效果问卷调查结果（续）

从问卷调查的结果来看，70%以上的学生认为自己在项目活动中的参与度较高，74%以上的学生都顺利地完成了小组内的任务，70%以上的学生认为自己分析问题和解决问题的能力有明显提升，87%以上的学生认为自己在这样的项目活动中的学习效果较好，90%以上的学生认为教师在项目活动过程中进行了有效的教学指导，80%以上的学生认为自己较适应这样的项目教学方式且愿意继续以这样的方式学习。

可见本课程通过任务驱动项目式教学，能够帮助学生巩固课程知识，有助于培养学生自主学习、实践创新和解决实际工程问题的能力，达到了预期的教学目标。

前沿引领 问题导向
——"绿色化学"课程案例

周珊珊、李睿

环境学院

一、课程基本信息

◎ 课程名称：绿色化学

◎ 课程性质：专业选修课

◎ 授课教师：周珊珊、李睿

◎ 授课对象：环境科学/环境工程专业本科生

◎ 授课单元：绿色分析技术

◎ 授课学时：本课程共32课时，其中本授课单元2课时

二、课程教学目标

1．知识和技能

①了解绿色化学的产生原因和发展过程，明确绿色化学与环境保护的异同，了解绿色化学发展动态及前沿技术。

②掌握绿色化学基本概念和基本理论，熟悉绿色化学主要应用领域。

2．过程与方法

①理解、掌握绿色化学基本研究内容和方法，并以此分析复杂环境工程问题，提出改进方案。

②能够通过文献的检索、收集，总结自学新知识，能采用口头及书面形式进行规范、准确的表达。

3．情感与态度

①理解化学方法和技术对社会、安全、健康的影响，树立绿色发展理念。

②理解马克思主义辩证发展观，增强学生以辩证发展的科学思维看待事物的意识。

三、教学设计理念

1.教学内容

本授课单元为"绿色化学"课程第十章绿色分析技术。从专业需求的角度出发，

主要针对环境分析化学中的绿色前处理技术和绿色分析技术进行讲解，对加速溶剂萃取、固相（微）萃取、QuEChERS（quick、easy、cheap、effective、rugged、safe）、毛细管电泳、顶空气相色谱、微流控分析系统等多项学科前沿技术进行展示。

2.教学理念

本课程的教学理念是以人（学生）的发展为本。在课堂教学中，充分发挥教师主导作用，充分体现学生的主体地位。提倡教学的开放性，充分尊重学生思维发展，让学生在教师的启发引导下，发现问题，发散性地提出解决方案，自主实践，自我探索，培养创新意识和环境保护意识。

3.教学方法

为不断强化学生的辩证和发展思维，本教学单元采用以下3种教学方法。

（1）案例式教学（见图1）

选用专业基础实验中两个真实案例——土壤中PCBs的测定与水体中苯酚测定（这两个案例分别涉及传统的环境分析技术中的萃取净化技术和分析技术）。通过教师的引导，学生自主发现传统分析化学技术的问题，提出可能的创新改良途径，再通过质疑、辩驳和讨论，获得最佳的解决问题的前沿性方法（QuEChERS技术）。

（2）问题探究

问题探究体现在课程教学的两个部分，一个体现在课程主线的贯通上（传统方法介绍→传统方法的优缺点分析→新的解决方案介绍→新方案的优缺点分析→同时解决两个问题的前沿方法介绍），步步引导，推进并深入；另一个体现在每一个小的知识点的讲述上，采用设计提问式，逐步追问，启发思考，层层递进，实现学生对知识点的深入理解。

（3）小组汇报

小组汇报体现在课后作业的设置中，小组成员就确定的演讲主题（绿色能源及绿色化学品）分工合作（搜集资料、制作PPT、演讲展示）；其他学生就感兴趣的问题对该小组成员进行提问，由小组任意一位同学进行回答；由全体学生共同打分和教师打分综合评定小组汇报成绩，学生在这种分享和竞争中交换意见，互促互长。

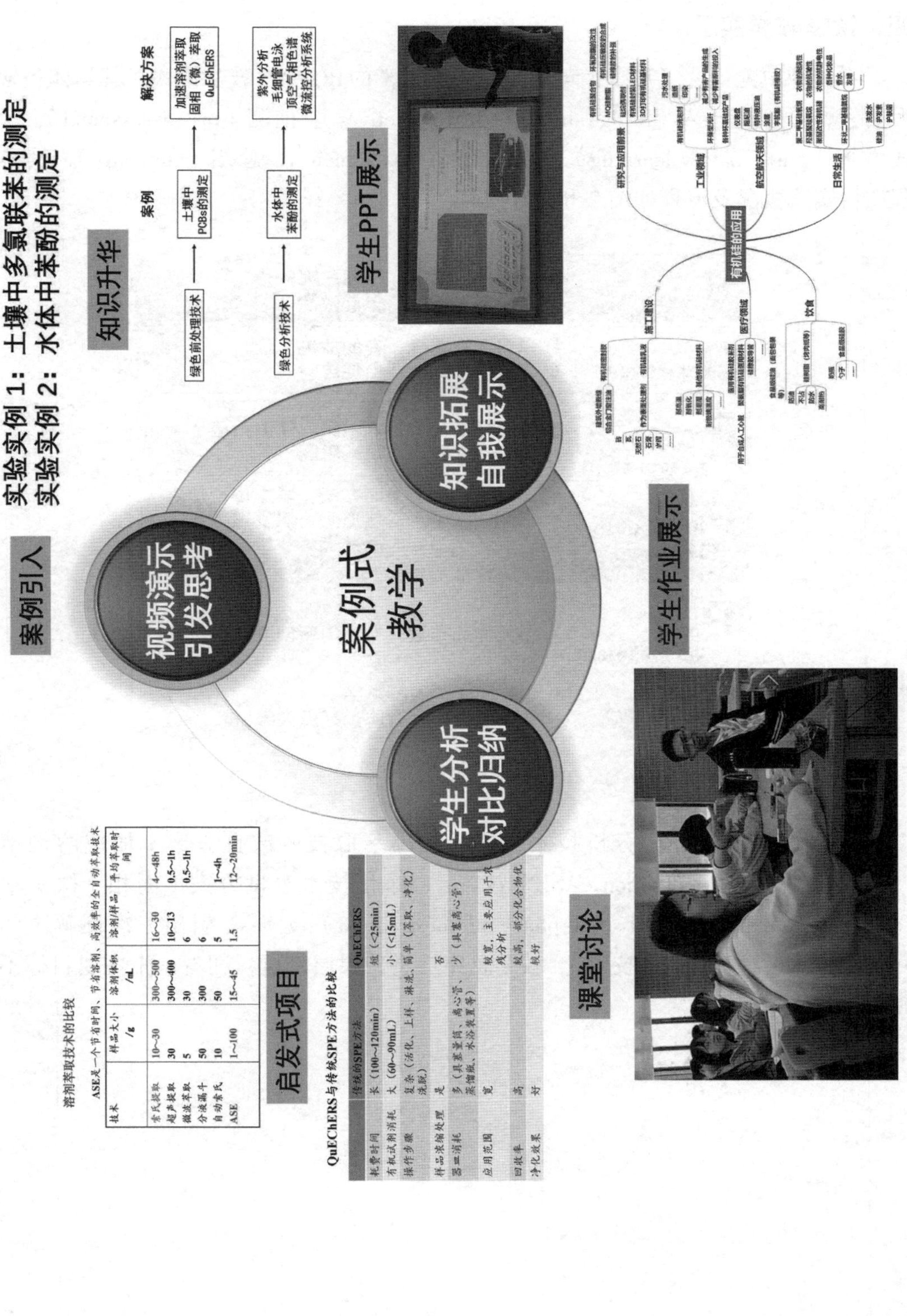

实验实例 1：土壤中多氯联苯的测定
实验实例 2：水体中苯酚的测定

知识升华

	案例	解决方案
绿色前处理技术	土壤中 PCBs 的测定	加速溶剂萃取 固相（微）萃取 QuEChERS
绿色分析技术	水体中苯酚的测定	紫外分析 毛细管电泳 顶空气相色谱 微流控分析系统

学生PPT展示

案例引入

视频演示
引发思考

知识拓展
自我展示

案例式
教学

学生作业展示

学生分析
对比归纳

课堂讨论

溶剂萃取技术的比较

ASE是一个节省时间、节省溶剂、高效率的全自动系统

表 ASE与一节省时间、节省溶剂、高效率的全自动系统比较

技术	样品大小/g	溶剂体积/mL	萃取时间
索氏提取	10~30	300~500	4~48h
超声提取	30	300~400	0.5~1h
微波萃取	5	30	0.5~1h
分液漏斗	50	300	1~4h
自动索氏	10	50	12~20min
ASE	1~100	15~45	1.5

启发式项目

QuEChERS与传统SPE方法的比较

	传统的SPE方法	QuEChERS
耗费时间	长（100~120min）	短（<25min）
有机试剂消耗	大（60~90mL）	小（<15mL）
操作步骤	复杂（活化、上样、淋洗、洗脱、净化）	简单（不萃、净化）
样品浓缩处理	是	否
器皿消耗	多（具塞离心管、离心管、玻璃瓶、水浴装置等）	少（具塞离心管）
应用范围	宽	较窄，主要应用于水相
回收率	高	较高，部分化合物偏低
净化效果	好	较好

图1 案例式教学方法

49

四、课堂教学实录

本授课单元借鉴了加拿大英属哥伦比亚大学的BOPPPS教学模式，其具体包含六大要素，分别是导入（bridge-in）、目标（objectives）、前测（pre-assessment）、参与式学习（participatory learning）、后测（post-assessment）、总结（summary）。具体课程项目实践概况及流程如图2和图3所示。

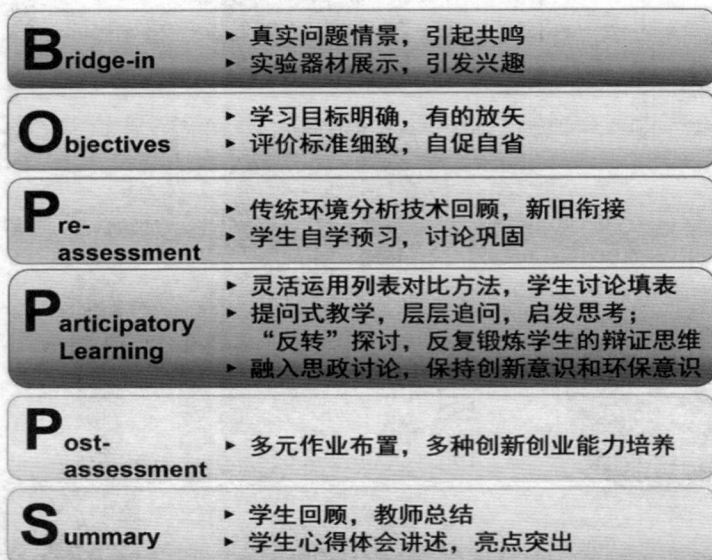

图2　BOPPPS教学模式

教学中从传统环境分析技术出发，提出萃取技术改良方案［加速溶剂萃取（accelerated solvent extraction，ASE）技术］、净化技术改良方案［固相（微）萃取（solid-phase extraction and solid-phase microextraction）技术］，引出一次性解决两个问题的方案（QuEChERS技术）。教学思路连贯，层层剖析，朝着一个主要目标不断探索。

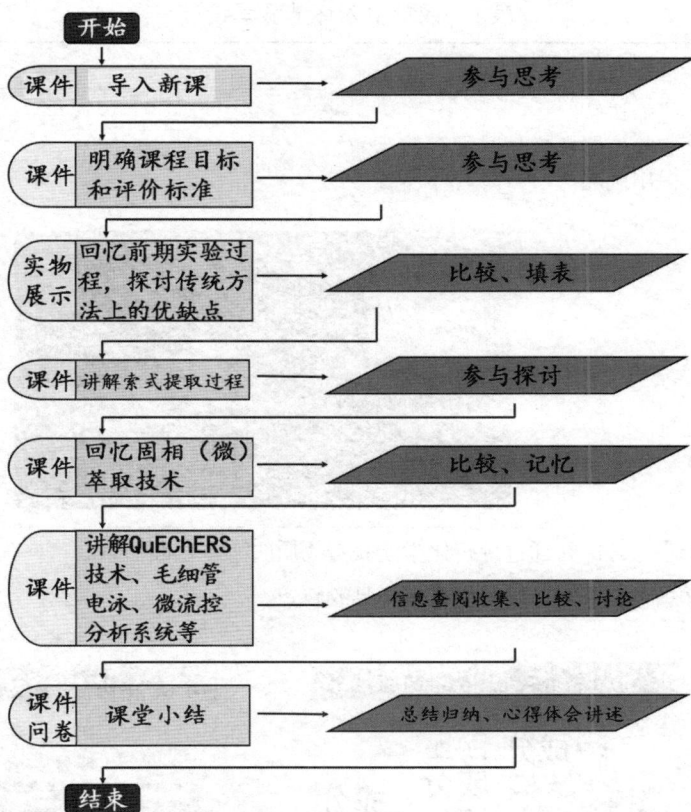

图3　基于BOPPPS教学模式的教学总体安排

项目清单如下：

① 加速溶剂萃取技术；

② 固相（微）萃取技术；

③ QuEChERS技术；

④ 其他前沿绿色化学分析技术。

1. 课堂引入

以动画的方式引入课堂教学，将分析化学比作"老大哥"，环境保护比作"小老弟"，讨论分析化学与环境保护的关系。以氯化钠晶体粉末为例子，引发学生思考通过分析化学能获得哪些信息。以"土疙瘩"这种常见的环境化学样品为例子，帮助学生直观地理解环境样品中污染物的特点，掌握环境分析化学研究的重点内容。该环节具体教学设计如表1所示。

表1　课堂引入环节教学设计

活动目的	课堂引入（8分钟）
教师活动	①比喻讲解。 ②实验仪器和样品展示。 ③提出问题。
学生活动	①思考并回答通过分析化学能获得物质的哪些方面信息。 ②思考并回答环境分析化学样品的特点。

PPT展示	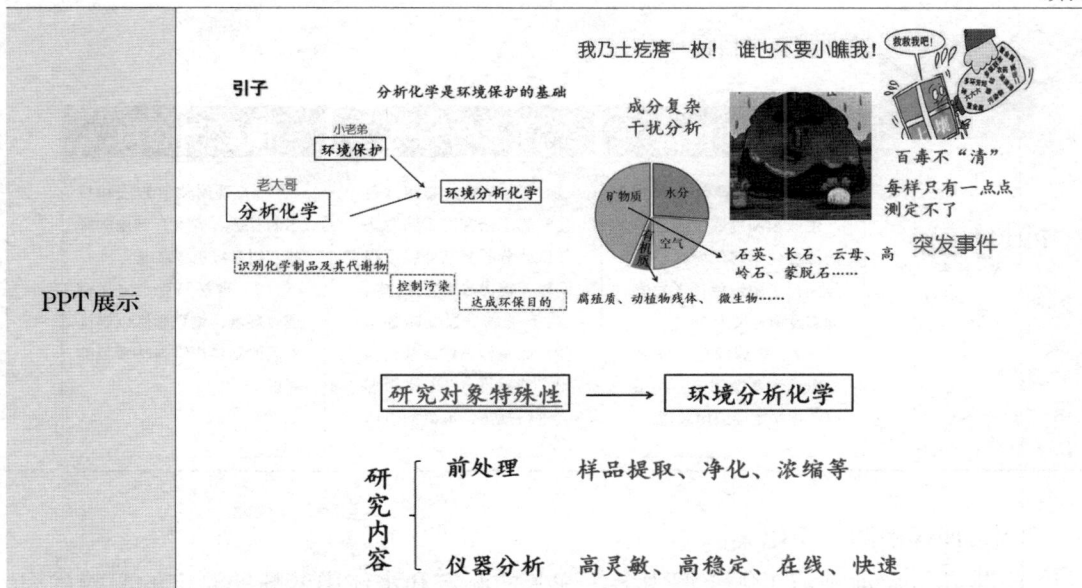

2．课堂讲授

课堂讲授主要围绕传统分析化学技术所带来的问题及其绿色解决方案。在明确教学目标的前提下，以学生专业基础实验中的两个实验（实验实例1：土壤中多氯联苯的测定；实验实例2：水体中苯酚的测定）为例，将学生的注意力自然引到环境分析化学的两大重要研究方向（环境样品前处理和仪器分析）。教师引导学生回忆前期实验过程，探讨传统方法上的优缺点，从解决问题的角度介绍相关绿色化学分析技术。

（1）课堂教学目标的明确

在教学目标讲解的过程中提及作业的布置，将能力考察与课程目标进行结合，使学生明确目的，有的放矢地对本课程进行学习。该环节具体教学设计如表2所示。

表2　课堂讲授环节教学设计

活动目的	课程教学目标的明确（5分钟）
教师活动	细致讲解
学生活动	参与思考

续表

PPT展示	本课程教学目标:

知识和技能	过程与方法	情感与态度
（1）了解绿色化学的产生原因和发展过程，明确绿色化学与环境保护的异同，了解绿色化学发展动态及前沿技术。 （2）掌握绿色化学基本概念和基本理论，熟悉绿色化学主要应用领域。	（1）理解、掌握绿色化学基本研究内容和方法，并以此分析复杂环境工程问题，提出改进方案。 （2）能够通过文献的检索、收集，总结自学新知识，能采用口头及书面形式进行规范、准确的表达。	（1）理解化学方法和技术对社会、安全、健康的影响，树立绿色发展理念。 （2）理解马克思主义辩证发展观，增强学生以辩证发展的科学思维看待事物的意识。

（2）课程前测，引出案例

学生通过课前预习了解土壤中多氯联苯的测定和水体中苯酚的测定的实验过程，在教师的引导下逐步回忆实验细节，教师通过设计提问，引发学生思考，探讨传统方法缺点。该环节具体教学设计如表3所示。

表3　前测环节教学设计

活动目的	传统环境分析技术中的萃取技术和净化技术回顾（17分钟）
教师活动	带领学生回忆土壤中多氯联苯测定以及水体中苯酚测定两个实验，重点讲述相关仪器设备及试剂的使用，讨论传统方法的优缺点；展示索提仪，进一步分析其原理和应用。教师通过"微词云"工具在线收集学生的答案，并实时生成可视化词云图供学生进一步讨论。

学生活动	①回顾并理解土壤中多氯联苯测定以及水体中苯酚测定的实验原理。 ②计算实验中有机溶剂使用量,并探讨传统方法缺点。 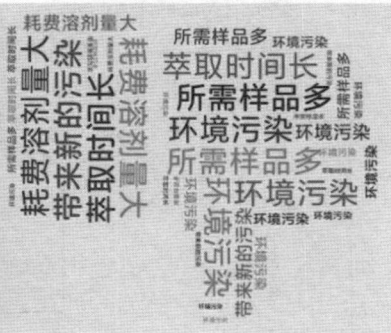
PPT展示	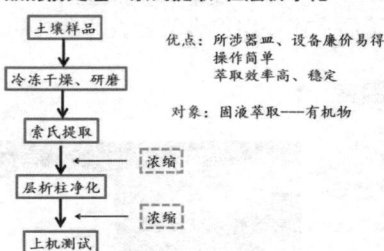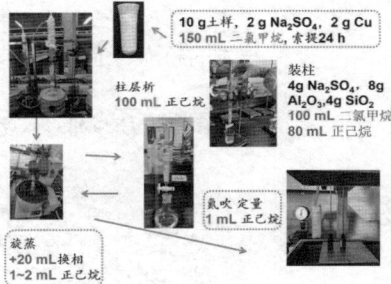 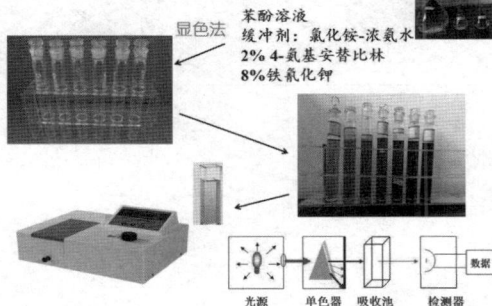

3．参与式学习

学生通过讨论、头脑风暴、阐述表达、辩论等方式,逐步对本节课提及的两个传统分析化学技术进行改进。该环节具体教学设计如表4所示。

表4　参与式学习环节教学设计

活动目的	改良的萃取技术的引入和详解（15分钟）
教师活动	根据传统方法缺点，引导学生讨论传统技术的改良途径，进一步从改良萃取技术角度介绍环境领域实用性非常高的加速溶剂萃取（ASE）技术，启发学生思考传统萃取技术的可能改良途径；引导学生比较传统的索氏提取技术和绿色分析技术——加速溶剂萃取技术的特点。 溶剂萃取技术的比较 <table><tr><td>技术</td><td>样品质量/克</td><td>溶剂体积/毫升</td><td>溶剂（样品）</td><td>平均萃取时间/小时</td></tr><tr><td>索氏提取</td><td></td><td></td><td></td><td></td></tr><tr><td>ASE</td><td></td><td></td><td></td><td></td></tr></table>
学生活动	①讨论对传统分析技术进行改良的可能途径。 ②比较传统的索氏提取技术和绿色分析技术——加速溶剂萃取技术这两个前处理技术的特点，通过自主讨论后，由小组代表填写教师准备的表格。 对传统分析技术进行改良的讨论

PPT展示	改良萃取技术——加速溶剂萃取 ◆ ASE 是用溶剂对固体、半固体的样品进行萃取的技术. ◆ ASE 的原理是选择合适的溶剂，通过增加温度和压力来提高萃取过程的效率. ◆ ASE 可用来取代索氏提取、超声萃取、手工振摇、煮沸法和其他萃取方法. **ASE™ Schematic** 将样品装入萃取池　时间（分钟） 溶剂充满萃取池　0～1 萃取池加热加压　5 样品保持一定的压力和温度（静态萃取）　5 向萃取池中注入清洁溶剂　0.5 用N₂ 吹扫萃取池　1～2 萃取液准备分析. Total　12～14 流程 泵　溶剂　烘箱　萃取池　收集瓶 Thermo Scientific™ Dionex™ ASE™ 350 加速溶剂萃取仪 ● 允许混合和输送 3 种溶剂 ● 可容纳 1mL、5mL、10mL、22mL、34mL、66mL和100mL 的萃取池规格 ● 对 pH 值惰性的通路，适用于酸或碱液处理过的基质
活动目的	改良的净化技术的引入和详解（10分钟）
教师活动	进一步从改良净化技术角度介绍环境领域实用性非常高的固相（微）萃取技术，重点讲解相关原理、操作流程、最新型号等，突出相关技术向"微"而"精"发展的过程。引导学生比较商业固相萃取柱和一般层析柱的特点。 （表格：商业固相萃取柱　一般层析柱；柱效；填料、溶剂量；操作；重复性；种类；应用）
学生活动	①深入学习固相（微）萃取技术，了解固相（微）萃取装置。 ②比较商业固相萃取柱和一般层析柱的特点。

	商业固相萃取柱	一般层析柱
柱效	高	低
填料、溶剂量	少	多
操作	自动化	自组装，复杂
重复性	可，较易	较难
种类	多	少
应用	更广	有限

续表

PPT展示	**固相萃取的原理** 固相萃取就是利用固体吸附剂将液体样品中的目标化合物吸附，与样品的基体和干扰化合物分离，然后再用洗脱液洗脱或加热解吸附，达到分离和富集目标化合物的目的。 固相萃取方法在使用过程中一般包括以下几个步骤： 1）固相萃取柱的清洗——消除吸附剂上所吸附的杂质 2）固相萃取柱的活化——激活表面活性基团 3）样品的吸附萃取 4）萃取柱的洗脱 商业化萃取小柱　　96孔板 提供5 mg、10 mg、30 mg和60 mg等规格 μElution提取板 1~60 mL的小柱　40 mg~2.5 g填料 洗脱体积可低至25 μL，最高可使样品浓缩15倍 Dionex™ AutoTrace™ 280 固相萃取仪 1. 大体积水萃取目标物（20 mL~4 L） 2. 萃取柱1~5 mL 3. 实现SPE全部4个步骤（活化、上样、淋洗、洗脱）的自动化 4. 同时处理多达6份样品仅需2~3小时，其中仅需要15分钟的人工参与 **2. 固相微萃取装置** 固相微萃取装置外型如一只微量进样器，由手柄（holder）和萃取头或纤维头（fiber）两部分构成。萃取头是一根1厘米长，涂有不同吸附剂的熔融纤维，接在不锈钢丝上，外套是细不锈钢管（可保护石英纤维不被折断），纤维头在钢管内可伸缩或进出，细不锈钢管可穿透橡胶或塑料垫片进行取样或进样。手柄用于安装或固定萃取头，可一直使用。 推杆／手柄筒／Z形支点／支撑推杆旋钮／透视窗／可调针深度规／SPME萃取头／SPME手柄 **SPME萃取方式** 直接萃取法（direct immersion, DI-SPME）　顶空萃取法（headspace, HS-SPME）　半透膜萃取法（semi-permeable membrane based micro-extraction, SPM-ME） **纤维SPME的操作过程** 插入样品瓶／伸出萃取头萃取样品／收回萃取头／插入GC进样口／解吸样品／收回萃取头／GC／HPLC／萃取头进入接口／流动相解吸样品／收回萃取头／进入柱子 **主要应用：挥发性、半挥发性物质** 将样品放入小瓶／添加硼氢化钠／通过SPME进行萃取／纤维解吸附、分离和定量／FPD 固相微萃取实验过程 硼氢化钠 生成易挥发的氢化物
活动目的	QuEChERS技术拓展（5分钟）

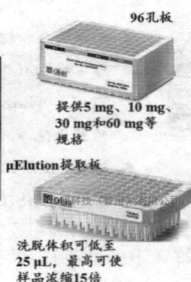

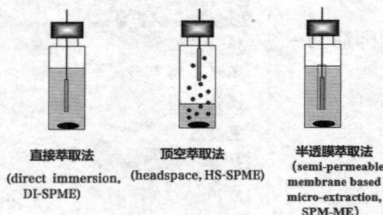

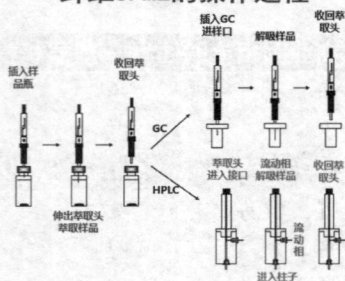

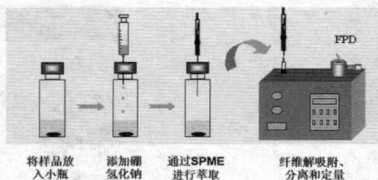

教师活动	教师进一步提出一个一次性解决两个问题的前沿方法——QuEChERS技术，重点介绍该技术原理、发展、特点，并引导学生对固相微萃取技术和QuEChERS技术进行对比。 **QuEChERS与传统SPE方法的比较** （表格与照片） |	传统的SPE方法	QuEChERS
---	---	---
耗费时间		
有机试剂消耗		
操作步骤		
样品浓缩处理		
器皿消耗		
应用范围		
回收率		
净化效果			
学生活动	①对固相微萃取技术和QuEChERS技术进行对比并填表。 ②学生课后进一步研究QuEChERS技术的实际操作过程，尝试对该方法所需时间、溶剂等进行定量分析，同时收集其应用领域的信息。 **QuEChERS与传统SPE方法的比较** |	传统的SPE方法	QuEChERS
---	---	---
耗费时间	长（100~120min）	短（<25min）
有机试剂消耗	大（60~90mL）	小（<15mL）
操作步骤	复杂（活化、上样、淋洗、洗脱）	简单（萃取、净化）
样品浓缩处理	是	否
器皿消耗	多（具塞量筒、离心管、蒸馏瓶、水浴装置等）	少（具塞离心管）
应用范围	宽	较宽，主要应用于农残分析
回收率	高	较高，部分化合物优
净化效果	好	较好	
PPT展示	一次解决两个问题 **QuEChERS 基体分散固相萃取** 多类、多残留样品分析方法： ▸ 萃取（extraction）⎤ ▸ 净化（cleanup）　⎦ QuEChERS ▸ 定量（quantitation）⎤ 气-质联用 ▸ 识别（identification）⎦ 液-质联用 Quick　省时 Easy　简单 Cheap　廉价 Effective 高效 Rugged　耐用 Safe　安全
活动目的	改良的分析技术的引入和详解（15分钟）
教师活动	由苯酚的物化特性，引导学生思考传统4-氨基安替比林法测定苯酚的替代方案。比较通过紫外光谱与可见光谱，突显替代"爷爷辈"方法的迫切性。同时，进一步讲解毛细管电泳、顶空气相色谱、微流控分析系统等前沿技术的原理及其在环境保护领域的应用。

续表

学生活动	①讨论4-氨基安替比林法测定苯酚的替代方案。 ②比较研究传统电泳技术与高效毛细管电泳的异同点和优缺点。 ③了解毛细管电泳、顶空气相色谱、微流控分析系统等前沿技术的原理。
PPT展示	

高效毛细管电泳的优点

绿色分析测试技术

1. 4-氨基安替比林法——替代方案
紫外分析

2. 其他技术
毛细管电泳
顶空气相色谱
微流控分析系统

紫外-可见光谱仪

毛细管电泳

在电解质溶液中，位于电场中的带电离子在电场力的作用下，以不同的速度向其所带电荷相反的电极方向迁移的现象，称为电泳。由于不同离子所带电荷及性质的不同，迁移速率不同，可实现分离。

正极　带负电粒子　负极
　　　带正电粒子

高效毛细管电泳的出现

传统电泳分析：操作烦琐，分离效率低，定量困难，无法与其他分析方法相比。

1981年，Jorgenson和Luckas，用75μm内径石英毛细管进行电泳分析，柱效高达40万/m，促进电泳技术发生了根本变革，迅速发展成为可与GC、HPLC相媲美的崭新的分离分析技术——毛细管电泳。

本底电解质
进口　　　出口
高效毛细管电泳装置示意

吹扫捕集—动态顶空（purge&trap）

■ 该方法是把惰性气体通入液体样品（或固体表面），把要分析的组分吹扫出来，使之通过一个盛有吸附剂的容器进行富集，然后再把吸附剂加热，使被吸附的组分脱附，用载气带入气相色谱柱中进行分析。

■ 适用于从液体或固体样品中萃取沸点低于200℃、溶解度小于2%的挥发性或半挥发性有机物。

动态顶空萃取—吹扫捕集—热解吸—GC分析

塑料微流控芯片

4．课程后测，作业布置

该环节具体教学设计如表5所示。

表5 课程后测环节教学设计

活动目的	对本课程内容的巩固加深（5分钟）
教师活动	作业布置
学生活动	参与思考
PPT展示	课后作业： A. 研读及翻译 REVIEW Designing for a green chemistry future Julie B. Zimmerman[1,2,3], Paul T. Anastas[2,3,4], Hanno C. Erythropel[1,2], Walter Leitner[5,6] B. 资料收集及总结 对有机硅行业发展、绿色催化剂、QuEChERS 技术等方面进行资料收集，并以图、表等方式总结、展示。 C. 心得体会 课后认真思考化工产业和化学发展的人类社会的双面影响，写一份心得体会。 D. 小组展示 分组学习绿色能源及绿色化学品两个章节，并以PPT方式展示学习成果。

5．课堂小结

该环节具体教学设计如表6所示。

表6 课程小结环节教学设计

活动目的	知识的系统性巩固（10分钟）
教师活动	引导、归纳
学生活动	①总结归纳，知识升华。 ②课后感想调查表填写。
PPT展示	案例 → 解决方案 绿色前处理技术 → 土壤中PCBs的测定 → 加速溶剂萃取 固相（微）萃取 QuEChERS 绿色分析技术 → 水体中苯酚的测定 → 紫外分析 毛细管电泳 顶空气相色谱 微流控分析系统 《绿色分析技术和环境保护》课程课后感想 1. 对该课程内容的评价及建议 2. 对教学方法的评价及建议 3. 学习这节课的收获

6．部分学生优秀作品展示

作业要求：以图或表的形式对有机硅应用进行总结，内容可涉及产业现状、应用方向等。切勿直接抄袭网上的图或表，内容来源请标注。

以下为部分学生优秀作品。

作品1：

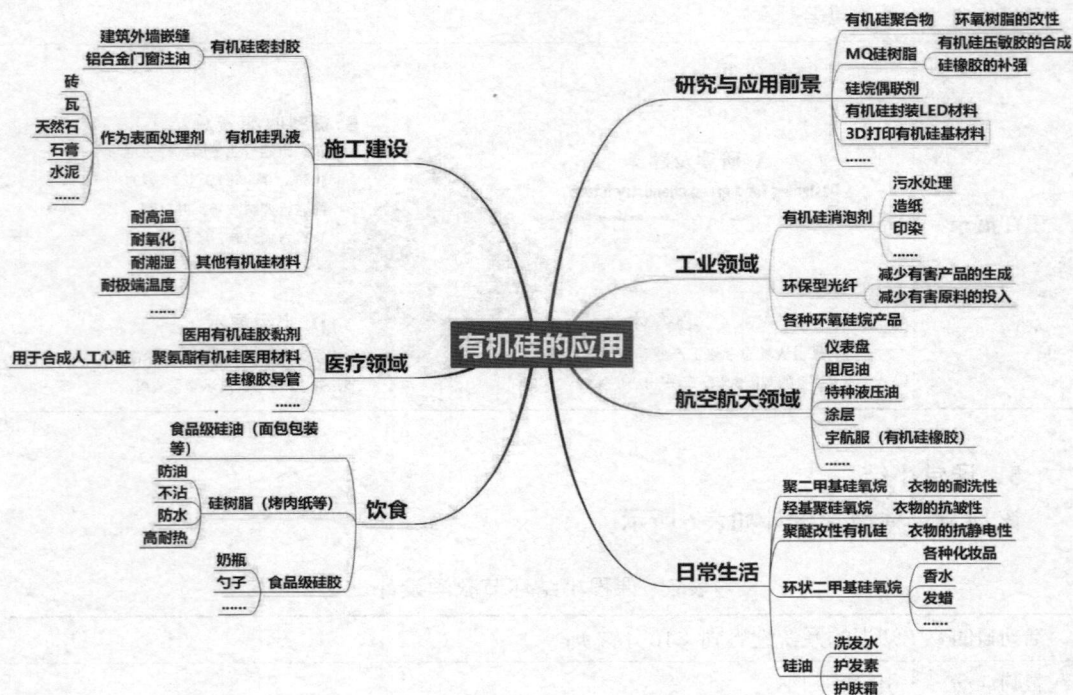

资料来源：①刘永丹.有机硅消泡剂在工业生产过程中的应用[J].精细与专用化学品，2014，22（7）：50-51.

②刘益军.聚氨酯有机硅医用材料用于人工心脏[J].聚氨酯工业，2000，15（4）：30.

作品2：

有机硅的应用

左侧分支（应用领域）

- 医药应用（可压缩性、耐化学药品性）
  - 液体有机硅：用于制造模制零件和2K零件
  - 固体有机硅：用于挤出物，软管和压力软管
- 汽车（耐高温、耐腐蚀）
  - 燃料电池垫圈
  - 排气管耐热涂层
  - 雨刷
  - 雨量传感器
  - 机油壳密封
  - 防尘罩
  - 电脑系统线路接插件
- 航空及航天（耐高温、耐化学药品、良好的电绝缘性）
  - 发动机电缆
  - 燃烧室
  - 整流器
  - 发动机空-空换热器
  - 气压作动筒
  - 座舱挡风玻璃
  - 飞机油箱
  - 飞机机械零部件
- 通信（耐辐射、耐压缩、良好的导热性）
  - 手机、笔记本电脑等终端
  - 通信电源
  - 天线
  - PCB
  - RRU
  - BBU
- 电力及供电（机械强度高、绝缘性能稳定、电阻率高）
  - 接头套管
  - 电气电力设备
  - 电缆及电缆附件
  - 高压开关
  - 导热硅油
  - 防污闪涂料及黏结密封
- 家用电器（应用实例）
  - 自动咖啡机
  - 数字应答机
  - 微波炉
  - 蒸汽熨斗
  - 立体声系统
  - 电视
  - 洗衣机
  - 真空吸尘器

应用实例：新型柔性有机硅导电胶黏剂、半烧结芯片粘结胶、高导热垫片性能优异的电子密封、导热、灌封和散型等系列有机硅产品（耐辐射、耐压缩、良好的导热性）

右侧分支

- 硅烷偶联剂（有机硅化学试剂）
  - 用于玻璃纤维的表面处理
  - 用于无机填料填充塑料
  - 用作密封剂、黏合剂和涂料的增黏剂
- 硅油（硅脂、硅乳液、硅表面活性剂）
  - 阻尼硅油
  - 扩散泵硅油
  - 液压油
  - 绝缘油
  - 热传递油
  - 刹车油
  - 硅油织物柔软整理剂
  - 硅油乳液型消泡剂
- 硅橡胶
  - 室温硅橡胶
    - 黏合剂
    - 密封剂
    - 防护涂料
    - 灌封
    - 制膜材料
  - 硅凝胶
    - 电子元件的防潮、绝缘的涂覆及灌封材料
    - 理想的晶体管及集成电路的内涂覆材料
    - 光学仪器的弹性粘结材料
    - 修补人体已损害的器官
- 硅树脂
  - 有机硅绝缘漆
    - 清漆
    - 密漆
    - 色漆
    - 浸渍漆
  - 有机硅涂料
    - 防腐涂料
    - 金属保护涂料
    - 防水防潮涂料
  - 有机硅塑料
    - 半导体封装材料
    - 电器零部件的绝缘材料
  - 有机硅黏合剂

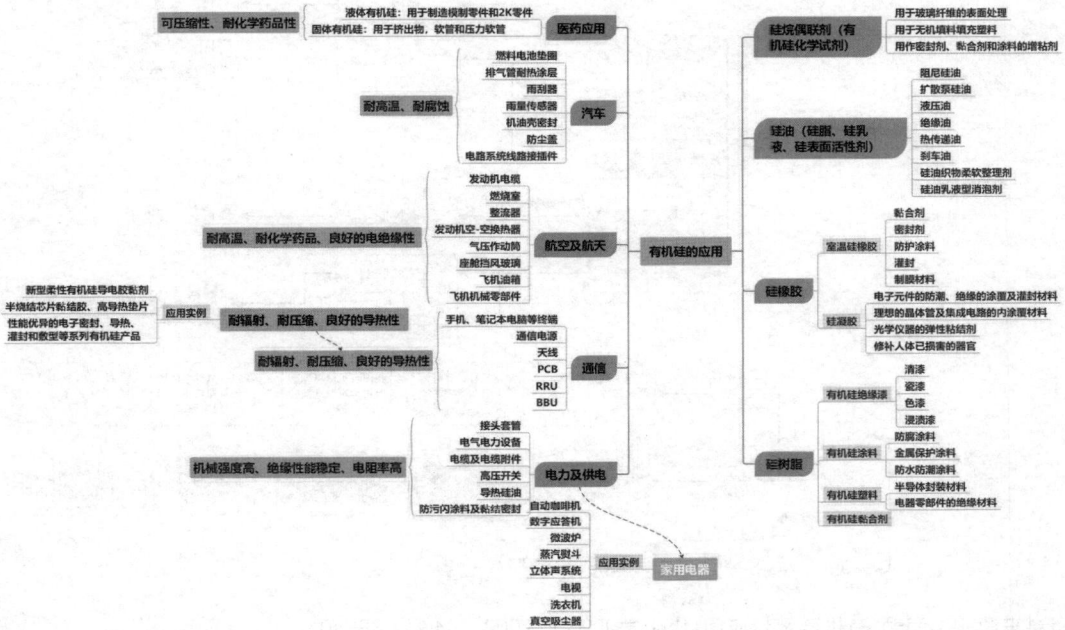

注：图表采用Xmind软件制作。

资料来源：①有机硅的百度百科。

②卜新平.有机硅行业现状及发展趋势预测[J].有机硅材料，2011，25（5）：333-342.

③张震，李丽，米长虹，李爱杰.电子产业用有机硅材料的发展趋势[J].黑龙江科学，2012，3（4）：41-42.

④赵云峰.有机硅材料在航天工业的应用[J].有机硅材料，2013，27（6）：451-456.

作品3：

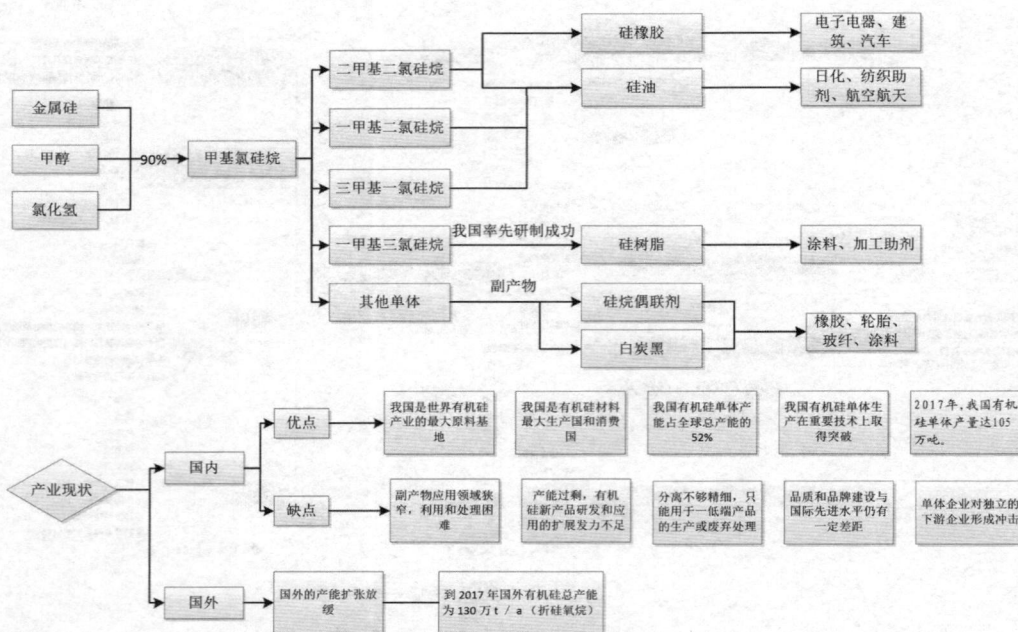

资料来源：①尚颖.有机硅及其应用[J].化学工程师.2003，94(1)：38-40.
②廖明佳，朱韵，任秀秀，龚耿浩.微孔桥联有机硅杂化膜的制备方法及影响因素研究进展[J].膜科学与技术，2021，41(2)：147-156.
③韩伟纯，李岩.有机硅对环氧树脂材料的改性研究进展[J].胶体与聚合物，2020，38(4)：191-194.
④谢文龙，国才，王友兵，肖华.环保型光纤预制棒制造工艺的研究[J].现代传输，2017(3)：71-74.

五、学业评价方式

本课程学业评价方式包括期末测试、随堂测试、课堂提问、作业、短篇综述、PPT制作和演示。针对学生创新创造及科学思维的培养，主要的学业评价方式包括：

①以组为单位开展重点文献（Zimmerman J B，et al. Designing for a green chemistry future[J]. Science，2020，367：397-400）研读及翻译。加深学生对绿色化学发展过程中创新性思维的理解，教师根据翻译准确度和完整度给分。

②资料收集及总结。就有机硅行业发展、绿色催化剂、QuEChERS技术等方面要求学生进行资料收集，并以图、表等方式总结、展示，鼓励学生创新。

③心得体会。要求学生课后认真思考化工产业和化学发展的人类社会的双面影响，写一份心得体会，培养学生辩证发展的科学思维。

④小组展示。以反转课堂的形式要求学生分组学习绿色能源及绿色化学品两个章节，并以PPT方式展示学习成果。综合评价学生的表达、协作等能力，要求学生分析前沿技术的创新性，培养学生的创新意识。

六、课程教学效果

1．学生心得体会

该课程开课以来，深受学生喜爱，学生对课程开设的总本感受问卷调查结果显示绝大部分学生给予了高度评价。本节节选匿名抽样的6名学生的反馈信息，针对学生知识、能力和素质三大创新创业能力目标的达成展开教学效果说明。并通过学生评价及建议展现本课程教学方法的优势。

（1）知识

学生1：老师在课程教学过程中，在贴合教材的基础上，增添了教材上未更新的内容，适当拓展，将本专业的理念融入其中，并引入鲜活的例子加以讲解，内容新颖且丰富，多个方面结合，满足了我个人对于这门课程学习内容的需求。

学生2：绿色化学课的内容和其他的环境专业课都有联系，上课学到的知识常常会出现在其他的课程中，这有利于我们将知识串联起来，构建完整的知识体系，提高专业素养。

学生3：我个人对于这些教学内容很喜欢，不拘泥于书本，课程加深了我对于绿色化学概念的理解，完善了脑中由绿色化学延伸开来的知识脉络，对于绿色化学相关的应用及实验案例有了深刻的了解和认识，激发了我学习绿色化学的动力。

学生4：收获很大，了解了绿色改进工业生产对环境保护或者说企业效益带来的巨大作用，更深入地了解了环境学与绿色化学之间的关系。

学生5：总体来说我很喜欢绿色化学这门课。①土壤中含有的污染物种类繁多但是含量极小，因此在测定之前必须要对目标物进行分离浓缩。学到了土壤中微量污染物的提取浓缩方法，了解了索氏提取、电泳等分析测定的方法。②传统的苯酚分析测定方法需要添加氨水，氨气有毒且有臭味，对实验人员和环境都会造成一定的影响，但是新的苯酚检测技术就免去了添加氨水这一步，大大减小了分析测定实验所产生的危害性。③毛细管电泳是一种在空心、微小的毛细管中进行的液相高效蛋白分离技术。相比于普通的需要在电泳板上面进行的电泳，毛细管电泳技术的显著优点是只使用微量样品，并且可以做到自动化。该方法简便且分析时间短，消耗资源少，符合绿色化学的要求，很适用于测定微量组分的含量。我感触最深的一点就是传统化学是让人多花钱治理的，而绿色化学教人去改进技术，提高生产效率，减少浪费，是教人省钱的。从这个角度讲，绿色化学的理念必然会成为时代潮流。

（2）能力

学生2：这门课对我帮助很大。我不仅学到了绿色化学的专业知识，还能将课上的内容和其他专业课的相关知识结合起来，相互印证，触类旁通，对我学习环境专业知识起到了很大的作用。学了这门课之后可以说再次开拓了我的视野，知道从多角度去优化一个反应操作流程。

学生3：我们自己动手计算索氏提取和ASE中样品克数、溶剂体积、溶剂样品比以及平均萃取时间，从鲜明的对比结果中看到绿色分析技术的优势，然后我们自己判断什么方法是最绿色环保的。通过这个过程，我们掌握了绿色化学的基本研究方法。

学生6：课程涉及很多具体的案例，而每次了解那些工艺的改进方法都会让我豁然开朗。在进行浓缩提纯的分析操作中，普通的方法往往会需要大量的有机试剂用于萃取或者洗涤等，耗费大量资源且对于废水的治理也会产生一定负担，并且萃取常需要十几个小时到二十几个小时，效率低下。但是通过改进浓缩萃取的装置，采用增压升温的技术和信息化管理，可实现自动化针管萃取。该技术（ASE技术）不仅能够大大减少有机试剂的使用，而且使原来的萃取时间能够缩短到十几分钟，节能高效，非常符合绿色化学的理念。通过绿色化学的对比研究方法，我很好地理解了绿色化学的理念。

（3）素质

学生1：通过对本课程的学习，我知道了传统的分析化学所存在的弊端（对环境不友好），更让我接触到了新兴的环境友好型的化学分析手段，开拓了我的眼界，也让我意识到环境保护竟然可以涉及如此细微的地方。虽然很多内容是我没有接触甚至没有听说过的，不能马上理解吸收，但是，相当于打开了一扇新的大门。相信这会为我们以后的研究提供些新的思路。

学生2：这种（辩证和发展）思维也可以用于生活的方方面面，可能这也是绿色化学的魅力所在，而且作为一名环境人，我觉得更应该学好绿色化学。

学生4：课程内容走向属于化学方面的另一条比较有探索性的路，课上也有很多经典的案例性分析，充分激发了我对某些环境事件的思考。

学生5：课程内容很有意思，绿色分析化学是绿色化学的核心学科。随着现代工业的发展，环境污染问题也日益加重，人类面临巨大灾难与挑战，而绿色分析化学正是通过设计与分析，从源头上阻止污染的分析化学，对这门课程的研究与学习，对人类社会的发展有着重要的意义。绿色化学是经济和社会可持续发展的重要组成部分，也是解决21世纪环境和资源问题的根本出路之一，绿色化学和绿色技术的兴起，为人类解决环境污染问题，实现经济和社会可持续发展提供了有效手段。无污染或少污染的绿色分析化学技术将是今后分析化学发展的方向，应该以战略的眼光，结合实际分析工作，强调绿色分析化学的研究，积极寻求更多绿色发展的分析方法和技术，并将其应用到很多的生产生活项目中，实现真正的绿色生产、绿色生活。

学生6：本课程很明确地提醒了我们，在从事环保事业，在进行环境分析监测的过程中就会造成污染与浪费，会有与环境保护相矛盾的事情发生。但是环境分析又是必不可少的，分析化学是环境保护的基础，这就要求我们对于目前的分析监测技术中不太协调、不太友好、效率又低的过程进行研究改造，创造一门独特的环境分析化学。由此看出绿色化学的思想需要贯彻到环保的每一个步骤当中，不仅仅是化工生产的技术需要绿色化革新，我们监测的技术也需要顺应时代潮流一步步走向经济节约、绿色无污染、高效便捷。我认为还有比较重要的一点就是通过学习绿色化学，能够树立起一种清晰的节能高效的生产理念。绿色化学要求从源头上阻止污染物的产生，超越了传统的化学思想理念。

（4）教学方法评价

学生1：教学上，老师将生涩难懂的概念搭配例子加以比对说明，讲解清晰明了，让我们很容易就能理解，互动式提问也促进了我们主动思考，是我很满意的讲课形式。

学生2：老师在教学过程中常常用举例子的方法进行讲解，让我们能够更好地理解知识点，讲课内容丰富有趣，能够提高我们的积极性。

学生3：课程不是围绕书本，而是从分析化学的概念展开，讲述了几个实验案例，对我有很大启发。我一直很欣赏老师的教学方法，老师善于和学生形成良性沟通。比如从"分析化学"这个词语的来源讲起，一步步延伸，引发我们的思考，不依托于书本却又不脱离书本，更容易加深我们对于绿色化学的概念。

学生4：老师讲课非常有趣，充满激情，会在枯燥的知识点讲解中穿插很多实际案例，课堂一下子就会活跃起来，希望老师可以更多地引例，增强学生的主动思考能力。

学生5：周老师的教学方法生动有趣，总能用一些贴近我们生活的例子来为我们讲解知识点，让我们更容易理解。

学生6：老师上课时，能够结合课本的理论内容展示很多很多的例子，而且能把这些深奥的案例讲得通俗易懂，这确实能让我对这门课的内容有更深入的学习和体会。而且也能够定期给我们布置一些章节问题，也算是给我们学习知识提供引导，同时也是对知识的整理。

2.根据OBE要求的量化评价

作业1：以图或表的形式对有机硅应用进行总结，内容可涉及产业现状、应用方向等。切勿直接抄袭网上的图或表，内容来源请标注。

习题作业按照等级进行评分，对应百分制，如表7所示。

表7　习题作业评价

评价指标	优（86~100）	良（70~85）	及格（60~69）	不及格（0~59）
内容	内容全面、翔实，兼顾知识的广度与深度，举例充分	内容完整，信息量适中，举例适量	内容基本完整，信息量少，少量例子	内容不完整，信息量不足，没有例子
逻辑	逻辑清晰，内容简洁清楚，表格内容分级呈现且充实	逻辑较清晰，内容较清楚，表格内容仅分1~2级	逻辑尚清晰，表格内容仅分1级	逻辑不清，结构过于简单、不完整，未绘制图表
图表绘制	图表皆有，制作水平高，布局平衡合理，版式美观，形式多样，易于理解	图或表只有其一，制作水平较高，布局较为合理，版式美观，易于理解	图或表只有其一，制作水平布局较合理，字体大小合适、统一，色彩清晰	图表皆无，仅简单文字罗列，未用电脑编辑，手写体字迹难以辨认，格式不统一，色彩难辨认
文献引用	文献量大（超过8篇），引用采用科技论文标准方法，未抄袭	文献量适中（5~8篇），引用基本采用科技论文标准方法，偶有抄袭	文献量少于3篇，且有大量抄袭	未引用

对58份作业进行评分和达成度分析，该作业的成绩分布如图4（a）所示。58名学生平均成绩为83.44（满分100分），21人成绩在86分以上（36.2%），36人在70~85分（62.1%），1人在60~69分（1.7%），0人在1~59分（0%），所有学生均合格。图形基本符合正态分布，总体成绩中等。该作业的实际得分分布如图4（b）所示。该作业的期望值设定为80分。实际平均值＝83.44＞80，认为本课程整体上实现了课程目标。

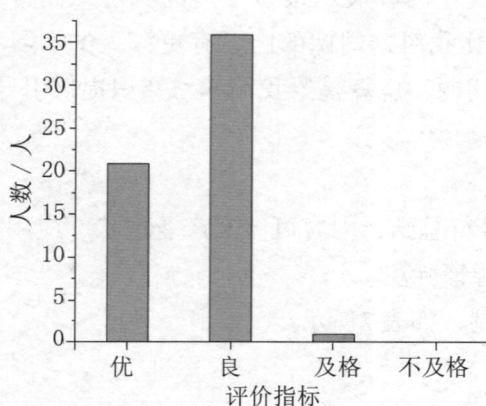

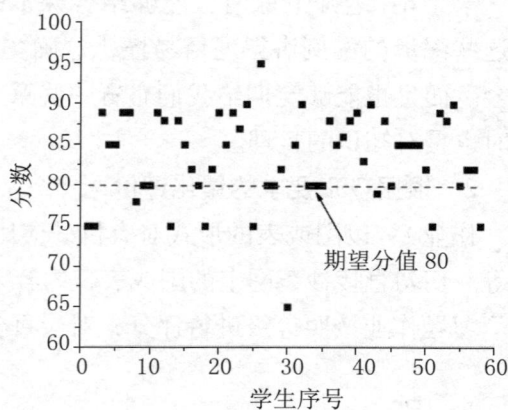

（a）成绩分布　　　　　　　　　（b）实际得分分布

图4　学生作业成绩分析

作业2：分组学习绿色能源及绿色化学品两个章节，并以PPT方式展示学习成果。

PPT制作及演示按照等级进行评分，对应百分制如表8所示。

表8　PPT制作演示评价

评价指标	优（80~100分）	良（70~79分）	及格（60~69分）	不及格（0~59分）
内容	内容全面，包括任务要求的所有基本主题；举例充分，体现研究前沿	内容全面，包括任务要求的所有基本主题；举例充分	内容基本完整，包括任务要求的重点主题；信息量适中	内容不完整，讲述内容未囊括任务要求的重点主题，信息量少
逻辑	主题内容的讲述上逻辑准确、清楚，重点突出	主题内容的讲述上逻辑基本清楚	主题内容的讲述上逻辑不顺畅，但可以理解	主题内容的讲述上逻辑不清晰，难以抓住讲解头绪
课件制作	课件制作水平高，布局平衡合理，版式美观，形式多样，易于理解	课件制作水平较高，布局较为合理，版式美观，易于理解	课件制作水平一般，布局较为合理，字体大小合适、统一，色彩清晰	课件制作以文字为主，字体大小、格式不统一，色彩难辨认
解说及参与度	普通话标准，对所讲内容娴熟，语言表述简练清晰，讲述节奏合适；全体组员参与，体现分工合作	普通话标准，对所讲内容娴熟，讲述节奏合适，但语言表达不够简练清晰；全体组员参与，体现分工合作	普通话标准，了解所讲内容，但语言表达不够简练清晰，无法按时完成解说（超时或提前结束1分钟以上）；全体组员参与，体现分工合作	普通话基本标准，不熟悉所讲内容，语言表达不简练，无法按时完成解说（超时或提前结束1分钟以上）；仅部分组员参与

对60名学生的PPT汇报进行评分和达成度分析，该项目的成绩分布如图5（a）所示。60名学生平均成绩为82.22分（满分100分），所有人成绩均在70~85分，总体成绩中等且所有学生均合格。该作业的实际得分分布如图5（b）所示。该作业的期望值设定为80分。实际平均值＝82.22＞80，认为本课程整体上实现了课程目标。

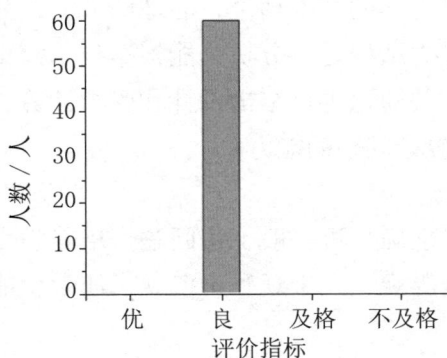

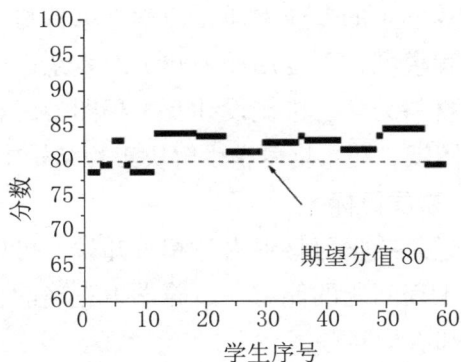

（a）成绩分布　　　　　　　（b）实际得分分布

图5　学生PPT汇报成绩分析

问题引领 项目架桥

——"材料力学"课程案例

周成双、李晓 ——

材料学院

一、课程基本信息

- ◎ 课程名称：材料力学
- ◎ 课程性质：专业必修课
- ◎ 授课教师：周成双、李晓
- ◎ 授课对象：材料科学与工程大二本科生
- ◎ 授课单元：材料的弯曲应力
- ◎ 授课学时：2.5学时

二、课程教学目标

通过材料力学的学习，掌握构件的强度、刚度及稳定性的计算方法，掌握材料力学的基本概念及理论，为学生学习相关后继课程打下必要的基础。课程目标细分如下：

1．知识目标

学习材料力学的基本概念和方法，掌握外力的作用类型、作用特点，以及构件在外力作用下变形和破坏的基本规律和研究方法。对应力状态理论和强度理论有明确的认识，并能将其应用于组合变形下构件的强度计算。通过简单的工程问题的分析，学生能独立设计、校核工程构件。

2．能力目标

培养学生的专业素质，使学生掌握材料力学的基本理论，能理解方法，分析简单的工程模型，并运用相关知识对复杂的受力结构进行分析，能根据技术需求，综合利用材料力学、机械设计及工程图学的相关知识进行结构设计和受力计算，并画出加工图纸，注重培养学生解决工程结构中复杂问题的能力。

3．素质目标

通过系统学习材料力学相关知识，可以准确分析一般工程问题，培养学生发现并解决工程问题的能力。培养学生正确的世界观、人生观和价值观，使学生能辩证地分析和看待问题。

三、教学设计理念

1. 教学内容

本课程内容分为材料静力学、材料拉伸压缩、材料剪切、材料扭转、材料弯曲内力、弯曲应力、弯曲变形、组合变形和压杆稳定等8个章节。以课堂教学为主，结合实验、自学、课堂讨论、大作业。

2. 教学理念

以掌握理论知识为基础，以解决实际工程问题为导向，以创新思维为动力，引导学生将理论知识运用于实际工程之中，发现问题、分析问题并解决问题。充分发挥当代大学生的出众的创新思维能力，引导学生开展自主化的结构设计与分析，解决工程实际中的问题，培养学生的团队协作能力和精神。

3. 教学方法

以讲授法和讨论法为课堂教学的主要方法，以任务驱动法为能力提升的主要方法。具体以讲授法讲解基本原理，并结合工程实际问题融入基本原理的讲解，使学生更好地理解机械设计、选材的基本方法，提高对机械课程的兴趣，初步了解工程力学、机械设计的理论体系、思维方式和研究方法。在教学中设置与课程有关的问题，通过分组研讨的方式提高学生对知识的掌握程度和运用能力。在课后设置工程问题大作业，引导学生综合运用课堂知识以及其他先修课程知识综合解决工程问题。

四、课堂教学实录

1. 课程引入

本课程首先引入一个有趣的实例，如图1所示，实例中显示两个人配合就可以过独木桥，而一个人单独过桥就会把桥踩断。通过讲解这个实例，让学生对弯曲内力的学习产生浓厚的兴趣。

奇怪的独木桥

一位游客在一个小山沟里发现有座独木桥，上面写着：禁止独自一人过桥。他发现当地的居民确实都是成双结对并且好像以某种相互配合的方式过桥。他觉得很奇怪，为什么2个人可以过桥而一个人却不可以呢？等周围没有其他人时他想独自试试，结果还没走到半程，就把独木桥压断了，掉进了水里。

这是为什么？

与多载荷作用下的
完全内力有关

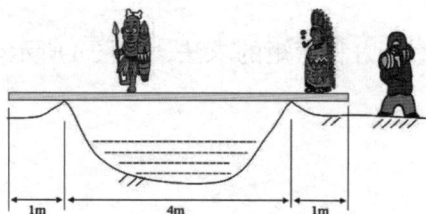

图1 弯曲内力实例

2．知识讲解

进行弯曲内力的课程讲授。首先介绍弯曲的概念，引导学生学习受弯杆件的简化，以便继续进行后续的分析，如图2所示。

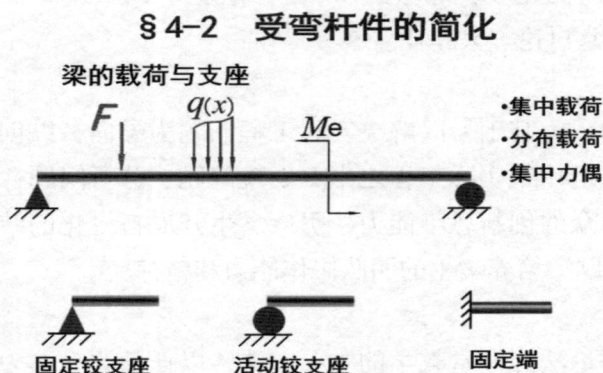

图2　完全内力简化实例

指导学生学习剪力和弯矩的计算方法。学生通过对剪力方程和弯矩方程的求解方法的学习（见图3），掌握荷载对梁的内力造成的影响的计算方法。

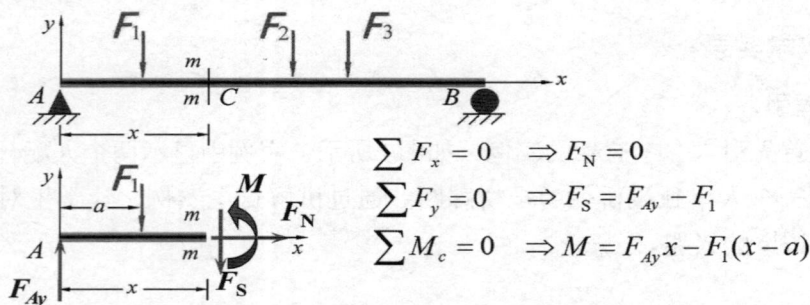

F_S 剪力，平行于横截面的内力合力

M 弯矩，垂直于横截面的内力系的合力偶矩

图3　剪力和弯矩的计算方法

通过例题讲解让学生进一步熟悉剪力和弯矩的求法，如图4所示。

求 E 截面的内力　　　　　　　　　　　　　　　　例题4-1

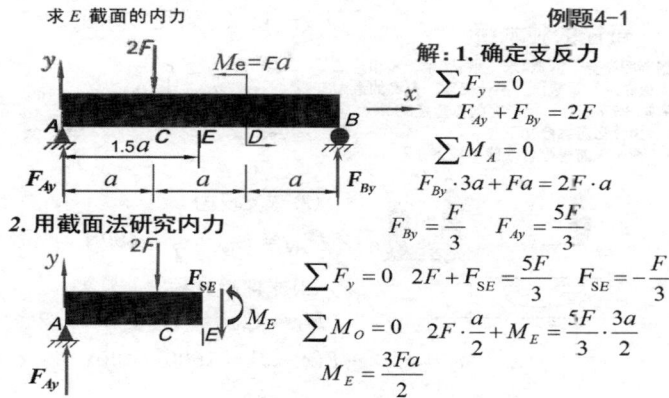

解：1. 确定支反力

$$\sum F_y = 0$$
$$F_{Ay} + F_{By} = 2F$$

$$\sum M_A = 0$$
$$F_{By} \cdot 3a + Fa = 2F \cdot a$$

$$F_{By} = \frac{F}{3} \qquad F_{Ay} = \frac{5F}{3}$$

2. 用截面法研究内力

$$\sum F_y = 0 \quad 2F + F_{SE} = \frac{5F}{3} \quad F_{SE} = -\frac{F}{3}$$

$$\sum M_O = 0 \quad 2F \cdot \frac{a}{2} + M_E = \frac{5F}{3} \cdot \frac{3a}{2}$$

$$M_E = \frac{3Fa}{2}$$

图4　剪力和弯矩方程的求解实例

3．小组研讨

（1）研讨主题

根据课程所学的知识，探讨在课程引入环节的那个独木桥实例中两个人是如何配合过桥的？

（2）研讨形式

学生：以前后桌4~6人为一组进行讨论，采用头脑风暴方式，提出自己的想法和计算依据。

教师：对学生的研讨过程进行观察和记录，听取学生的想法，对学生提出的问题进行引导性解答，而不是直接给出答案，尽可能给予学生较大的自由发挥空间。

（3）研讨时间

研讨时间设为15分钟到20分钟。

（4）研讨汇报

汇报学生：以团队的形式对自己的方案进行汇报和陈述，汇报采用"口头汇报＋半数"的方式进行。

其他学生：聆听汇报学生的发言，从中吸取经验与教训，并学习。同伴之间相互学习与交流，并提出自己的意见和建议。

教师：对学生的解决方案进行提问、点评，进一步给出启发意见，并系统性地对独木桥的各阶段受力情况进行综合分析，如图5所示。

奇怪的独木桥

据事后调查，河宽4米，桥长6米。桥用轻质木板做成，等截面，不计自重，允许的最大弯矩为700N·m，而游客的体重是800N。
1、为什么游客会掉下去？
2、两个人怎样配合才能不掉下去？

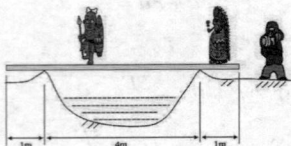

答 1 （1）画受力简图

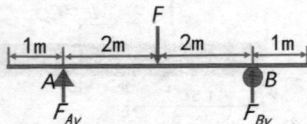

（2）求支反力

$$F_{Ay} = F_{By} = \frac{F}{2} = 400N$$

（3）求弯矩方程

$$M_1 = F_{Ay}x = 400x \quad 0 < x < 2$$

$$M_2 = F_{Ay}x - F(x - 2) = 1600 - 400x \quad 2 < x < 4$$

图5　弯曲内力的实例求解

4．课外项目实践

（1）主题

在许多领域中零部件都是在高压环境中运行的，高压环境可能对材料的力学性能产生影响，因此需要测试材料在高压环境中的力学性能，为此，应设计一个环境箱，这个环境箱可以安装在拉伸机上，试验机设置为instron 8801万能试验机（见图6）。试验机上下夹头可拆卸，拆卸后采用M30×2的螺纹进行连接，上下螺纹孔间距最大为1000mm，最小为400mm，可调，左右支柱中心间距为800mm，支柱直径为80mm，上拉伸杆固定，并且采集载荷数据，下拉伸杆移动，可移动范围为0～200mm。对环境箱的要求是，能让样品在环境箱中进行高压环境中的力学性能试验。试样的尺寸应满足能安装最大长度为150mm，最大直径为15mm的样品的需要，工作压力不低于20MPa，工作行程不低于100mm，安全系数设置为3。

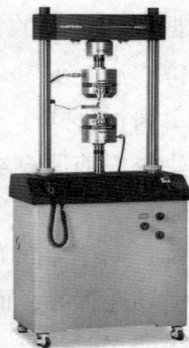

图6　用于安装环境箱的试验机

（2）分组

全班一共分成6组，每个小组8~10人，每个小组设置一名小组长。

（3）时间

项目在13~16周进行。

（4）项目成果

提交设计报告一份，并进行PPT口头答辩，讲述时间为6~8分钟。

（5）项目分值

课外项目分数占平时成绩的40%，平时成绩占总评成绩的50%，即课外项目占总评成绩的20%。

（6）项目实施过程

教师跟踪每个项目的实施过程，提出项目在实施过程中存在的问题，并与学生共同讨论解决方案，但是由学生实施方案细节。

（7）项目汇报

每个项目15分钟，前6~8分钟学生进行展示。由1~2位学生进行项目展示，后面的答辩过程项目组全体成员均可参加，以研究报目、项目展示以及问答过程进行。

（8）优秀作品展示

作品1：一种可以在35MPa下进行拉伸、疲劳两种类型试验的环境力学试验机。

如图7所示，这是一个可拆卸的环境力学系统，为了保证结构的强度，拉伸机横梁的厚度为145mm，环境箱设置于距离上水平梁410mm处。环境箱的外形为倒放的圆柱体。环境箱结构细节如图8所示。

该设计的优势是可以完成全套的力学性能试验，并且可以实现便携式拆装，在更换样品时不需要将环境箱拆卸下来，而且结构简单，操作简便，成本低，如图9所示。

该设计的缺点是只能进行35MPa及以下压力的试验，不能进行100MPa级别的高压试验。

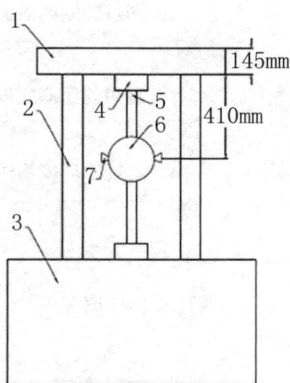

1—拉伸机横梁；2—拉伸机纵臂；3—拉伸机底座；4—连接器；5—拉伸杆；6—环境箱；7—挂耳。

图7　作品整体装配

图8　环境箱结构细节

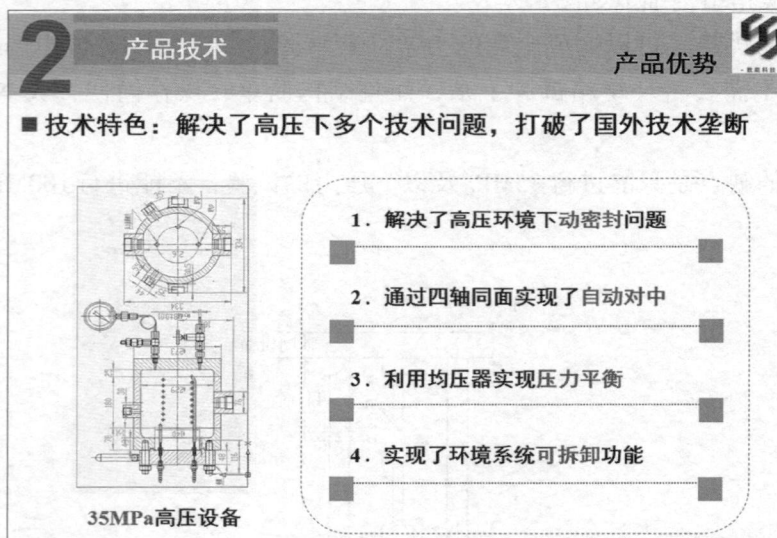

图9　PPT展示

作品2：一种超高压轻便型环境力学实验箱，如图10和图11所示。

该设计的优势如下：

①环境箱超高压轻量化拆装：为了满足在上下端固定的情况下实现试样的拆装和试验，本项目采用下腔体从静拉伸杆退下的方式，如图12所示。

②压力平衡：本项目设计了压力平衡腔以消除在超高压试验时气压给拉伸杆的向外压力。

③动密封：超高压动密封是该设备核心部分，也是最难设计制作的部分，本项目将O形密封圈作为动密封材料，采用复合式挡圈以防止O形密封圈挤出。

④自动对中：在静拉伸杆上设计一个能自动调整角度的连接结构，使试样在拉伸过程中受力方向与拉伸杆的轴向力在同一直线上，避免力偶的产生。

⑤高强度、低成本、耐氢脆不锈钢材料研发：采用在316不锈钢的基础上添加N元素，并且对其进行变形和时效处理的方式，获得一种高强度、低成本、耐氢脆不锈钢材料。

该设备的缺点是腔体比较小，只能进行拉伸试验，不能进行疲劳试验。

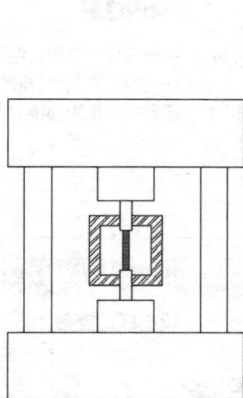

图10　基本实验模型

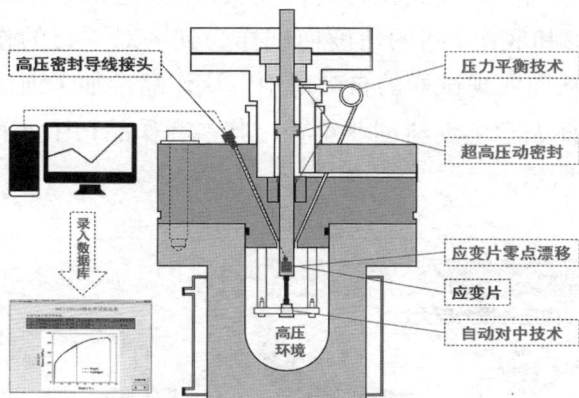

图11　功能实现示意图

图13显示了密封元件与拉伸杆和釜壁之间的配合状况。从上到下依次为支撑螺母、矩形挡圈、O形密封圈、三角形挡圈和梯形挡圈。高压在密封结构的上方，在高压作用下，O形密封圈受压发生弹性变形，在釜壁和拉伸杆之间起到密封作用，密封圈将压力传递给三角形挡圈，使三角形挡圈紧密地贴在拉伸杆上，三角形挡圈将压力传递给梯形挡圈，使梯形挡圈紧贴在釜壁上，从而当高压作用在O形密封圈上时，O形密封圈不会被挤出。

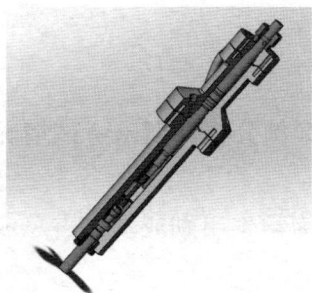

图12　三维结构

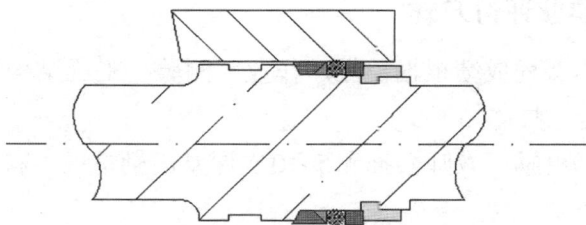

图13　解决高压动密封问题的创新结构

实现自动对冲的主要结构包括底座、半圆形螺母、螺母和夹头（见图14）。其中，底座1和夹头4通过螺纹紧固，而底座1和下拉伸杆5之间没有螺纹紧固的关系。2、3螺母依次固定在拉伸杆5上端有螺纹的一端，为底座1提供支撑力。由于底座1和下拉伸杆5之间无紧固作用，半圆形螺母2和底座1的接触面为圆弧面，在受到拉力时，夹头4会通过调整半圆形螺母2和底座1间的角度使试样受到一对平行的作用力，从而实现试样的自动对中。该作品参加了浙江省挑战杯大学生创新创业竞赛，其参赛作品PPT页面如图15所示。

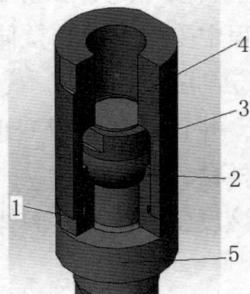

1—底座；2—半圆形螺母；3—螺母；
4—夹头；5—下拉伸杆的部分示意。
图14 自动对中的创新结构

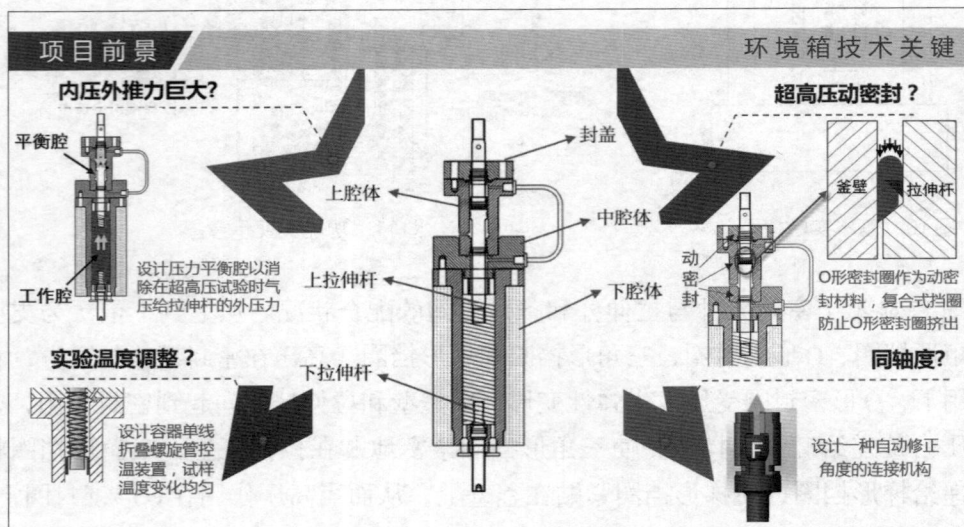

图15 PPT展示

五、学业评价方式

本课程成绩根据出勤、作业、测验、工程结构计算案例分析和期末考试情况综合评定，具体如下：

①出勤：教师会抽测5~10次课堂出勤情况，将其作为学生出勤成绩，占总成绩的10%。

②作业：教师会布置10~15次作业，对学生就教师讲授的受力平衡、拉伸压缩、扭转、弯曲、动载荷和压杆稳定等知识的掌握情况进行考核，重点考查学生对基础知识的掌握能力，占总成绩的15%。

③测验：本课程会在8~16周进行一次测验，考查学生对知识的综合运用能力，占总成绩的5%。

④工程结构计算案例分析：给学生布置工程设计大作业，让学生将所学知识运用于实际的工程问题中，考查学生的创新能力，占总成绩的20%。

⑤期末考试：对课程的内容进行考核，占总成绩的50%。

本课程目标和毕业要求指标点的对应关系及权重值如表1所示。

表1　本课程目标和毕业要求指标点的对应关系及权重值

课程目标	毕业要求指标点			
	指标点1.1	指标点2.1	指标点3.1	指标点9.2
课程目标1	0.5	0.2		
课程目标2	0.5	0.4	0.3	0.3
课程目标3		0.4	0.4	0.4
课程目标4			0.3	0.3
合计	1	1	1	1

六、课程教学效果

通过将材料受力分析的教学和实验实践相结合，将教学内容中的理论与生产需求实际相联系，培养学生综合运用知识、分析问题、解决问题的素养，并进一步全方位培养学生勇于挑战、创新的精神和科学研究素养以及创业意识。

学生在学习杆、轴、梁等的受力分析与计算后，对于各种零件的受力状况、仪器内部的部件设计等都有了更深的理解，在面对实际生产需求时能够综合运用相关知识且创新性地将材料力学课程中所学的知识运用于解决生产问题之中，并从中提炼出科技成果，参加科技竞赛。在科技竞赛中，获得挑战杯竞赛国家级二等奖1项，浙江省一等奖1项、二等奖1项，在浙江省国际"互联网+"竞赛中获得浙江省铜奖1项，在全国失效分析大赛中获得特等奖1项、一等奖3项；本课程教学还在校青年教师讲课比赛中获得校级优秀奖和院级一等奖，并两次荣获优课优酬奖励。主要的教学成果如下：

①施巧英、邢百汇等人的作品《基于"材料素化"的高强度临氢材料研发及其产品化应用》成功获得第十六届"挑战杯"大学生课外学术科技作品竞赛国家级二等奖、浙江省一等奖。在该项目中学生针对高压氢环境中材料的氢脆现象，研发出新型的抗氢脆材料，并将该材料应用于超高压氢环境箱上以解决临氢环境材料的检测开发难题，最终成功完成了设备开发。而在研究制造超高压氢环境箱的过程中，他们灵活运用在材料力学课程中学习到的知识，创新设计环境箱的拆装方式，采用

新型的动密封结构，在保证了环境箱的实用安全性的同时满足了环境箱的轻量化要求。

②吴恒毅、方瑛等人的作品《基于抗氢脆新材料的超高压轻便型环境力学实验箱的研发》在浙江省第十五届"挑战杯"大学生课外学术科技作品竞赛中荣获浙江省二等奖。他们结合材料力学知识，设计压力平衡腔减少试样因高压断裂的风险，实现了设备的轻量化，他们以此为基础研发出了轻便型环境力学实验箱。本课程中的结构受力计算在本项目的实施中为整套设备的尺寸形状设定提供了依据。

③王雪菡、杨芝乐的作品《锅炉加热管漏水失效分析》在第二届全国失效分析大赛中获得特等奖。在该项目中加热管的失效形式是应力腐蚀开裂，在这种开裂方式中，载荷的计算是进行失效分析的重要环节。学生运用材料力学中所学知识，计算了该项目加热管的应力。

④张珂颖、徐杭安等人的作品《超大直径轧辊断裂失效分析》在第四届全国失效分析大奖赛中获得一等奖。本项目对超大直径轧辊突然断裂进行了失效分析，学生运用材料力学所学知识计算了此大型轴承受的工作应力，为后续的断裂分析提供了关键依据。

⑤张逸青、林坪等人的作品《环氢科技——极端环境下材料研发检测专家》获得第六届浙江省国际"互联网+"大学生创新创业大赛铜奖。本项目对超高压环境力学试验箱进行技术推广，在超高压环境力学试验箱的力学性能设计和安全评估中利用了本课程的知识。

⑥张逸青、李龙、杜怡悦等人的作品在第五届全国失效分析大赛中获得一等奖2项。其中，利用了材料力学的知识。

⑦本课程教学两次获得优课优酬奖励。

⑧本课程教学获得校级青年教师讲课比赛优秀奖和材料学院青年教师讲课比赛一等奖。

"萃取"品牌故事　启迪创新思维
——"品牌管理"课程案例

孙庆洲、郭浩智 ——

管理学院

一、课程基本信息

- ◎　课程名称：品牌管理
- ◎　课程性质：专业选修课
- ◎　授课教师：孙庆洲、郭浩智（助教）
- ◎　授课对象：工商管理专业大三学生
- ◎　授课单元：品牌认知
- ◎　授课学时：本课程共32课时，其中本授课单元2学时

二、课程教学目标

1．知识和技能

学生能够理解品牌管理的基本概念、理论、方法、途径等基本知识，掌握品牌管理的模型、工具和策略。

2．过程和方法

学生能够运用品牌管理的理论或模型剖析实际品牌规划、品牌设计、品牌营销、品牌评估、品牌提升中存在的问题，能够运用所学工具或策略为实际品牌管理问题的解决提供创新性、可行性对策。在未来创业或就业中，能够运用所学品牌管理知识创建或维系相应品牌。

3．情感和态度

剖析中国优秀品牌管理故事，使学生理解品牌故事背后的创新思维、创业意识，培养其开拓精神，使其能够将国潮元素融入品牌设计，实现传统文化与现代品牌的巧妙融合。

三、教学设计理念

1．教学内容

品牌管理流程包括识别和建议品牌规划、设计并执行品牌营销活动、评估和诠释品牌绩效、提升和维系品牌资产。

2．教学理念

①融"案"于"教"的理念：将品牌故事融入知识点讲解，激发学生创业意识。

②以学生发展为中心的理念：学生创新设计，解答品牌问题，激发创新思维。

3．教学方法

采用QSWSP（question-story-workshop-summary-practice）教学法。

Q：带着"问题"学习（培养问题导向意识）。

S-W：品牌故事与课程知识点结合，保留品牌故事中的创新元素、开拓精神，分析品牌困境，引导学生提出解决方案。

S：学生自主归纳知识点回答导入问题。

P：品牌案例剖析或自创品牌。

四、课堂教学实录

本次实录选取"认识战略管理流程"这一章节，详细阐述品牌故事案例在培养学生创新、创业意识教学中的运用（教学设计结构见图1，每个步骤的具体内容展开见图2至图4）。

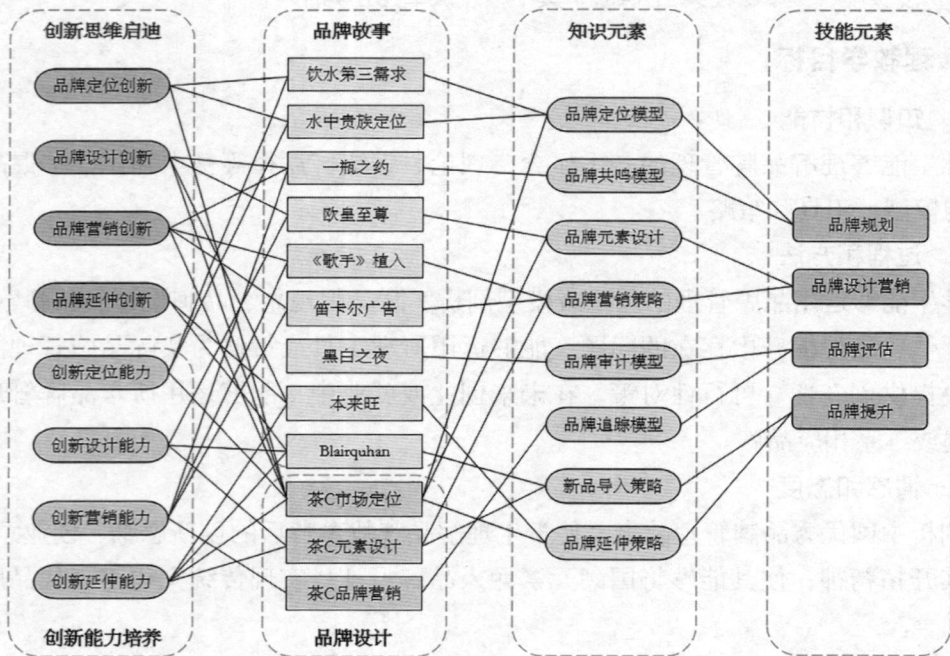

图1　百岁山品牌故事剖析与创新思维、创新能力培养教学设计结构

【步骤一】品牌故事导入

连续8年（2009—2016年）稳坐矿泉水市场头把交椅，百岁山是如何做到的？

上课之初，引导学生小组研讨，发表对百岁山的认识和看法，让学生对百岁山形成最初的品牌印象，并要求学生在讲百岁山的品牌故事中总结出百岁山战略品牌管理的流程或步骤。

【步骤二】百岁山透彻的竞争分析：饮水第三需求

2007年，百岁山品牌成立之初，对饮用水市场做了深入的竞争参照系分析，当时饮用水分三大类：纯净水、天然水、矿泉水。饮用水市场竞争十分激烈，有主打天然水的农夫山泉，主打矿泉水的昆仑山，主打纯净水的娃哈哈、怡宝、康师傅、冰露等，引入问题"如何在竞争激烈的市场竞争中占据一席之地？"，引导学生进行小组讨论，为百岁山的处境提供破解之道。根据学生的回答，总结出消费者购买饮用水的三种需求。百岁山品牌亮相之前，市场上大部分饮用水定位都是较为低端的，只是保证健康解渴且价格低。学生通过对消费者饮水需求层次分析，很快发现了饮用水市场的空缺：消费者买水不仅是为了解渴（生理需求）和健康（安全需求），还为了满足心理需求（自尊需求）。

【步骤三】百岁山清晰的市场定位：水中贵族

引导学生讨论，面对饮用水市场的消费需求空缺，如何帮百岁山找到破解之道？学生的分析与当时百岁山的决策不谋而合，百岁山巧妙地抓住消费者的心理需求，推出"水中贵族"品牌，"贵族"一词可以让消费者感觉到消费层次的提升，满足其自尊需要，使该品牌的饮用水价格、档次都有别于其他饮用水品牌（学生能够从这些问题解决过程中体会市场分析、市场定位的方法，并体会到品牌规划的乐趣和创新性问题解决的重要性）。

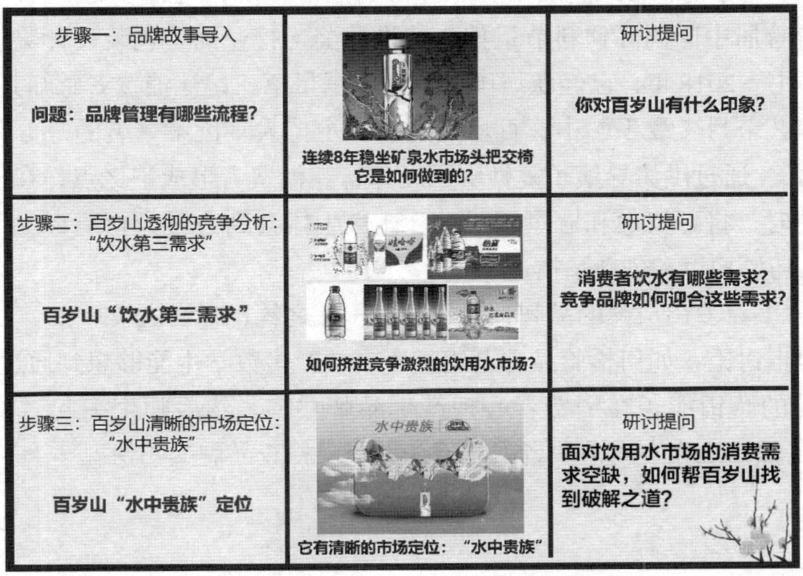

图2 教学步骤一、二、三的具体内容

【步骤四】百岁山独特的品牌元素:"欧皇至尊"

如何在消费者心里树立水中贵族的形象?引导学生展开讨论,提供对策。然后小组研讨分析百岁山品牌元素设计的妙处。首先,学生觉得,百岁山在元素设计上花了很多心思,在它的品牌名称中,"百岁"给消费者一种长命百岁的健康之感,同时又体现出百年精品的历史底蕴和年代感;"山"给消费者一种天然感,使消费者将其与矿泉水联想在一起。其次,学生认为,在瓶身设计上,平肩美学设计给消费者一种超模倩影之感,瓶身曲线隐喻卓越品质,百岁山瓶身上的四条凹槽,从数学上讲属于正切曲线(与品牌故事人物迪科尔的数学身份形成一致性),代表严谨和精确;从工程学上看是力学的需要,可以使瓶身更加坚固;从消费者角度看,便于抓取,增加摩擦;从设计学上看,作品的创意更多的可能是源自地层深处岩石缝隙中的饮用天然矿泉水。瓶身的四条曲线好像是对岩层水源的隐喻,曲线的形状像极了矿泉水水源在岩石缝隙中流动的样子,寓意其每一滴水都来自地层岩石缝隙中的天然矿泉水。最后,学生百岁山的品牌故事感到很好奇:通过广告三部曲,将欧洲皇室古老凄美的爱情故事与百岁山联系起来(数学家老人笛卡尔与公主在街头相识,公主古堡拜师,两人爱情萌发,笛卡尔被驱逐,死前用数学公式向公主传达爱意),这些都让学生感受到百岁山的元素设计与品牌口号"水中贵族"交相呼应。

【步骤五】百岁山成功的市场营销:品牌故事、《歌手》植入、参赛获奖

引导学生为百岁山的营销建言献策。学生能总结出两到三种营销策略(如广告故事悬念、综艺植入)。然后教师与学生一起分析百岁山营销中巧借"次级杠杆"的成功举措。首先,百岁山通过广告三部曲将欧洲皇室爱情故事植入品牌,在营销中增加神秘感、故事感、至尊感并让人产生好奇心。其次,通过参赛获奖制造优越感,百岁山获得首届中国国际饮料节最佳包装设计奖、行业优秀包装设计奖、多国瓶形设计专利证书。2018年,已经跃居国内瓶装水销量第三,让消费者感知其品牌档次。最后,在综艺节目《歌手》中,百岁山选择在主持人宣读第一名的一分钟时间里植入"百岁山",通过洪涛导演重复性喝水动作,让消费者形成记忆点,在抓住消费者注意力的同时,将百岁山和冠军相联系。让学生体会到公司为打造百岁山品牌在营销中采用的巧妙构思和创新举措。

【步骤六】百岁山成熟的品牌评估机制:一瓶之约,黑白之夜

引导学生讨论:如何检验品牌营销是否有效?多数学生能够想到通过市场调研,检验百岁山的营销能否在消费者心理产生品牌共鸣。然后师生一起讨论百岁山借"一瓶之约,黑白之夜"对消费者展开追踪调查,检查品牌共鸣情况。

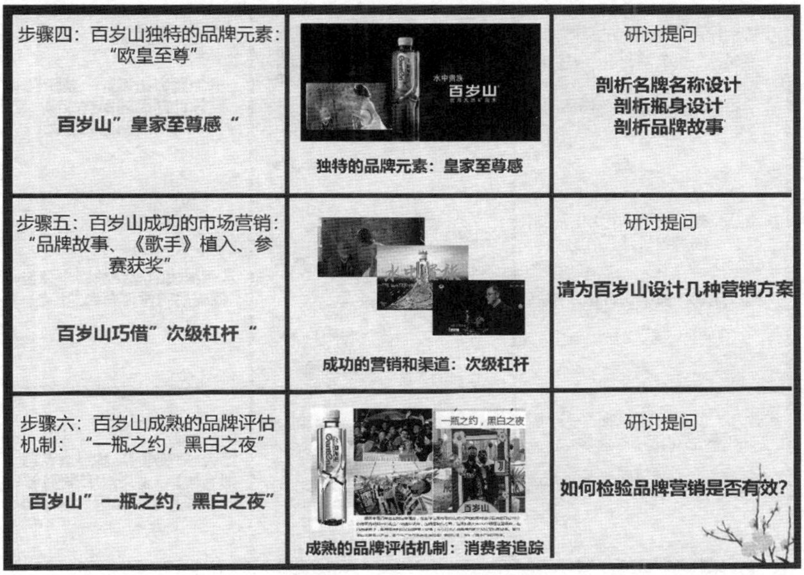

图3　教学步骤四、五、六的具体内容

【步骤七】百岁山系列的品牌提升战略：品牌延伸和强化

邀请一名学生朗读百岁山新品"本来旺"产品的简介，分析它的品牌延伸策略。百岁山借用欧洲 Blairquhan 古堡，将古堡的音乐文化、史诗文化与公司的水文化结合起来，推出新品"本来旺"，使得贵族感深入人心。

【步骤八】知识归纳：百岁山战略品牌管理流程

要求学生结合百岁山案例，开展小组研讨，自行总结百岁山战略品牌管理流程。小组举手表达观点（计入课题表现成绩），第一组学生观点陈述结束之后，其他组同学可以在此基础上进行补充和创新，鼓励学生敢于发表不同意见。通过小组之间的讨论学生基本上能提取出品牌管理的四大流程：识别和建立品牌规划→设计并执行品牌营销活动→评估和诠释品牌绩效→提升和维系品牌资产。在识别和建立品牌规划中，学生基本上能讨论"市场分析的方法""竞争对手分析的策略""市场定位的原则""品牌规划"等重要知识点；在设计并执行品牌营销活动中，学生能够讨论"品牌元素设计""品牌营销方案"等知识点，并且能够对如何进行品牌元素设计和品牌营销提出初步的想法；在评估和诠释品牌绩效中，学生能够讨论提出针对好的品牌会做消费者追踪和品牌审计等想法；在提升和维系品牌资产中，学生能提取出品牌延伸战略和品牌强化战略等。

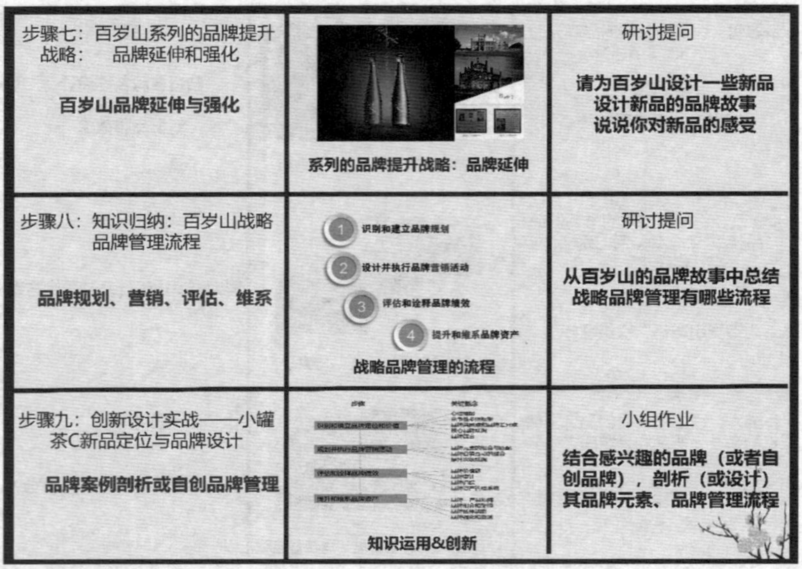

步骤七：百岁山系列的品牌提升战略：品牌延伸和强化 **百岁山品牌延伸与强化**	系列的品牌提升战略：品牌延伸	研讨提问 **请为百岁山设计一些新品 设计新品的品牌故事 说说你对新品的感受**
步骤八：知识归纳：百岁山战略品牌管理流程 **品牌规划、营销、评估、维系**	① 识别和建立品牌规划 ② 设计并执行品牌营销活动 ③ 评估和诠释品牌绩效 ④ 提升和维系品牌资产 战略品牌管理的流程	研讨提问 **从百岁山的品牌故事中总结 战略品牌管理有哪些流程**
步骤九：创新设计实战——小罐茶C新品定位与品牌设计 **品牌案例剖析或自创品牌管理**	知识运用&创新	小组作业 **结合感兴趣的品牌（或者自 创品牌），剖析（或设计） 其品牌元素、品牌管理流程**

图4　教学步骤七、八、九的具体内容

【步骤九】创新设计实战——小罐茶C新品定位与品牌设计

学生结合小罐茶面临品牌困境（如何推广新品、拓展年轻消费者市场？）的情况，运用课程所学知识与技能，提出新品牌定位和设计方案。要求学生制作PPT进行汇报，限时6分钟，评分标准包括作业整体达成度、作业创新性、市场适用性、逻辑清晰度、汇报表达清晰度等（共10分），培养学生的品牌定位能力和品牌元素设计能力（选取三组学生的优秀作业进行课堂展示，12分钟）。三组学生创新设计作业展示如下：

（1）创新设计作业Ⅰ

学生结合国潮风设计元素，运用盲盒理念，设计适合年轻消费群体的小罐泡泡茶（见图5）。

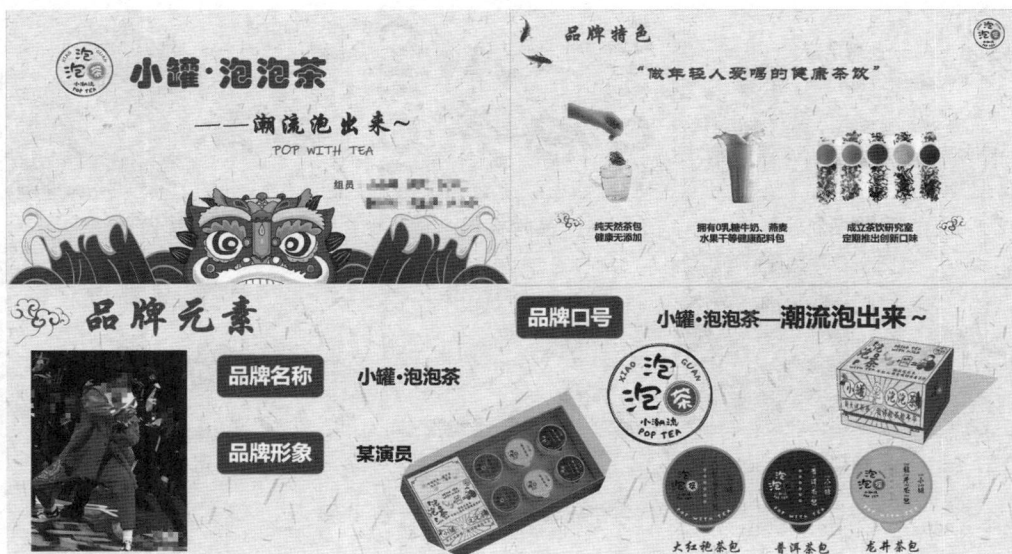

图5　学生设计的品牌——泡泡茶

（2）创新设计作业Ⅱ

学生结合简约风设计元素，结合每天饮用不同茶的理念，设计适合年轻消费群体的T+品牌（见图6）。

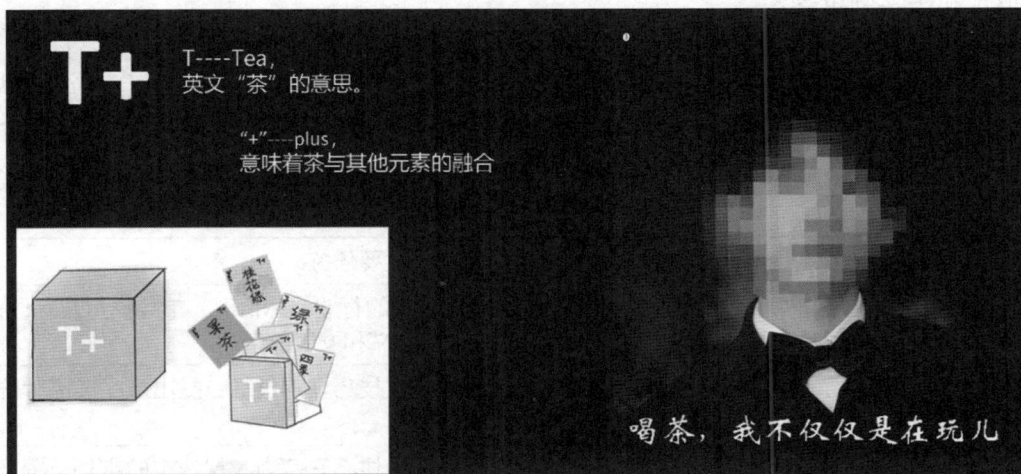

图6　学生设计的品牌——T+

（3）创新设计作业Ⅲ

学生结合中国茶文化和绿茶的提神解压功效，设计的品牌"一包小茶"，无论是"小茶一包，烦恼一抛"的品牌口号还是三菱锥的包装设计，均较好地凸显了品牌的定位（见图7）。

图7　学生设计的品牌———包小茶

（4）课外项目实践

互联网的普及和数字医疗的发展给当前社会提出了新的医疗健康需求，如中老年群体需要一套实时健康预警系统对异常指标提供预警，并提供饮食、作息、就医建议；医生需要患者更加立体化的生理数据形成患者画像，以期更加科学、精准地诊断病情；医学研究者需要收集民众的日常生理、病理指标用于病情溯源、全民健康报告和医学分析等。

要求学生结合当前数字医疗存在的三大问题，运用课堂所学品牌定位与设计的知识技能，设计一款解决当前问题的数字医疗app，寻找与现有品牌app的差异点。项目实施清单如表1所示。

表1　项目实施清单

项目实施环节	主要任务
市场分析	通过分析产品或品牌计划打入的行业整体情况、市场痛点及定位，剖析产品的社会价值、创新意义和发展前景
产品或品牌设计	介绍产品或品牌的设计理念、技巧、定位等，提出产品或品牌的市场优势、技术优势等
商业模式	分析产品或品牌的服务模式、核心竞争力、拟选定的市场范围及潜在客户需求等，制定营销策略
发展战略	规划产品或品牌发展愿景，评估品牌价值，介绍品牌提升路径及品牌发展阶段等
财务分析	分析产品或品牌的筹资途径和方式，进行财务预测等，运用品牌审计方法，解决发展中可能出现的财务问题
风险分析及风险退出	识别发展风险，评估风险等级，提出切实可行的风险防范措施等

以下展示学生的优秀项目。

【活动名称】为患者制"历",为医者助"力"——基于立体化信息沟通的虚拟医生app设计。

本项目基于立体化信息沟通的视角,设计了虚拟医生app,以应对数据医疗背景下新的医疗健康需要。如图8(a)所示,app的输入端包含生理异常标记(患者健康日志:症状时间和周期、具体症状、变化迹象等)和日常生理数据采集(通过对接运动手环、智能检测马桶等,收集营养摄入、睡眠状况、社交、血压血糖、运动等信息)。通过数据中端,输出三大功能:①用户健康预警(指标显著变化提示,作息、饮食、运动建议,就医建议);②医生诊疗依据(提供纵向患者画像、横向患者画像);③"大健康"数据库(用于医疗数据共享、病情溯源、年度健康报告、医学科学研究等)。通过虚拟医生app的市场调研与分析(环境分析、用户分析等)以及app设计与模拟运行[见图8(b)(c)],以期为患者制"历",为医者助"力",助推浙江数字医疗。

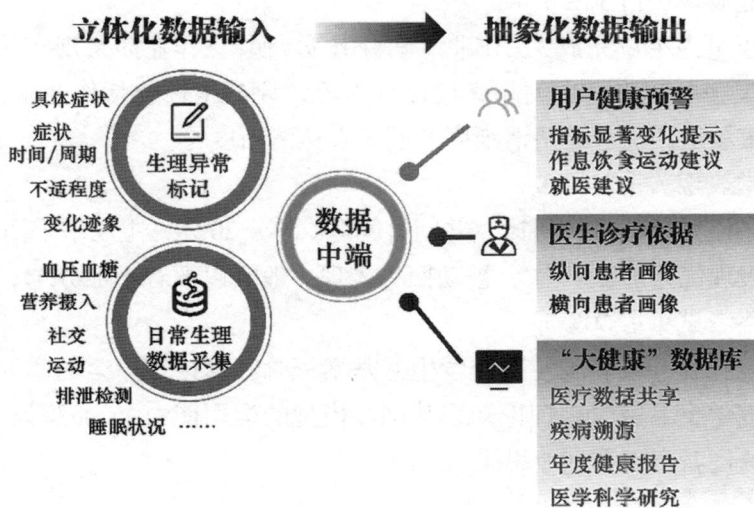

(a)虚拟医生app构想

图8　学生项目

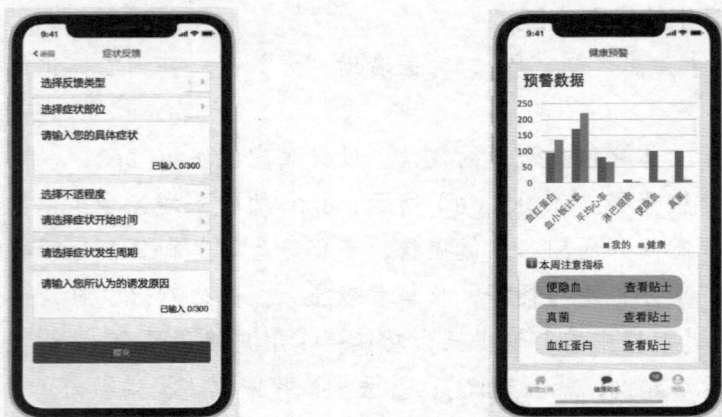

（b）虚拟医生 app 患者反馈和健康助手界面　　（c）虚拟医生 app 健康预警和健康报告界面

图8　学生项目（续）

五、学业评价方式

（1）作业表现（占30%）

学生以小组为单位完成3次作业（满分10分/次），作业涉及现实品牌案例剖析、现实品牌管理问题解决、自创品牌设计等内容，评分指标包括作业整体完成度、作业创新性、市场适用性、逻辑清晰度、汇报表达清晰度等。

（2）课堂表现（占20%）

学生以小组为单位进行研讨，并问答问题（满分20分，主动举手回答加2分/次，被动答题者表现优秀加2分/次，被动回答表现一般及以下者不加分）。

（3）期终考试（占50%）

题型有选择题和问答题（考查学生对基本概念和理论等内容的掌握情况）、案例剖析题（考查学生品牌管理理论知识基础和模型的运用能力）、品牌设计题（考查学生品牌管理的创新意识和创业思维）。

六、课程教学效果

本门课程分别从知识目标达成度、能力目标达成度、素质目标达成度和学生感受四个方面评估课程教学效果。

1.知识目标达成度

由不同案例引入知识点教学内容，分析百岁山、小罐茶等品牌故事，使学生能掌握品牌定位策略、品牌共鸣模型和品牌元素设计技巧；分析小罐茶、百岁山等品牌案例，使学生能运用品牌营销策略、品牌审计方法及品牌追踪模型等；深入剖析小罐茶品牌问题和品牌设计，让学生学会运用新产品导入策略和品牌延伸策略。课程OBE考核知识目标达成度为73%。

2.能力目标达成度

通过指导学生亲自动手设计小罐茶子品牌的营销方案和新的故宫文创产品，并运用车轮战形式进行组组点评，学生在锻炼品牌问题识别、品牌利弊研讨和品牌创新设计等能力的基础上，习得品牌规划、设计营销、品牌评估和品牌提升等技能。课程OBE考核能力目标达成度为96.8%。

3.素质目标达成度

学生自主分组后，采用小组案例研讨形式，主动深入挖掘、体会品牌定位创新、理念创新等，激发创新精神；体会品牌内部文化自信、文化复兴等，激活文化传承理念；体会品牌随时代发展产生的环保、健康等理念，树立时代理念；体会品牌欺诈的严重性，培养守法意识。课程OBE考核素质目标达成度为95.1%。

4.学生感受

本课程采用课后匿名调研的形式调查学生课堂学习感受。具有代表性的学生感受和建议如下。

【IP36.19.103.×××（浙江杭州）】

感受：在品牌管理课中，老师带领我们动手对现有品牌再设计，在这个过程中，我体会到了创新精神。同时，老师引导我们解析国内本土优质品牌的发展历程，我们深刻地认为，作为新时代青年，应该树立文化自信和品牌自信，发挥创造力，不断深化创业意识，设计更多更好的品牌。

建议：小组课上讨论次数可以更多一些，今天的半个小时讨论的氛围比之前讨论时间少的讨论更激烈，结果更理想。

【IP112.17.240.×××（浙江杭州）】

感受：这种上课方式很自由开放，不像传统的上课形式那么死板。在体会品牌故事的过程中，边读故事边学习，对于知识点的理解很深刻。在后面几节课中，我们在阅读品牌故事后已经可以在短时间内自主提炼品牌元素，能明显感觉到自己的创新思维更加活跃，创业意识更加强烈。

建议：希望在课堂上多讲一讲反例，来正确引导我们的价值观，让我们多反思。

【IP 124.160.220.×××（浙江杭州）】

感受：从品牌再设计过程中体会到了创新精神；从我国大量优质品牌的介绍中体会到了我们应该树立文化自信和品牌自信；在课程中可以通过品牌知识教学深刻感受创新精神与文化自信的重要性。

建议：可以再多介绍一些传统的优质国产品牌，做好文化传承。

【IP 223.104.160.×××（浙江杭州）】

感受：我对文化自信与创新精神的感受最深。通过品牌管理可以深刻地认识自身的品牌定位并产生文化自信，从而为创新打下基础。

建议：可以结合当下热播的电视剧和热门事件。

调查统计结果显示，90%以上的学生更喜欢品牌故事式教学，认为品牌故事式教学更有助于理解知识点，使得自己对品牌管理有更深刻的认识，更能激发自己问题解决的意识，并且对未来创建自己的品牌有更大帮助（见图9）。

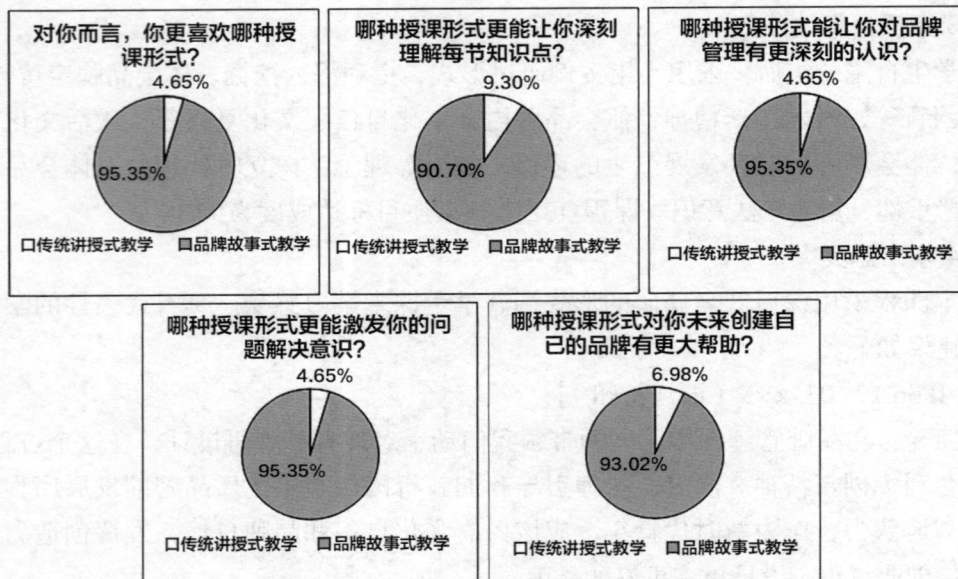

图9　品牌故事式教学与传统讲授式教学比较

约60%的学生认为品牌故事式教学对自己的创新意识和未来品牌问题的解决有帮助，大约50%的学生认为品牌故事式教学对自己未来创业有帮助（见图10）。

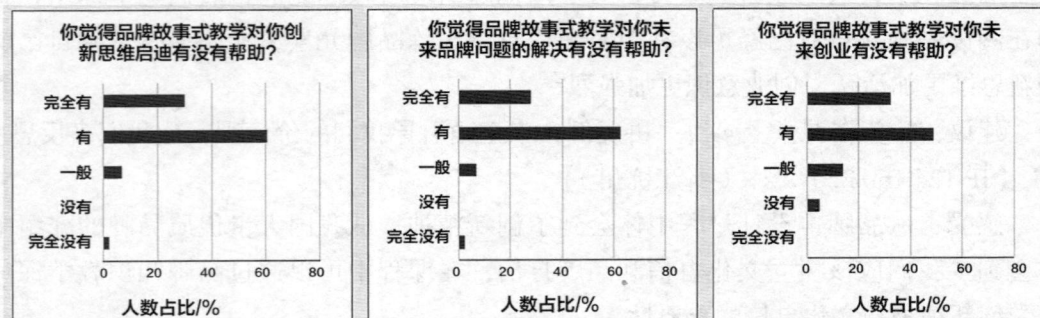

图10　品牌故事式教学对学生创业创新的影响调查统计

问题导向 务"虚"做"实"
——"虚拟现实技术教育应用"课程案例

张维泽 ——

教育科学与技术学院

一、课程基本信息

◎ 课程名称：虚拟现实技术教育应用

◎ 课程性质：专业选修课

◎ 授课教师：张维泽

◎ 授课对象：教育技术学（师范）和计算机科学与技术（师范）专业大三学生

◎ 授课单元：虚拟现实（virtual reality，VR）教育应用创意

◎ 授课学时：本课程共64课时，其中本授课单元4学时

二、课程教学目标

1.知识目标

了解VR技术的发展历史和行业应用，理解其3I特征和可应用场景的基本特征；掌握VR系统的软硬件组成和分类，了解计算机图形学、人机交互技术、传感技术等相关领域的核心原理和概念；掌握VR系统的开发流程，掌握3D建模、3D动画制作、VR开发技术。

2.能力目标

运用VR可应用场景的基本特征，分析和解决实际问题，尤其是教育领域的问题；应用虚拟现实相关知识，设计和分析具有一定复杂性的虚拟现实系统；运用3D建模、3D动画制作、VR开发技术，通过团队协作，开发具有一定实用价值的VR系统。

3.素质目标

通过案例研讨，培养学生自主思考和批判性思维；通过赛教融合和项目汇报，培养学生的创新和竞争意识；在小组分工协作完成项目过程中，培养学生团队合作意识和创造能力。

三、教学设计理念

1.教学内容

本授课单元以设计和实现一个虚拟现实教育应用为目标，主要教学内容包括运

用VR技术特点与VR可应用场景的基本特征，分析实际教学中存在的问题，确定项目创意和解决方案的方法与流程。本授课单元所确定的解决方案是后续项目实施的前提，是运用本课程务"虚"的理论部分，向做"实"的实践部分转变的关键教学环节。

2.教学理念和特色

针对上述教学内容，本授课单元主要采用问题导向学习的教学理念开展教学，培养学生发展运用VR技能解决真实问题的思维。其核心特色主要有：

①基于真实世界问题的教学实践。鼓励学生做个有心人，发现身边存在的真实问题，结合VR技术的特点进行项目创意设计。为此，以教师真实的科研项目为例，探讨在该项目立项过程中的问题，然后再结合各种大赛和历届学生的作品，讨论更多真实世界问题的VR解决方案，引导学生理论联系实际，掌握发现真实问题、分析和解决问题的方法。

②学生自主探究，团队协作学习。不限定教育应用的项目主题，学生可以自由构建教育应用创意。也不指定小组成员，由学生自由组队。鼓励组长组织团队开展多样化的学习活动，围绕项目展开头脑风暴式的活动、批判创新式的活动和学习协作式的活动。过程中教师只是任务引导者、咨询者和监督者，适时提供必要的帮助，启发和引导学生自主解决难题。

③多学科核心知识技能的运用。构建VR教育应用，必然要根据VR技术特点找到应用场景，进行需求分析，展开教学设计，运用多媒体技术进行相关设计，使用软件工程方法设计解决方案。因此，本课程做"实"的实践部分自然要求学生综合运用包括教学系统设计、多媒体技术、软件工程等课程在内的知识，实现跨学科技能的整合与运用。

3.教学方法

基于上述教学理念，结合本授课单元的教学内容，主要采用以下两种教学方法。

（1）案例分析法

首先以教师自身的科研项目为案例展开研讨，鼓励学生运用所学的VR技能进行质疑和批判，在探讨中掌握问题的分析方法和解决方案；其次以VR大赛和历届学生的作品为案例展开横向比较，分析不同选题的优势与不足及其评分依据，为构建VR教育应用做好准备。

（2）合作学习法

在课堂上，以案例为研讨对象，展开小组讨论和学习之外，要求由小组组长负责组织在课后开展任务驱动的合作学习和实践。本授课单元设计了两次任务：首先以头脑风暴式进行讨论，收集每个成员的灵感，并按照第一次课堂授课内容，进行创意分析，筛选出可能采用的选题；其次根据第二次课堂授课内容，展开横向比较分析，并确定选题，分析技术可能性、功能合理性和内容科学性，并提交解决方案。

四、课堂教学实录

1.课堂教学实践

这里以第一次课堂授课（2学时）为例，阐述其完整授课过程与具体教学设计。

本次授课主要通过研讨案例的方式，向学生讲授项目创新实践过程，尤其是如何利用VR技术特点来分析和论证创意，教学设计如表1所示。在课程教学开始之前教师要准备好自己的科研项目相关资料（本节课主要以浙江省公益技术项目——"基于Kinect的孤独症儿童在线社交训练游戏平台研发"为案例）。课堂上首先回顾学生所学，结合期末开发VR教育应用的任务，以自己的科研项目为例引入项目创意。课堂讲授时，首先说明当初想做这个项目的出发点。然后抛出问题，引导学生对这个想法展开研讨。再根据讨论情况，阐述相关内容，让学生了解教师是怎样一步一步思考，最终确立项目主题的。最后，教师总结产生与验证创意的基本方法和步骤，并布置下一个环节的任务。

表1 第一次课堂授课教学设计

教学步骤	教师活动	学生活动	教学方法	设备与资源
复习旧知	回顾VR技术的特点、VR系统的架构、VR可应用场景的基本特征？	回顾已有旧知，回答老师提出的问题	问答法	多媒体课件
创设情境	以期末开发VR教育应用的任务为引子，提出怎么确立项目创意这个问题	观看视频，回答疑问，激烈讨论	研讨法	视频素材
讨论案例	讲解"基于Kinect的孤独症儿童在线社交训练游戏平台研发"这个项目的整个构思过程，并在过程中抛出一些疑问：项目有哪些好的创意？有哪些问题的？如果是你，会如何去进一步发掘问题找到解决方案？	小组讨论，回答疑问，提出观点，分享想法	讲解法、案例研讨法、合作学习法	多媒体课件、实际应用体验、案例素材
点评分析	点评每个小组观点和想法，鼓励每个小组建立批判性思维。分析当初是如何进一步研究这个项目存在的问题，从研究内容和方案上又是如何解决这些问题的	小组记录	讲解法、合作学习法	多媒体课件、案例素材
总结和布置任务	总结产生与验证创意的基本方法和步骤。动员学生开启期末项目的创意工作，展开头脑风暴式讨论，收集灵感	小组讨论	讲解法、合作学习法	多媒体课件

（1）复习旧知（约10分钟）

主要是对课程前面务"虚"的理论部分作一个简要的总结，并引出要开启做

"实"的实践部分。教师主要通过启发式提问，帮助学生回顾之前所学内容。

（2）创立情境（约25分钟）

以期末开发VR教育应用的任务为引子，通过视频和讨论明确项目创意的重要性，并提出怎么确立项目创意这个问题。

教师首先播放Beat Saber VR游戏、VR"重逢"去世女儿、VR演讲训练和VR恐惧症治疗等视频，抛出问题：这个应用为什么会火？

学生经过短时讨论，回答问题。

A学生：这个比按键盘的音乐节奏游戏有趣多了。

B学生：这个游戏光影效果好像科幻电影，满足了人们的幻想。

C学生：这个创意很感人，VR技术可以模拟妈妈和去世的女儿面对面交流。

D学生：VR演讲训练好像用处不大，它的意义我看不出来。

E学生：但是有些人可能怕在大众前演讲，通过VR技术就可以模拟大场面。

F学生：治疗恐惧症最好的办法就是面对让自己恐惧的事物。而这个事物是虚拟的，没有真实的危险，人们就敢尝试了。

……

教师总结与引导：大家的看法都很好，归纳起来，你不能否认这些应用的创意都非常好，正好能够把VR技术的优势发挥出来，突破了现实世界的限制，解决了现实世界不可能解决的问题、成本太高的问题和安全性问题。我们希望同学们的期末作品也有这么好的创意，好的创意可能意味着项目已经成功了一半。为了帮助大家启动期末项目，这堂课准备拿我自己做过的一个科研项目来跟大家聊一聊，如何从最开始的一个简单想法，经过逐步分析、设计方案，最终确定创意，并得到立项，希望能给大家一些启发。

（3）介绍案例（约10分钟）

这部分教学以浙江省公益技术项目——"基于Kinect的孤独症儿童在线社交训练游戏平台研发"为案例展开介绍（见图1）。

基于Kinect的孤独症儿童在线社交
训练游戏平台研发

张维泽

图1 教师科研项目案例

这十分钟的主要目标是把案例的背景介绍清楚，以便学生研讨。主要内容包括体感游戏特别是交互形式的介绍和孤独症儿童症状特别是社交障碍的介绍。

①时间：体感游戏正好成为热门。

②对象：孤独症儿童的症状表现。

③经历：我们在特殊学校的见闻。

④想法：能不能利用Kinect这种自然的交互方式，让孤独症儿童和虚拟人物进行交互，从而做一些社交训练。那我们就有可能把自己的一些想法，比如礼貌行为，通过虚拟人物教给他。

（4）研讨案例（约25分钟）

①研讨主题：根据案例介绍，结合我们之前所学的理论知识，每个小组讨论这个想法，有没有什么问题？

②研讨组织形式：学生小组由各自的组长主持，围绕问题展开头脑风暴式讨论，提出观点，并进行论证与辩驳。教师对学生的讨论过程进行观察和记录，听取学生的想法，对学生进行鼓励和启发，但不干预和限制学生的想法，尽可能给予学生较大的自由发挥空间。鼓励学生积极表达想法，与其他小组交换观点。

③研讨发言。

A小组：我们觉得这个想法挺好的，刚才老师也说了，这个交互技术是具有创新性的，孤独症儿童存在和现实真人交流的障碍。这时候，正好可以用虚拟现实技术来解决这个问题。不过我们觉得这里有个问题，孤独症儿童和虚拟人物交流会不会有同样的障碍呢？如果有的话，那这个想法就从根本上不成立了。

B小组：老师这个项目立项了，那想法肯定是不错的。我们组有同学之前也接触过孤独症儿童康复训练方面的事情，好像有相关的教具，类似于一些卡片，上面绘制了比如吃饭、喝水、上厕所之类的图画，孤独症儿童可以指着这些图画和我们交流。那么Kinect与这种方式相比好在什么地方呢？老师之前上课也说过，不能为了虚拟现实而虚拟现实。

C小组：接上一组的话题，我们也有这个看法。虽然孤独症儿童与真人交流存在障碍，但是现实世界里，家长或者老师如果非常耐心地教导他，那么效果会比虚拟现实技术差吗？应该不会。可能就是会非常耗时间，成本比较高。

D小组：我们觉得不能这样来看。如果有很多孤独症儿童的话，老师可能就不够了，家长还要上班，那这些儿童谁来教呢？所以我们觉得需要先查查这方面的数据，如果量很大，那这个想法就挺好的，值得试一试。

E小组：我们组有些观点跟前面同学的观点一致。我们认为现实条件不足是我们应用VR技术的一个原因，同时现实成本太高也是我们应用VR技术的一个，我们认为这个想法是好的。

F小组：我们组觉得信息太少，说不上好坏，应该要搜索更多信息之后才能确定。

G小组：我们小组倒是觉得这应该还取决于内容，也就是要训练什么社交行为？如果这些行为现实生活中用不上，那也就没意义了，对不对？

……

（5）点评分析（约15分钟）

这部分教学内容主要是点评每个小组观点和想法，鼓励每个小组建立批判性思维。如图2所示，针对学生提出的问题，教师分析讲解通过审视主题（提供一种可能的辅助手段，而不是替代人完成康复训练）、搜索资料（发病率、患者数、医疗开支、康复机构现状、我国政策等），从研究内容和方案（生活场景和常见社交动作）上解决这些问题，从而得到立项的过程。

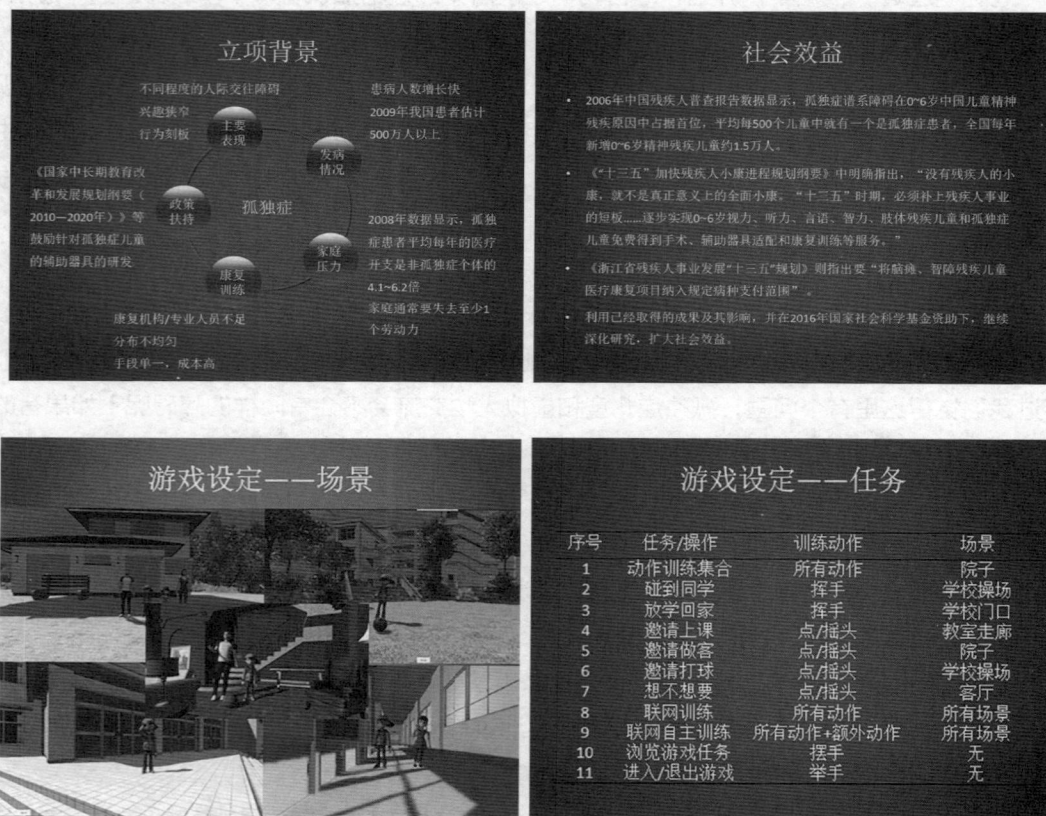

图2　对案例展开分析的课件设计

（6）总结和布置任务（约5分钟）

教师总结案例，归纳课堂教学内容：大家要理解VR的3I特点，也要把握它所能应用的场景的基本特征，比如现实条件不可能达到、成本太高、太危险等。利用这三点可能就可以排除一些脱离实际、为了VR而VR的想法。我们刚才讨论的案例恰恰就是针对我国康复训练机构和人员极度缺乏且分布不均匀的现实条件，提供一种成本比较低的VR训练手段。当然，想法刚提出来时或多或少会有些问题，我们可以进一步搜索资料去验证它。这个过程很有可能，就像我们刚才研讨的一样，大家集思广益，从各个角度来分析这个问题。这样的讨论不仅能让我们把问题看得更透彻，而且还有可能让我们有一些新的启发，把这个问题研究得更透彻。总之，大家要根据VR技术的特点，大胆提出设想，然后通过收集资料和设计方案来小心求证是不是一个理想的创意，这可能需要经过多次迭代。因此，我希望课后每个小组都马上开始尝试头脑风暴式的讨论，寻找好的教育应用创意。这个创意的产生可能是因为教学对象比较特殊，就像我们刚才讨论的案例一样，也可能是因为教学条件现实世界无法满足，例如进入细胞了解其运作方式，还有可能是教学周期太长，比如植物从播种到结果，等等。总之，要能够应用VR技术的特点和优势，解决一个实际教学中真实存在的问题。我们下次课会介绍一些虚拟现实的相关比赛和作品，之后就要确定期末作业的选题了，所以每个小组需要抓紧时间收集资料。

2.课外项目实践

本次授课参与学生有31人，自主组队形成12个小组，一共完成了12组虚拟现实教育应用作品，创意涵盖8类主题，项目清单如表2所示。

表2 VR教育应用作品清单

序号	创意主题	小组	作品名称
1	垃圾分类	A小组	垃圾分类科普性教育游戏
		B小组	垃圾分类主题教育游戏
		C小组	垃圾收集小游戏
2	消防安全	D小组	火灾逃生小游戏
3	空间能力	E小组	基于WebVR的空间距离感培养游戏
4	驾照学习	F小组	驾照考试科目一和科目四VR学习系统
5	虚拟展馆	G小组	虚拟植物展馆
		H小组	走进大自然
6	景观设计	I小组	小岛别墅
7	数学学习	J小组	数学基础运算游戏
8	单词学习	K小组	Eat Them
		L小组	森林猎手

表3以B小组的作品为例，展示了一个优秀作品在选题分析、解决方案和项目特色等方面的创意。

表3 优秀作品示例

小组作品	B小组——垃圾分类主题教育游戏
项目目标	培养小学4~6年级学生的垃圾分类意识,明确垃圾分类的标准以及投放要求
问题分析	背景与意义:垃圾分类不仅仅是分类问题、减量问题,更是社会治理问题,是城市管理的重要内容。 VR技术的应用:①解决教学中很难建立真实的垃圾分类情境(垃圾对学生身体的危害、垃圾场景的维护成本高等)的问题;②通过更多场景和交互手段产生比口头、图像、视频教学更好的效果,教学更具吸引力。
解决方案	知识画廊场景漫游,让小孩子在自主探索过程中学习垃圾分类相关知识。 基于Fungus的答题闯关,配合场景漫游,将垃圾分类知识点融入其中,寓教于乐。通过手机在真实场景中呈现增强现实(augmented reality,AR)垃圾桶,对真实垃圾进行分类,辅以积分规则,促进小孩习惯的养成和有效迁移。

项目特色	教学特色鲜明，根据STEAM教学思路，结合"双钻模型"教学模式展开教学设计，通过VR全景视频构建沉浸式虚拟学习环境，激发小孩学习垃圾分类的兴趣。 教学内容丰富，包括学习主题、学习任务、学习目标、学习活动、教学评价五大块教学内容。 交互方式多样，小孩在VR场景下可以沉浸式地获得和实践新知，而在AR场景下，则可以直接通过手机对知识进行实际应用，突破VR素材的限制，在游戏实践中培养垃圾分类意识和技能。

五、学业评价方式

本课程评分采用百分制，总成绩由平时学习成绩（占50%，包括上机实验、阅读报告和课堂讨论等部分）和期末项目成绩（占50%，包括项目选题、解决方案设计报告、项目实施过程和项目汇报等部分）构成，具体如表4所示。

表4　课程考核方法

阶段	分值	分项	评分指标		细分值	备注
平时	50					
期末	50	选题	意义与价值（10%）	2		由组长在截止日期之前按要求提交相关材料；组长必须提供一个成员分工文档，注明课内外合作学习过程中各组员承担的任务、完成情况和贡献比例，多劳多得
			创意与特色（20%）	4		
			VR教学设计（30%）	6	20	
			实现难度（30%）	6		
			可行性（10%）	2		
		实施	功能点实现（20%）	4		
			资源设计与制作（20%）	4		
			教学内容的呈现和交互（40%）	8	20	
			文档内容的质量和规范（10%）	2		
			代码质量与规范（10%）	2		
		汇报	表达逻辑（30%）	3		
			演示效果（50%）	5	10	
			回答问题（20%）	2		

由于项目成绩以小组为单位进行考核，而这个过程中很多工作是在课堂之外完成的，因此我们放权给组长，由组长负责，结合每个成员自我评价，确定每个成员在选题分析、系统设计以及系统实现中的贡献比例。我们根据项目实施过程中产生的成果质量，结合贡献比例给成员赋分，多劳多得。这种形式有效减少了"抱大腿""吃大锅饭"的问题，引导每个学生积极参与项目，主动分工协作，发挥每个人

的长处。

项目开展过程中，组长需要承担不少额外的任务。为此，我们为组长提供了一份额外成绩，通常不超过10%，视小组项目完成情况由教师评定。这一点会在组队之前向全班学生说明，并取得同意。

六、课程教学效果

基于真实世界问题的教学实践，使学生对实践创新充满了热情，其作品创意和质量都得到了提高。项目选题类别从前一个学期的4个一下子增加到8个，其中通过VR技术进行空间能力培养等创意更是新颖。而且，几乎所有作品都不是简单地在课堂讲授的迷宫漫游和射击游戏例子上生搬硬套一些教学功能。每个作品都合理地利用了VR技术的特点，有效解决了实际教学活动中的一个或者多个问题。两组课程作品参加了2020年"iTeach"全国大学生数字化教育应用创新大赛，其中B小组的课程作品入围决赛，并从505支队伍中脱颖而出获得一等奖（见图3）。这充分说明通过本课程基于真实问题导向的学习，学生运用VR技能分析现实问题的创新能力以及实践VR技术的创业意识，得到了极大的提高。

图3　课程作品获奖证书

此外，学生的自主学习和团队协作能力得到了明显提高。这主要体现在两个方面：第一，从作品形式和技术选型上看，这个学期的作品突破了我们上课所主要使用的技术，有小组自学了WebVR技术，在浏览器上呈现VR应用，用户无须安装任何应用即可使用，还有小组深入研究了谷歌最新的AR技术，实现了具有良好用户体验的场景交互。第二，在表4评分标准中，"VR教学设计""实现难度""教学内容的呈现和交互"三个指标的统计分析发现，相较于上一个学期，这三个指标的人均得分分别提高了42.3%、41.1%和39.8%。这个成绩的获得离不开小组成员的自主探究和团队有机协作。

这些方面的进步也可以从学生反馈中得到印证。以下选取了三条学生的心得体会：

①本次Unity期末作业制作了一个小游戏。与搭档商量，决定设计制作一个面向低龄儿童的英语教学游戏。游戏虽然简单，但还是找了相关学习资料，结合上课视频，才制作了一个比较完整的小游戏。制作过程包括游戏设计、素材收集、脚本制作，以及关卡制作。通过本学期课程的学习，我入门了一个新的领域，即3D世界，它和VR、AR还有3D游戏、动画密切相关。第一次自主制作游戏，让我产生了浓厚的兴趣，仿佛打开了新世界的大门，让我对未来道路的选择有了新的方向，十分感谢张维泽老师的VR课程，希望能在未来有所发展。

②通过本学期对于虚拟现实技术的学习，我能够利用Blender进行模型的建构，并能够利用Unity平台进行逻辑与模型的简单整合。因为我对于C#语言的了解并不多，所以本学期我把很大一部分时间花在了Blender建模方面，从开始的简单建模，到纹理和材质的使用，我接触到了Low-Poly低多边形风格。跟着视频教程学习制作，到最后学习骨骼动画，经过一步步学习，收获颇丰。总的来说，无论是前期对于相关软件的学习还是之后自己独立开发一款教育游戏，都锻炼了我的能力，增强了我的信心，同时也培养了我对于学习Unity、Blender的兴趣，虽然课程已经结束了，但我相信在课后我还是会完善自己的不足，努力学习。

③通过这次虚拟现实教育应用的实践，我们将之前在课堂上学到的内容付诸实践，这是对所学知识的初审，同时也根据教育应用的内容需求学到了很多之前课堂上没有接触过的知识点。在这过程中出现了很多技术上的问题，通过上网搜索和同伴帮助基本上都得到了解决，但其中也反映出我自身的许多不足，希望在日后的学习和生活中汲取这次实验中获得的经验，更好地学以致用，并勇于探索和尝试。

综上所述，本课程在培养学生创新意识、分析与解决问题能力、自主学习和团队协作等方面起到了积极作用，达到了预期的教学目标。

真题真做　学以致用

——"新媒体经济与创新创业"课程案例

姚利权 ——

人文学院

一、课程基本信息

◎ 课程名称：新媒体经济与创新创业

◎ 课程性质：专业选修课

◎ 授课教师：姚利权

◎ 授课对象：广告学专业大三学生

◎ 授课单元：新媒体项目创意策划（实践环节）

◎ 授课学时：本课程共48学时，其中本授课单元12学时（不包括8周的课外实践）

二、课程教学目标

1. 知识目标

掌握新媒体经济的基本知识、概念、观点及现象，主要包括新媒体的基本概念和热点趋势，新媒体经济（产业）的现状、模式和发展，新媒体创新创业的概念和发展等。

2. 能力目标

掌握新媒体方向策划及运营的基本程序、方式方法，并通过实战（实践）项目进行演练，提升发现问题、分析问题、解决问题的能力以及新媒体实务操作、团队合作能力，为今后有志于从事新媒体方向创新创业领域打下基础。

3. 素质目标

培养学生批判性思维和创新精神，增强学生创新意识，开阔学生眼界，引导学生树立正确的价值观；进一步加强学生的新媒体素养，为学生今后探索新媒体经济的理论、掌握新媒体经济的业务和经营管理奠定基础。

三、教学设计理念

1. 教学内容

本授课单元是课程的教学实践环节即新媒体项目创意策划，以新媒体创意、策划、运营、管理等理论与实践知识为教学内容，主要知识点包括新媒体策划的基本内容、方式方法、创意衍生、前沿趋势等，同时在实践过程中对新媒体项目管理方面，对实地调研、分析洞察、团队配合、现场提案等注意事项及相应环节进行指导。

2. 教学理念与特色

本授课单元以课程的整体教学理念——"品效结合、知行合一、基于业界实战项目导入的创新创业教育"为核心，注重教学内容与教学效果的结合、理论与实践的统一，将业界资源和项目导入课程教学中，让学生真题真做，学以致用，具体的理念及思路如图1所示。

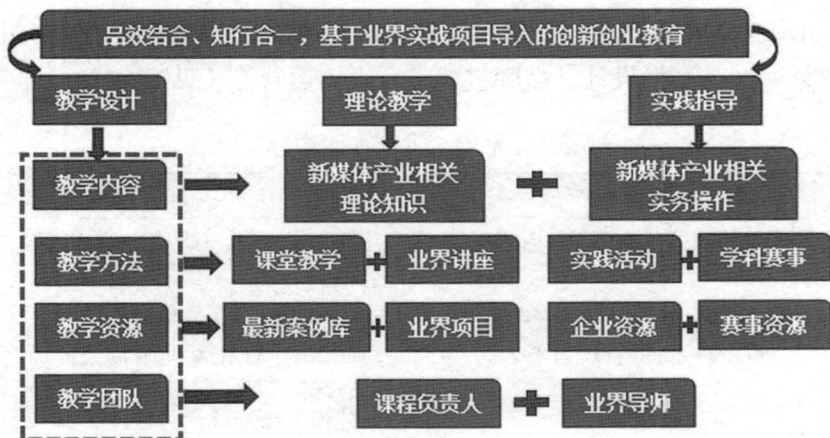

图1　理念及思路

3. 教学方法

本授课单元的教学方法通过课堂教学、业界讲座、市场调查、课外实践、小组研讨、项目汇报、提案展示等形式，培养学生的创新精神、创业意识和创造能力。

课堂内，主要采用讲授法、展示法等教学方法。讲授法以企业嘉宾课堂的讲座及课程负责人的课堂教学为主，展示法以学生团队最终的作业汇报及现场提案为主。

课堂外，主要采用任务驱动法、小组研讨法等教学方法。任务驱动法是把业界实战命题项目布置给学生团队，学生团队根据不同的命题进行执行；小组研讨法是在项目进展中，各团队成员分工合作，进行项目的市场调研、创意策划等。

四、课堂教学实录

本授课单元主要设置两个部分：第一是课堂教学，分4次课程12学时，其中2次课程6学时邀请校外业界专家进行授课，并布置实战（实践）项目题；另2次课程6学时，学生团队进行现场提案展示。第二是课外实践，为期8周，由各学生团队进行调研策划，校内外老师进行指导。

下面以2020—2021学年第一学期课程实施内容为例进行阐述。

1．项目引入（问题导入）

前期，课程负责人联系和拜访校外多家合作企业，进行多次沟通与交流，最终确定将上海剧星传媒股份有限公司杭州分公司、浙江艾视健康管理有限公司、浙江极尘文化创意有限公司、杭州神采飞扬娱乐有限公司等4家企业导入学期的课程合作中。之后将授课学生（2018级广告学专业）分成16个组，每组4~5人，分别导入4家企业的实战项目，每个项目由4个团队负责进行策划及运营，具体要做的项目，由团队抽签决定。

最终，4家企业布置实战项目题，让学生进行探究和实践操作，方向包括项目策划、活动策划、产品开发设计、品牌包装、新媒体运营等（见表1）。

表1　命题企业和命题内容

序号	命题企业	命题内容
1	上海剧星传媒股份有限公司杭州分公司	纽西之谜×天官赐福IP联合营销方案
2	浙江艾视健康管理有限公司	命题1：受年轻人欢迎的全飞秒5分钟告别眼镜的项目科普及推广 命题2：个性化专业眼周边健康产品生态圈的打造，包括产品设计、商城建设、营销体系建设、新媒体运营推广
3	浙江极尘文化创意有限公司	命题1：夹生范app项目策划 命题2：2021 POSETIME（国际）时尚新锐发布周策划
4	杭州神采飞扬娱乐有限公司	命题1：木马王国春节营销推广方案 命题2：第一回合春节营销推广方案

2．课堂讲授（问题分析）

学期第6~7周（共两周，每周各2个企业）邀请企业专家授课宣讲，一方面介绍传授新媒体项目及策划的内容和要点，另一方面分析讲解各实战项目命题。课程负责人再进行互动与点评，同时对新媒体项目策划与管理的相关知识内容进行补充介绍，方便学生将其应用于实践环节中。

2020年11月5日上半场，上海剧星传媒股份有限公司杭州分公司策划经理潘笛带来"品牌传播——常见新媒体广告形式及案例分享"的讲座；下半场，浙江艾视健康管理有限公司总经理李光带来"新媒体时代县级公立医院眼科发展解决方案"的讲座。

2020年11月12日上半场，浙江极尘文化创意有限公司总裁张威、副总裁梁栋带来"新媒体产业下的极尘文化 & 2020 POSETIME（国际）时尚新锐发布周"的讲座；

下半场，杭州神采飞扬娱乐有限公司副总经理俞卫良带来"神采飞扬·共创美好品质生活"的讲座。

3．小组讨论（问题探究）

学期第8~13周，各团队进行项目调研、策划、运营，团队成员或在教室或在宿舍楼下或在线上讨论，同时也实地走访调研公司及线下门店，在商场、景区、学校等地发放问卷进行调查，并与企业方沟通与交流。课程负责人及时掌握和了解各组的项目进展，根据各团队的实际情况进行项目指导。

4．提案展示（问题解决）

学期第14~15周（共两周，每周各2个企业的项目）学生团队在课堂上进行成果展示、现场提案，由命题企业方作评委并点评，最后评出每个项目的一、二、三等奖，由企业给予一定的物质奖励。

2020年12月31日上半场，由浙江艾视健康管理有限公司的4个团队进行项目汇报展示和点评颁奖；下半场，由上海剧星传媒股份有限公司杭州分公司的4个团队进行项目汇报展示和点评颁奖。

2021年1月7日，上半场，由杭州神采飞扬娱乐有限公司的4个团队进行项目汇报展示，并进行了点评颁奖；下半场，由浙江极尘文化创意有限公司的4个团队进行项目汇报展示，并进行了点评颁奖。

5．学生作品（课程成果）

学生上交了16份较高质量的创意策划，也得到命题企业的肯定与好评。具体项目如表2所示。

表2　各学生团队根据项目命题完成的创意策划

命题方：上海剧星传媒股份有限公司杭州分公司		
序号	小组成员	项目名称
1	李小龙、周珑珑、林志微、范文芳、周洁	"新春赐福，纽颂之绥"新春营销策划书
2	洪姝逸、金恒羽、周楚懿、章鸣佳、朱眉娟	纽西之谜·天官赐福营销策划方案
3	姜新柳、李筱、薛可、王珊妮、吴文倩	美无禁忌——纽西之谜×天官赐福IP联合营销活动策划
4	朱诗雯、虞佳、虞瑶佳、格尔	纽西之谜×天官赐福策划案
命题方：浙江艾视健康管理有限公司		
序号	小组成员	项目名称
1	郑佳琦、王晨妮、刘冰昕、王可、马梦微	"无镜束缚，无尽可能"——全飞秒近视手术校园营销策划案

续表

2	周行之、高云燕、郑志煌、谢晓龙、崔维多	AI享新视界——小艾君护眼新品营销推广方案
3	万施岐、张梦琪、房应子、李玮萱、张杰威	再不摘镜你就OUT了——全飞秒手术营销推广方案
4	李迪笙、王晨阳、胡宇轩、潘新闻、赵章意	艾视健康爱乐眼罩产品策划

命题方：浙江极尘文化创意有限公司

序号	小组成员	项目名称
1	张恺纯、余敏、陶沂希、邢刚彰、赵飞雁	面面·相趣——2021 POSETIME（国际）时尚新锐发布周
2	谢宇钦、杨鑫如、程艳、周颖	夹生范app项目策划书
3	金莹、邵子淇、李千一、李雨晨	极尘文化 × 夹生范app
4	上官梦婷、吴卓馨、徐凯茜、苏比努尔、王俊杰	CUBE FACE·多面一体——2021 POSETIME（国际）时尚新锐发布周

命题方：杭州神采飞扬娱乐有限公司

序号	小组成员	项目名称
1	余雨欢、王珂、王瑶敏、李无双、钱悦琪	牛牛星球——木马王国春节营销策划
2	马雪琪、方玉婷、陈婉茹、刘雅囡、丁洁	春和景明 木马可亲——木马王国春节营销策划
3	徐佳怡、邵珂儿、韩璐、林博川	Sakura 周周乐——第一回合·春节营销策划
4	徐黎雯、陈怡宁、陈妍熹、何嘉焙	第一回合春节营销方案

以下展示部分优秀作品。

【作品名称】"新春赐福，纽颂之绥"新春营销策划书。

命题的要求是：知名日化品牌纽西之谜为了提升年轻人群（18~24岁）对纽西之谜的好感度及品牌认知度，强化品牌在圈层的影响力，与某网站的头部IP（Intellectual Property）——天官赐福动漫合作；主要合作权益包括IP授权包装的使用、网站的up主（上传者）推广、硬广引流、天官赐福相关话题页推广等。如何最大化借势天官赐福进行IP联合营销（包括产品开发定制、产品售卖机制、结合IP的线上线下传播等），提升品牌在年轻群体中的影响力？围绕这个问题完成一份新媒体营销策划案。

作品的第一部分是市场分析。主要通过文献资料查找、问卷调查及个人访谈等方式对宏观市场、微观市场、目标消费者、竞品等进行市场调研及分析。其中用PEST［政治（political）、经济（economic）、社会（social）和技术（technological）］理论模型分析了宏观市场，用SWOT［竞争优势（strength）、竞争劣势（weakness）、机会（opportunity）、威胁（threat）]理论模型分析了微观市场。

　　作品的第二部分是营销提案，是策划案的重点部分。作品中按"预热期""引爆期""延续期"三个阶段进行新媒体营销活动的策划，主要有活动预告（腊月风和意已春）、联名滤镜（淡磨明镜照冰肌）、随机场景礼盒（为你，百世浮沉）、点灯计划（为你，灯明三千）、视频征集（为你，信守苍生）、快闪密室（为你，所向披靡）、守护礼盒（为你，花开满城）、灯会集市（壶光星落箫鼓喧）。以上八个活动，策划有创意、有亮点，环环相扣，逻辑性强，有落地的可能性。

　　下面展示"'为你，灯明三千'点灯计划"和"'壶光星落箫鼓喧'灯会集市"这两个活动的策划方案。

"为你，灯明三千"点灯计划

【活动名称】"为你，灯明三千"点灯计划

【活动时间】2021-01-23—2021-2-7

【活动目的】借助粉丝经济，结合动画剧情，将产品礼盒与动画剧情中的"三千明灯"相联系，卖出一份礼盒即点亮一盏灯，为消费者的消费行为赋予情感价值；同时将产品礼盒的销售计划制定为"达成目标即可为动画主人公线下实体亮灯"的福利任务，从而促进消费者购买热情。

【活动内容】

1.线上部分

2021年1月23日公布礼盒配置的同时，带"纽西赐福"的话题，以公告图的方式在微博与淘宝旗舰店公布"为你，灯明三千"点灯计划，告知达成三千份购买目标后的大屏点灯福利以及1月24日正式开放售卖的信息。24日起，淘宝首页上线购买链接，同时在首页实时更新点灯进度，将销售进度可视化。

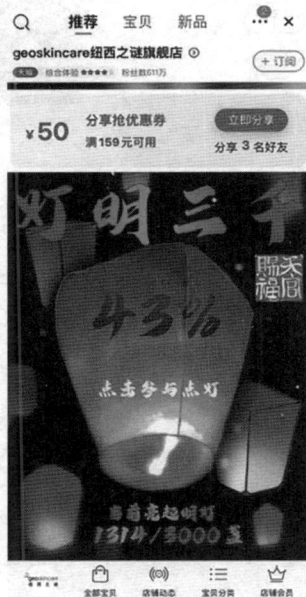

| 淘宝旗舰店点灯界面 |

　　购买成功后，后台自动发送链接，可通过链接跳转至纽西之谜微信公众号。用户关注并快速注册后，可通过底部快捷栏进入"天官之谜 纽西赐福"活动页面，可看到"我点的灯"以及个人专属"灯火铭牌号"。用户可以在自己的灯上写上新年期许等内容，并左右切换心仪的动画人物背景，保存该画面进行二次传播。

　　在三千份销售目标达成后（预计2月7日前），发布点灯时间地点等具体信息公告，于微博投放博文与开屏页面，邀请粉丝线下打卡，带上"纽西赐福"话题并@（艾特）纽西之谜官博，可参与周边抽奖；通过相关KOL（key opinion leader，关键意见领袖）转发，带动粉丝线下打卡。

2.线下部分

2月7日亮灯当天晚上，在杭州武林广场国大城市广场亮灯屏幕前的空地上设置可供打卡的"纽西之谜×天官赐福"巨型背景板和标语手牌，同时准备可以贴在背景板上的花形便利贴，供前来打卡的粉丝书写粘贴，拼成"花墙"。6:15—7:10（选择了两位主人公的出生时间作为点灯的起始点）正式点灯：该55分钟内，建筑灯光秀展示40次，每次持续30秒，横屏显示15次，每次持续1分钟。期间，进行现场航拍直播并录像，微博发布直播链接，让无法来现场的粉丝能够在线观看。航拍内容同时为后期制作宣传片提供视频素材。

|武林广场国大城市广场|

"壶光星落箫鼓喧"灯会集市

【**活动名称**】"壶光星落箫鼓喧"灯会集市

【**活动时间**】2021-02-25—2021-02-27

【**线上宣传**】灯会集市开始前一周，放出灯会集市现场布置图进行活动预热，并邀请小红书、微博KOL以及头部粉丝进行积极宣传。

【**线下宣传**】"花开满城"活动中，2月22日至2月28日进行为期一周的灯会集市地铁广告宣传。

【**活动内容**】

在线下举办灯会集市，以"天官赐福"IP形象和相关场景为主要素材，进行春节灯会的打造。灯会分不同区域，每个区域设置不同功能，可以体验不同的游戏。参与活动后，游客通过上传活动照片、发表感受参与"纽西之谜×天官赐福"话题讨论，也可以参与抽奖活动，抽取福袋、礼盒、纪念品等礼品。

【分区介绍】

1.入口

在入口处摆放灯会集市的喷绘图，供游客拍照留念。

2.休闲居

将休闲居设置在灯会入口处，用于烘托气氛，点燃游客兴致与参与热情。每位游客可在此投掷两枚骰子，点数为"1点+6点"的组合时可获得两枚"花瓣"，当两个点数均为1或6时可获得一枚"花瓣"。

3.与君山

截取《天官赐福》动漫中的歌曲或片段，游客戴上耳机听取片段后写下所听到的歌词或台词，准确率达到80%以上为挑战成功，获得一枚"花瓣"，准确率达100%者可获得两枚"花瓣"。

4.万神窟

在同一张卡片上放置100个相同人物的IP形象，其中5个有细微的差别。游客随机抽取一张卡片，并在翻开卡片后10秒钟内找出至少三个不同的形象，完成者可获得一枚"花瓣"，五个全找到者可获得两枚"花瓣"。

5.铜炉山

两人吹气球挑战，首先将气球吹爆者获得一枚"花瓣"。

6.皇极观

三人一组，给第一位游客一个词板上的词；让其用肢体动作比画给后一位参与游戏者，比画时除比画者外另两位游戏参与者均佩戴隔音耳机，三人依次比画，最后一人猜词。若猜对，则三人都可获得一枚"花瓣"。

7.极乐坊

该区域为购物区礼盒、联名产品购买处，可购买礼盒、联名单凭、小样套装等。每花费100元可获得两枚"花瓣"。

8.菩荠观

游客可以将新年愿望写在红纸上，并将其投入功德箱中祈福。同时，可将之前所获得的"花瓣"在此进行线下限定动漫相关产品的兑换，这些动漫相关产品仅可由"花瓣"兑换，无法直接购买。

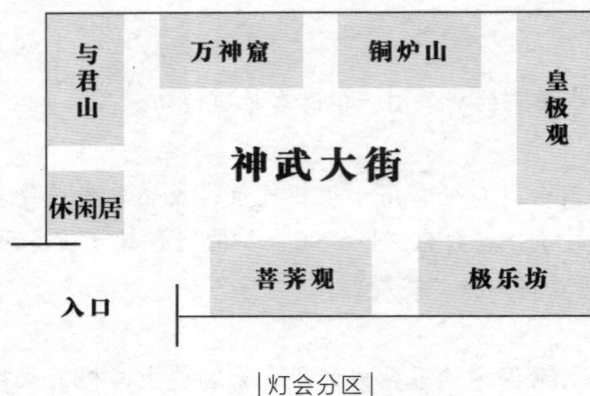

| 灯会分区 |

作品的第三部分是创意执行，对新春福袋、宣传片、产品礼盒等进行策划及设计（见图2至图5）。

图2 新春福袋

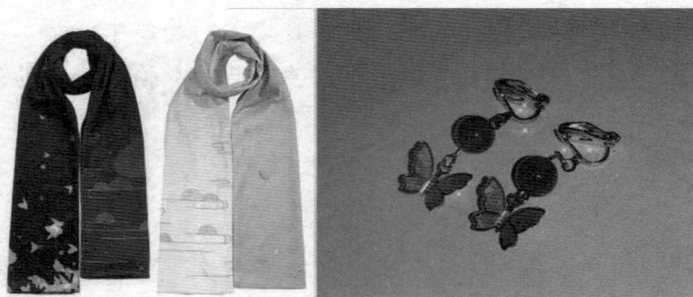

图3 围巾、耳环

图4　变色润唇膏

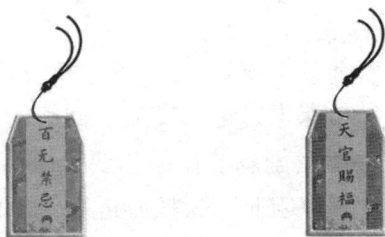

图5　御守

　　作品的第四部分是活动及媒介排期，主要对活动时间进行梳理，同时策划媒介的投放及安排（见图6）。

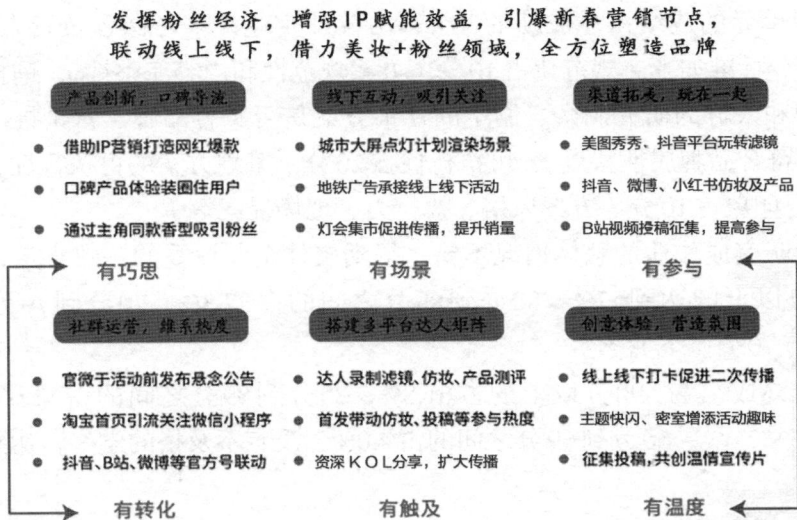

图6　媒介策略

　　作品的第五部分是费用预算。

作品的第六部分是附录。

总体上，该作品的内容完整度高，活动方案创意好、逻辑性强，与品牌及命题要求的结合度高，并有较好的落地可能性；在文字及标题概括上恰当运用古诗词，相关创意设计能抓眼球，与品牌的调性相符合，因此是一份好的新媒体营销策划。此外，策划团队现场提案表现抢眼，重点突出，阐述合理，得到企业方评委的高度认可。

五、学业评价方式

课程考核主要由以下四个部分组成。

①到课率及课堂表现：参与课堂讨论、交流、回答问题等，占20%。

②参与竞赛：提交中国大学生创意节作品，要求围绕"美育和创意"，以"关注美育、参与创意、享受创造、实力创业"为核心进行作品的创作，占20%。

③团队作业：完成一份新媒体项目的策划案并进行提案展示，根据校外企业的命题进行创意策划，占30%。

④期末考试：最后一周随堂测试，占30%。

六、课程教学效果

1．成绩分析

本授课单元的成绩占总成绩的30%，由校外企业评委与课程负责人共同打分。策划案的评分标准如下：规范化占10分（方案规范性和内容完整性），铺排逻辑占60分（对品牌和人群的研究洞察、制定的营销方案是否契合品牌、营销推广逻辑是否准确、是否符合品牌属性特点），可执行性占20分（策划方案的可执行性和执行难易程度），综合印象占10分（方案风格、执行力、现场提案等）。

此次团队完成作业的总体情况不错，得到校外企业评委的一致肯定，策划案成绩获得90分以上的达到52%，80分到89分之间的占37.3%，70分到79分之间的占10.7%，没有70分以下的学生。

课程最终成绩为：90分以上的占61.8%，80分到89分之间的占31.6%，70分到79分之间的占2.6%，60分到69分之间的占4.0%，没有不及格的学生，达到了教学的目的和效果。

2．学生感言

洪姝逸（广告学专业学生）："新媒体经济与创新创业"是一门系统介绍当下新媒体经济的发展模式和未来趋势，以及培养大学生创新创业能力的核心课程。同时，姚老师还紧抓广告行业特色，向大家完整地介绍创新创业流程，分享相关经验，鼓励我们尝试，为有创业梦想的同学指点方向。姚老师在新媒体领域有渊博的理论知识，同时也有许多实战经验。在课堂上，他将理论与实践很好地结合在一起，用最新的热点事件解释相关理论，条理清晰、深入浅出，有效地调动了我们学习的积极性。更特别的是，姚老师还费心找来相关企业单位，让他们将实战案例带入课堂让我们解决，使我们真正与市场接轨，培养团队协作能力，积累工作实践经验。从前期实地调研、市场背景分析，到营销方案策划、媒介排期与预算管理，我们团队中的每个成员都发挥自己的长处，紧密配合，最后大家的方案都获得了各企业的高度好评。

张恺纯（广告学专业学生）：这是一门理论与实践高度结合的课程，该课程从互联网与新媒体的理论角度出发，结合案例分析与校外实践，引导我们深入理解和体验新媒体行业与互联网思维。姚老师在授课过程中十分注重交流与引导，并以时事案例带动理论理解，层层递进，生动有趣。在一个学期的学习中，让我印象深刻的是由姚老师带头推动的校企合作共建，这些合作让业内企业走进校园，也让实战项目走进课堂。我们在实战项目中走出课堂走出书本，进一步接触到更加真实的工作场景，在实践中获得经验，受益良多。活跃的课堂氛围、丰富的实战项目、理论与实战相结合的教学模式深受大家喜爱，为姚老师的"新媒体经济与创新创业"课程点赞。

陈婉茹（广告学专业学生）：在我们大三那年的上半学期开设了这门课程，在前两年基础知识的学习中，我们对广告、新闻、营销等新媒体领域有了初步的了解，但未观全貌。姚老师讲授的"新媒体经济与创新创业"引入了经济学的知识与视角，课程内容涵盖新媒体产业的构成、产业形态商业模式、发展趋势等方面，整合性地介绍了新媒体产业的产品、平台资讯，课堂上师生讨论"共享经济""知识付费""新技术营销"等热门话题，这给我们构建具有前沿理性的行业观、未来自主择业创业提供了基础判断和长远眼光。此外，姚老师联系企业带来课题，采用小组当堂提案的方式进行期末考查。还记得我和组员们在企业门店认认真真调研、痛痛快快玩耍、脑洞大开提案的日子，提案汇报时企业方与我们交流了很多。这种实战性强、落地性高的项目让我们意识到了自己在策划、设计能力上的不足，也让我们在参与项目运作过程中学到了本领，因此这是一门实践性、互动性、专业性强的必修好课。

余雨欢（广告学专业学生）：该课程是一门系统讲解新媒体经济及互联网时代创新创业相关知识的重要课程。该课程从新媒体的基本概念及发展趋势出发，讲述了新媒体经济产业是什么，以及它的现状、模式和趋势，并对该背景下的创新创业进行系统介绍，给大学生参与创业类竞赛予以启发。课程的重点内容包括中国新媒体发展趋势、传媒经济理论等相关经济理论。姚老师不仅在新媒体领域有着深入研究，在教学方面也有着自己独到的技巧。在课内通过生动有趣的案例来帮助我们更好地理解晦涩难懂的理论知识，还注重理论与实践的结合，邀请业内知名人士开办讲座、发布实践命题，让学生通过企业调研、撰写策划案和期末路演的方式，增强自身的实践能力，丰富团队合作经验。寓教于乐的教学方法、生动有趣的案例讲解、独特新颖的课外实践，让姚老师的"新媒体经济与创新创业"成了一门备受学生欢迎的课程。

3．企业评价

刘滢滢（上海剧星传媒股份有限公司杭州分公司总经理）：与浙江工业大学广告系建立了产教融合实践教育基地，双方就人才的培养、项目的合作达成了相关意向。此次将公司的项目结合到姚老师的课程中，这样的形式非常好，我们也看到了学生很多的创意和想法。这种形式不仅锻炼了学生的实战能力，也给公司提供了不少的建议，我们将继续支持这样的合作模式。

李光（浙江艾视健康管理有限公司总经理）：姚老师的课堂很鲜活，形象生动，不拘泥于理论，而把实践教学真正融入课程中，让学生有更多的体验和收获。这次课程项目的合作中，公司对浙江工业大学广告系的学生很认可，学生很有创造力和实践动手能力，接下去也将有更多的合作机会和项目。

张威（浙江极尘文化创意有限公司总裁）：这是我第三次走进姚老师的课堂，和广告系的学生进行交流分享，每次我都有不一样的感受。姚老师还是很有情怀的，教学模式上也在不断创新，课程跟业界结合，导入校外资源，学生做的策划项目也让我们眼前一亮，很多想法可以直接用于公司实际项目中，下一步公司也想在浙江工业大学孵化一些创新创业类的项目。

俞卫良（杭州神采飞扬娱乐有限公司副总经理）：道同缘牵，非常钦佩姚老师的教学理念和辛勤付出。公司与浙江工业大学广告系第一次合作，跟姚老师也作了很多次的交流和沟通，通过项目的实践操作，从构思想法、实地调研、活动策划、创意设计，到最后的精彩呈现，我们也看到了浙江工业大学广告系学生不错的专业素养及能力，公司也非常需要这样的人才，很欢迎浙江工业大学的学生到神采飞扬工作。

产品设计　多维思考
——"金融工程学"课程案例

蒋烨 ——

经济学院

一、课程基本信息

◎ 课程名称：金融工程学

◎ 课程性质：专业必修课

◎ 授课教师：蒋烨

◎ 授课对象：金融学专业三年级学生

◎ 授课单元：金融工程产品设计

◎ 授课学时：6学时

二、课程教学目标

1. 知识目标

深刻认识金融工程学的内涵和风险管理作用，理解无风险套利的思想；熟悉各类金融衍生产品的特性、无套利定价和风险中性定价的相对定价方法及其投资策略；掌握金融产品和方案开发设计的基本原理和基本流程。

2. 能力目标

能够结合金融工程学的专业知识对宏观经济现象和金融市场波动等进行解读和分析；能够运用网络工具、数据库等信息工具，了解金融领域的最新发展趋势和理论前沿；能够综合考虑宏观经济状况、风险预期和投资需求等因素，设计和开发用于投融资交易的产品或设计应对外部风险的解决方案。

3. 素质目标

帮助学生树立创新意识，激发学生通过创新金融工程产品满足社会需求，提升社会责任感；强化学生的国家意识，培养社会认同感和自豪感，坚定制度自信、文化自信和爱国情怀；培养学生实事求是的科学严谨性，树立系统性思维意识，强化知行合一的行为规范。

三、教学设计理念

1. 教学内容

本授课单元的主要教学内容是金融工程产品设计的流程和步骤，金融产品设计的需求分析、可行性分析、生产工序和产品定价与风险评估，综合和复杂的金融工程产品或方案设计。

2. 教学理念

本授课单元基于"结合社会实际、创新思维、团队协作"的教学理念进行教学设计。

①结合社会实际，学生自主确定金融产品设计主题。金融工程产品需求可以是公众的公共金融需求或宏观主体的金融需求（如金融稳定、金融效率、金融安全等），也可以是个体的私人金融需求或微观主体的金融需求（如个体投融资需求、支付结算需求）。为此，学生基于现实选择其所关注的需求类型，实事求是分析其金融需求本质，确定产品设计主题。

②创新思维，创造性地设计金融产品。金融产品的设计需要对金融需求进行价值拆分，分析内在影响因素及其价值，并根据金融需求创新性地重新组合起来，从而满足不同类型的特定金融需求。

③团队协作，提升学习的主动性。金融产品设计涉及多学科背景（现代金融学、数理和工程方法以及信息技术），需要学生以小组形式组织多样化的学习活动，陈述观点，采用头脑风暴式讨论，质疑辩驳，总结创新。在同伴学习中分享知识、交换意见、共同进步。这种模式能有效培养学生的沟通与表达能力，提升学生的思辨能力和创新意识。

3. 教学方法

本教学单元采用了以下3种教学方法：

①线上线下混合式教学。依托中国大学慕课网中央财经大学王辉教授的《金融工程概论》的视频资源进行理论知识教学。

②借鉴TBLT（task based language teaching）任务驱动式教学理念进行翻转课堂教学，如图1所示。整个学习过程以情境复杂的真实问题为背景，使得理论与实际不脱节，锻炼了学生分析与解决复杂问题的能力。

③以学生为中心，采用小组研讨、生问生答、生生互评等形式，有利于学生自我负责意识的唤醒与训练，培养学生独立学习的能力。

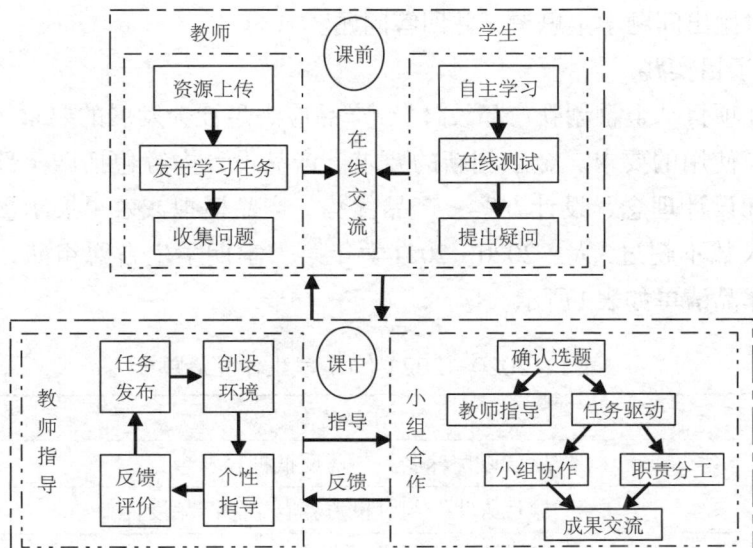

图1　任务驱动翻转课堂教学模式

四、课堂教学实录

这里仅以第二次课堂授课（3学时）为例，来阐述完整授课过程与具体教学设计。

1．课堂引入

活动1（从上课前10分钟开始，持续30分钟）：利用超星学习通进行学生到课签到。

活动2（10分钟）：教师以提问互动方式回顾"金融工程产品设计"单元的教学知识点。抛出问题：金融工程产品的定价方法是什么？金融产品设计的类型有哪些？

2．课堂讲授

通过图片、视频、PPT等方式对罗纳–普朗克（Rhone-Poulenc）公司私有化案例进行讲解（见图2），让学生理解相关理论如何应用于实际问题分析和解决。

图2　节选罗纳–普朗克公司私有化案例课件

教师适时抛出问题学生思考，并回答问题。

3．课外项目实践

布置课外项目"金融创新产品设计"，产品应满足社会发展的要求、风险与收益匹配的要求、使用的要求、金融创新的要求。产品设计内容包括四个部分：产品方案基本概念和设计理念、设计方案、产品优势、产品模拟或效果展示。以小组形式完成，每组人数不超过3人。2020—2021学年第一学期学生自愿组队，最后提交了13份作品，作品清单如表1所示。

表1　2020—2021（1）学生作品清单

序号	作品名称
1	"以房养老"住房反抵押养老金
2	"康达人生"组合投资养老金融产品设计
3	介入期权产品的生鲜供应链金融产品设计
4	利率挂钩类结构化产品设计
5	互联网金融、保险、期货——农业新型融资经营模式
6	创新养老型金融产品的设计
7	考研通
8	牛奶期货的"保险、期货、银行"模式
9	"易微融"金融创新产品设计
10	组合股权融资集合信托设计
11	综合性金融衍生结构存款
12	大数据金融影视——三合一新理财

以下介绍学生的优秀作品。

【作品名称】"以房养老"住房反抵押养老金

该作品从产品设计背景、产品设计方案、风险与可行性分析三个部分进行分析介绍。

第一部分，产品设计背景

学生利用相关的网络工具和数据库，分析国家统计局第六次人口普查报告、我国首次城市家庭财产调查报告，指出"以房养老"是一种新的养老资金来源形式，其扩大了老年人养老金来源，在整个养老保险体系中的比重提高，能优化我国养老保险体系，促进我国养老保险体系的健康运作。通过比较住房反抵押养老保险美国模式和法国模式，提出适合中国国情的创新型住房反向抵押养老保险产品。

第二部分，产品设计方案

1.产品交易流程

1）业务申请

一是保险公司向政府提交开办住房反向抵押养老业务的申请，由政府对保险公司的资质进行审查，符合开办条件的保险公司才可承办此项业务。二是有意愿参与这项业务的老年人向保险公司提出申请，符合申请条件的老年人才可参与这项养老保险业务。申请条件主要有两点，首先申请人要年满 60 周岁，这是参考中国职工的退休年龄的结果。其次为抵押的房产类型，考虑到保险公司在申请人身故后要将抵押房屋进行出售，因此抵押的房产要求是城镇内的房产，且房产价值有最低额度的限制。保险公司在处理老人的申请时要秉持高效的原则，简化办理流程。

2）评估阶段

保险公司需要根据申请人提供的各种健康证明，以及医疗机构提供的健康数据对申请人的寿命进行尽可能准确的估计，以便能预测养老年金需要发放的年限。此外需要对抵押的房产价值进行估计，以便告知申请人在日后能够领取的养老年金总额。评估关乎保险公司和申请人的切身利益。

3）发放阶段

通过申请的老年人与保险公司签订合同，保险公司根据合同在每年年初将养老年金支付给申请人，支付的形式可根据申请人的偏好进行灵活调整。若申请人年纪偏大，则一般更倾向于领取现金，保险公司就要做好相关记录工作，以免日后发生纠纷。

4）回收阶段

养老金发放的终点为申请人死亡，此时，保险公司已获得该住房的全部产权，可通过出售房产回收资金。当房产收回价值小于养老金总额本息和时，由政府予以差额赔付。

2.定价策略

影响产品定价结果的因素有利率的波动、房价的波动以及申请人的未来寿命。在这三种主要变动因素中，对于申请人未来寿命最难把握。因此借由大数法则，通过扩大住房反向抵押养老保险产品的业务规模，使得预期寿命无限接近平均寿命。这样寿命长的申请人获得高出的养老年金部分将由寿命短的申请人进行弥补，在此使用保险精算的定价方法对产品进行定价。通过生命表可以获取每个申请人在签订合约后，每年去世的概率。各期支付的养老年金按照利率累计到合同结束时的养老年金总额应等于合同结束时的房产价值加上初始费用按贴现率累积到合同结束时的数额，这就是对无赎回住房反向抵押养老保险产品进行定价的思路。

如果房产的估价值为H，贷款期限为N，那么逐月给付金额A可以用下式来表示：

$$A = \frac{r(1+r)^N}{(1+r)^N - 1} \sum_{t=n}^{105} (1-f) H_0 \frac{(1+g)^{t-n}}{(1+r)^{t-n}} q_{t/t-1}$$

式中，f 表示办理过程中所需要的各种费用的费率与金融机构的折扣率之和；g 表示被抵押的该类住房价格的年均变化率；r 表示抵押贷款的年利率；q 表示借款人在 $t-1$ 岁时活着，而在 t 岁时死亡的概率；n 表示合约生效时借款人的年龄。

3.创新产品优势

（1）老人投保后仍享有房产的所有权。老人的房产尽管抵押给了保险公司，但是老人仍享有房产的所有权。有些老年人担心房子抵押后，万一生大病急需用钱，房产不能出售变现，不能解决燃眉之急。根据保险合同规定，这种情况下，老人是有权出售房产的，只不过出售房产得到的钱款首先要用于偿还老人欠保险公司的本息。

（2）老人投保后仍享有房产的增值收益。保险公司享有的是债权的本金和利息。增值后房产处置得到的钱款在扣除保险公司债权本息后的部分仍然归老人或老人的继承人所有。

（3）投保人以房养老的房产仍可以出租，但保险公司对租期有限制，租期每次必须在两年以内，出租收入归投保人所有。

（4）继承人仍可以继承老人的房产。其前提是偿还老人欠保险公司的债务本息。保险公司在收回应得的债权本息后，继承人仍可以继承房产。

（5）投保人需要购买指定财产保险，以预防房屋毁损、灭失等产生的损失。

（6）保险公司承担房价下跌风险。在投保人身故之后，保险公司会行使对抵押房产的处分权，若处分抵押房屋所得不足以偿付投保人的债务本息，不足部分由保险公司自行承担。

（7）投保人的房屋坏了保险公司可代修，但要从养老金中扣除；若房屋欠物业费、暖气费等，保险公司可代缴，费用也要从养老金中扣除。

4.产品盈利模式

1）投保人

根据保险合同约定，投保人需要支付以下费用：

（1）投保人因承保管理应承担的养老保险相关费用，包括：①按50%的比例承担的房屋评估、抵押、公证、律师等费用；②保单管理费，每保单年度每单按1000元收取费用。该部分费用从每月的基本养老金收入中扣除，无需投保人现金支付。

（2）房屋保险费用。保险公司会要求投保人每年为抵押房产投保财产保险，以预防房屋毁损、灭失等产生的损失。一般的房屋保险费比较低，每年的费用大致在几百元之内。该部分费用由投保人每年现金支付。

（3）延期年金保费。保险合同约定的养老金起付年龄是60岁，付款到投保人终老为止，最长付款年数是26年，但有些投保人寿命会超过85岁。保险公司为了降低老人过分长寿带来的养老金支付压力，会要求投保人每年交一笔延期年金保费。根据2015版"幸福房来宝"老年人住房反向抵押养老保险（A款）费率表，当延期年金无身故和退保利益时，每100万元有效保险价值，60岁的男性老人每年需缴纳2544元的延期年金保费（最长付款年数为26年）；当延期年金有身故和退保利益时，每100万元有效保险价值，60岁的男性老人每年需缴纳7107元的延期年金保费（最长付款年数为26年）。该部分费用无需投保人现金支付，但要计入保险公司的债权，和其他债权一起复利计算本息。

（4）退保手续费。如投保人退保，投保人还需额外支付退保手续费，退保手续费为退保时保险公司债权本息的一定比率，前5个保单年度的退保手续费比率分别为10%、8%、5%、3%、1%。

（5）其他可能发生的费用。保险公司收回债权本息、处置房产过程中会产生一些费用，比如诉讼费、保全费、鉴定费、评估费、拍卖费、材料费、律师费、过户费等。

2）保险公司

（1）保险公司现金流入分析。

①投保人去世后保险公司应收取的基本养老保险金债权本利和。

保险公司每月给老人发基本养老金，相当于每月贷款给老人，所以基本养老保险金债权本利和的收入是保险公司主要的收入。该收入在老人去世后从房产出售款项中收取。

②投保人去世后保险公司应收取的延期年金保费债权本利和。

保险合同期内，保险公司每年年初要向投保人收取延期年金保费。因为合同规定投保人无需现金支付，所以保险公司的这笔债权要计算本金，也要计算利息，在老人去世后从房产出售款项中收取。

③保单管理费收入。

每保单年度每单按1000元收取。

④退保手续费收入。

如果投保人退保，保险公司要向投保人收取退保的手续费。

（2）保险公司现金流出分析。

保险合同期内每月支付给投保人的基本养老金，这笔费用是保险公司主要的现金支出项目。房屋评估、抵押、公证、律师等费用中由保险公司承担的部分。这些费用的50%由投保人承担，剩余50%由保险公司承担。

第三部分，风险与可行性分析

1.风险分析

1）市场风险

对于反向抵押类产品，市场风险可能会导致的结果是与预期的精算现值相比，实际所发放的现金流额度更高，并且不能按期收回，最终导致以房养老机构产生损失。具体可以分为以下两种：

第一，利率风险。以房养老机构所提供的反向抵押产品，存在因市场利率的变化而产生损失的可能性。并且由于其期限很长，相比常规的金融工具，反向抵押类产品所面临的利率风险更加突出。

第二，房地产价格波动风险。反向抵押类产品的关键之处在于合约结束时以房养老机构可以将房产变现用来弥补之前发放的贷款。因此住房的价值变化会对以房养老机构的损益产生重大影响。如果在合约结束时，房屋出售的价格不足以弥补之前所发放的贷款总值及其利息，那以房养老机构承办的这个产品就会产生亏损。

2）社会风险

社会风险是指由普遍存在的个体风险聚集而产生的大规模风险。在以房养老的产品中，因为信息获取成本的问题，会使得部分参与者的个人信息出现失真，这会对相关产品的定价计算产生较大的影响，从而造成以房养老机构产生亏损。具体表现为以下几种。

第一，长寿风险。以房养老产品中的反向抵押类产品合约期一般等于参与者签订合约后的剩余寿命，一旦参与者的寿命超过了以房养老机构计算出的预期寿命，以房养老机构就需要负担额外的现金流，从而产生亏损。虽然在计算余命时可以参考我国保险业的经验生命表，但地区的不同所导致的生活习惯等方面的不同，会使居民的预期寿命出现较大的波动，不利于以房养老机构进行合理的定价。

第二，逆向选择。即经济学中存在的典型的二手车问题。同样是因为信息的获取难度较大，作为理性人，身体状况较好的老人可能会倾向于申请反向抵押产品，因为随着他们寿命的延长，获得较多的现金流的可能性提高。这会导致参加反向抵押类产品的居民都是身体状况较好、较为长寿的老人。这一方面使以房养老机构产生亏损，另一方面也难以帮助更多真正需要帮助的老人。

第三，住房损耗风险，或者可以称为道德风险。在参加了反向抵押产品之后，房屋的产权转移给了以房养老机构。参与者虽然继续享有居住权，但由于观念上的变化，会使参与者没有足够的动力去维护住房的状况。此举在长期会大大降低住房的质量，从而在合约期满时影响房产变现的价值，给以房养老机构带来风险。

3）自然风险

自然风险主要包括不可抗力因素所带来的房产价值损失，一般包括各类自然灾害。自然灾害难以预知且无法避免，并且造成的损失普遍较大，这会对受灾地区的房产价值产生较大的影响，轻则受损，重则完全损毁。此时以房养老机构在该地区的合约会出现较大的亏损。

4）逆向选择和道德风险

住房反向抵押养老保险产品的条款中规定，当申请人和保险公司签订合约后，保险公司定期支付养老年金给申请人直至申请人身故。因此，越长寿的申请人能够获得的养老年金越多，这就会吸引那些身体状况良好，预期自己可以长寿的老年人前来投保，而保险公司对申请人的实际状况并没有申请人自己了解，因此保险公司很有可能面临长寿风险。针对逆向选择问题，保险公司可以和当地的医疗机构签订长期合约，以便能够更准确地估计申请人的寿命，提前分配现金流。若申请人在签订合约后没有赎回房产的打算，那么在身故后，房产就要转交给保险公司，这时申请人对于房屋的维护可能不会尽心尽责。针对此项道德风险，保险公司可在合约中附加关于维护房屋的条款，若申请人出现违约现象，则要缴纳违约金。

除了以上几类风险，反向抵押类产品还存在着信用风险、违约风险、制度风险等其他的风险。且各种风险是互相包含、互相引起的，例如长寿风险，其中就有道德风险的因素。另外，房地产价值波动风险与金融市场密不可分，因此也会受利率的影响。

2. 可行性分析

1）现实可行性

（1）老年人消费需求多样化；

（2）城镇家庭自有住房率较高；

（3）保险公司具有开展住房反抵押养老保险的有利条件。

2）法律可行性

我国《物权法》的颁布实施从法律层面上规定了私有财产的合法性质，对于房产而言变相取消了使用年限70年的规定。同时也同意了土地使用权能够通过交易来转让，这保证了我国居民自由处置其房地产的权利。并且我国已经开始在部分试点城市征收了遗产税，以后遗产税也会逐渐加大征收范围，住房反抵押养老保险实施在一定程度上可以进行合理避税，老年人通过购买该产品不但能够让自己养老无忧，并且省去了去世后将房产作为遗产交给子女的税收费用。

3）政策可行性

2017年，国务院办公厅印发《关于加快发展商业养老保险的若干意见》，明确提出大力发展老年人住房反向抵押养老保险等适老性强的商业保险，以应对人口老龄化趋势。并支持商业保险机构开展住房反向抵押养老保险业务。银保监会从四个方面完善这项制度：一是进一步评估2014—2019年的实践经验，完善相关的监管政策;二是疏通发展堵点,解决配套政策不到位的问题;三是加强正面宣传,鼓励有条件、有意愿的老人选择以房养老这种方式;四是重点抓好保险公司自身能力的建设,特别是精算、定价和专业队伍的建设。

4.小组汇报

该环节的具体教学设计如下:

(1)角色分工

汇报学生:汇报小组以团队的形式对自己的产品设计进行陈述,汇报可采用口头、板书或PPT等形式。报告陈述每组5分钟,答辩10分钟,四组共60分钟。

其他学生:其他同学聆听汇报小组的发言,从中吸取经验与教训,对汇报内容进行提问,并根据文本内容和答辩情况进行打分。学生课堂角色分工展示如图3所示。

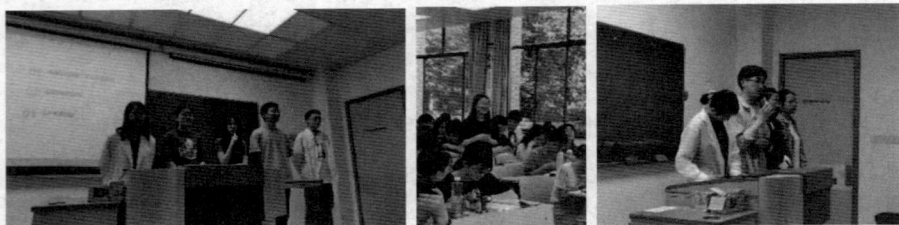

图3 学生课堂角色分工展示

教师:设置评分标准(见表2),对学生设计的产品进行点评,给出建设性意见。

表2 创新性金融工程产品设计汇报评分标准

评分项目	权重/%
创新性	20
可行性与实用性	30
汇报展示	30
答辩展示	20

(2)小组汇报案例

以第1组为例,其汇报情况如表3所示。

表3 第1小组汇报情况

汇报人	第1小组全体成员
主题	"以房养老"住房反抵押养老金
报告陈述	产品设计的社会背景,住房反抵押养老保险的产品运作、交易流程、定价策略、盈利模式,创新产品优势、存在的风险以及可行性分析

其他同学提问	A问：请问是否与当前法律法规（物权法等）有冲突的地方？ 小组回答：没有冲突的。反抵押养老保险在老人过世前，没有转移房产所有权。 B问：保险公司的收益如何保障？（成本收益分析） 小组回答：保险公司通过住房租赁、再保险等方式进行风险转移。 C问：方案目前还有哪些可改进的地方（不足之处）？ 小组回答：本项目的产品定价是基于上海市的人口结构、房价以及收入水平来确定的，如果在全国推广还需要重新进行测算。
教师点评与建议	1.总体评价：产品设计方案可行，具有一定的现实使用价值，但在一些细节上考虑尚不够周全，需要进一步改善。 2.存在的问题：目前市场已有类似于反抵押住房养老保险产品，但并没有获得用户的认可，需要探究其原因，明晰市场需求；由于产品涉及房产的使用权和所有权的转移，需要明确是否符合相关法律法规（如物权法、继承法等）的条款。 3.建议：还需基于事实，充分调研保险企业在推广住房养老保险项目遇到的问题、老人养老的实际需求等，从而改进产品以及运营方式；查询相关法律法规，确保没有违法违规事项。

5. 总结

（1）总结归纳（10分钟）

教师总结归纳金融工程产品设计的基本知识点和分析方法，并提出"四有"金融人要求。

①有理想：有创新意识，关注国家民生。

②有道德：有金融职业道德、社会责任感。

③有文化：学术严谨，能运用所学知识分析实际问题，并具有人文精神。

④有纪律：遵守规则，有团队合作意识、法治意识。

（2）金创赛介绍（15分钟）

分享浙江省金融创新大赛的相关资料，以及业界专家对金融创新产品设计的讲解视频，让学生更全面地了解金融产品设计是一个具有创造性的综合信息处理过程。

6. 任务布置

教师布置课外任务，要求学生在本次课程汇报答辩、师生点评的基础上，继续深入讨论金融工程产品设计方案，不仅要注重选题的新颖性与创意，还要进一步思考设计方案的可行性、技术含量等，鼓励学生积极参与课外科技竞赛。

五、学业评价方式

"金融工程学"总评成绩结合平时成绩（50%）和期末卷面成绩（50%）两部分进行综合评定（百分制）。平时成绩包括慕课网视频学习（10%）、课堂表现（10%）、创新产品设计报告和评阅（25%）、期货模拟交易和分析报告（25%）、章节习题和测验（30%）。此外，积极鼓励和指导学生参与浙江省大学生金融创新大赛、浙江省大学生证券投资竞赛以及挑战杯、新苗杯等课外科技竞赛，通过以赛促学、学赛结合的方式培养学生的创新、团队协作和临场应变能力，提升其专业技能，增强其核心竞争力。

六、课程教学效果

学生对本课程教学的满意度较高，近两个学期"学评教"个人满意度均高于85%。通过问卷星平台面向金融学专业学生的调查结果显示：学生对信息化教学方式的接受程度较高（见图4），积极参与学期报告随堂汇报互评的翻转课堂，对教师教学质量总体评价较高。从2020—2021学年课程期末卷面成绩来看，70%左右的学生获得了80分以上的优良成绩，学生对课程理论知识掌握较好。

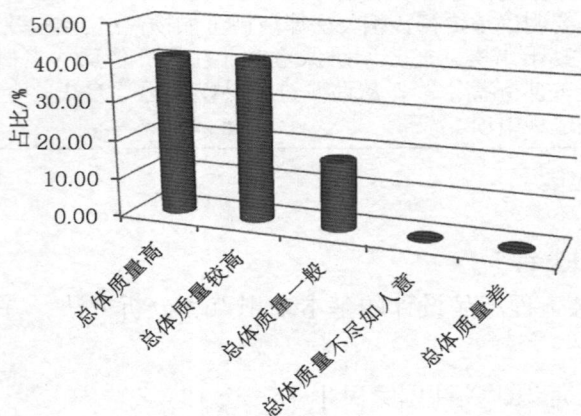

图4　教学质量调查结果

金融专业学生普遍关注社会经济金融现象，善于将理论与实际相结合，积极参与课外科技竞赛。图5为参与浙江省大学生证券投资竞赛、浙江省大学生金融创新大赛决赛答辩的学生团体。2021年度金融学专业学生获得浙江省大学生证券投资竞赛一等奖1项、二等奖1项、三等奖7项，浙江省大学生金融创新大赛一等奖2项、二等奖2项、三等奖2项，浙江省"挑战杯"大学生课外学术科技作品竞赛一等奖1项，浙江省大学生电子商务竞赛一等奖1项、二等奖2项、三等奖2项。本专业获国家级大学生创新创业训练计划建设立项4项，浙江省新苗人才计划立项1项。

图5　参与浙江省大学生证券投资竞赛、金融创新大赛决赛答辩学生合影

校企合作 项目实践
——"专题设计"课程案例

戚玥尔 ——

之江学院设计学院

一、课程基本信息

◎ 课程名称：专题设计 II
◎ 课程性质：专业选修课
◎ 授课教师：戚玥尔
◎ 授课对象：工业设计专业大四学生
◎ 授课单元：卷直发器产品分析及调研
◎ 授课学时：本课程共48学时，其中本授课单元8学时

二、课程教学目标

1.知识目标

将设计理论与创新实践有机结合，理解产品起源、工作原理、使用性能及发展趋势，通过测评及市场调研分析寻找存在的问题及创新研究方向。具备扎实的专业知识，掌握必备的研究方法，培养设计创新能力。

2.能力目标

通过独立思考和交流合作学习，培养发现问题和解决问题的能力，养成探究式学习的习惯。培养对市场的敏锐观察能力、发现问题和解决问题的能力、扎实的设计表达能力，促进创新创业教育与专业教育的有机融合。

3.素质目标

具备灵活的设计思路，适应市场需求和工业设计行业发展需要，具备社会责任意识、创新意识、团队意识，既能很好地融入团队协作，又能独立完成工作。

三、教学设计理念

1.教学内容

本单元教学内容为以实际企业项目"卷直发器产品设计"为课程主题，企业专家带领学生了解卷直发器产品，让学生通过对实际产品的全面解剖与分析，进行产品测评，找到设计痛点。学生走出校园走进市场进行深入调研，将理论学习与实践

相结合，更好地为产品设计做准备。

2.教学理念

（1）产学研教协同

把企业的"产业"、学生的"学习"、实践的"研究"和老师的"教学"紧密结合在一起，以产入学，以学促教，以教促研。由企业工程师参与授课，通过联合课程，实现资源的共享，推动成果转化，提高学生的实践能力和企业的活力。

（2）项目化运行

将企业实际项目引入课堂教学，以项目化运作的形式进行专题设计教学，突出设计的过程。加强学生实习实训环节，通过校外企业实习弥补实践环节的不足，让学生走进市场，深入企业，近距离感受与学习，全面拓宽学生的专业视野。

（3）小组合作式学习

引导学生围绕设计主题展开头脑风暴式的讨论、调查研究、创新设计，发挥小组各成员优势，调动学生学习的积极性，有效培养学生团队协作能力、沟通表达能力及创新能力。

3.教学方法

（1）案例教学法

邀请行业专家给学生讲解前沿产品案例，紧跟时代步伐，从产品开发、工艺设计等方面讲解创新实践知识。从案例中拓宽学生的思维空间，提高学生的学习兴趣及专业综合素质。

（2）演示教学法

通过展示实物、直观教具，进行示范性的拆装产品实验，激发学生的求知欲与兴趣。通过专业人员的演示，让学生获得直观的感知，从而获得知识或巩固知识。

（3）启发式教学法

灵活运用启发式教学方法促使学生产生创意联想，教师通过互动、讨论等方式引导学生主动思考，促进学生掌握有关基础理论、技能和方法。

（4）项目教学法

通过企业实际项目将理论教学与实践结合在一起，学生在项目实践中，理解知识和技能。让学生完成整个生产流程，有利于发挥学生的主动性，发掘学生的创造能力，提高学生解决实际问题的综合能力。

（5）讨论教学法

灵活运用讨论式教学方法促使学生主动参与思考，设计一些团队合作环节，促进学生学习方式的变革，鼓励学生通过独立思考和交流合作学习，培养发现问题和解决问题的能力，养成探究式学习的习惯。

四、课堂教学实录

本次课程为浙江工业大学之江学院与宁波鼎高电器科技有限公司的校企合作项目课程，项目主题为"卷直发器产品设计"。课程前期邀请多位企业专家进入校园进行产品设计讲解。以前两次课堂授课（8学时）为例，具体教学环节设计如下：

1.课内授课环节

主讲专家用提问方式引入课程主题（见图1），从而激发学生的兴趣。课程理论部分包括产品起源、外观类别、工作发热原理、使用性能阐述、发展趋势等五部分内容（见图2）。通过理论讲解与实物展示让学生快速了解卷直发器的工作原理、内部构造，能更好地为之后外观设计做准备。理论讲解过程中穿插问题研讨，引导学生发散思维。（2学时）

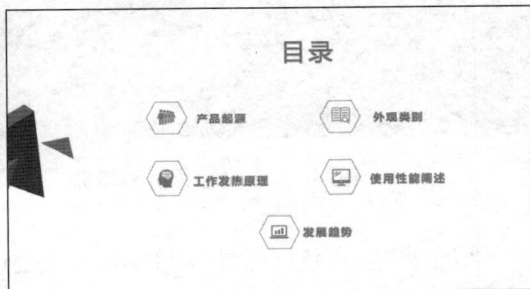

| 图1　课程主题 | 图2　理论讲解目录 |

通过展示实物、直观教具，进行示范性的拆装产品演示操作，激发学生的求知欲与兴趣。企业工程师对产品实物进行拆装分析，学生通过记录拆装过程更进一步了解卷直发器的实际内部构造与原理（见图3）。（1学时）

图3　企业专家给学生做实物演示

进行设计小组分配。学生自行组成2~3人设计团队，各团队设组长一人，组内成员各自分工明确，制定工作计划表。每个组分配到一件产品样机，在教师与专业人员的指导下，进行产品拆装实验（见图4），通过记录与观察并与不同产品对比分析，获得相关测评数据（见图5）。（1学时）

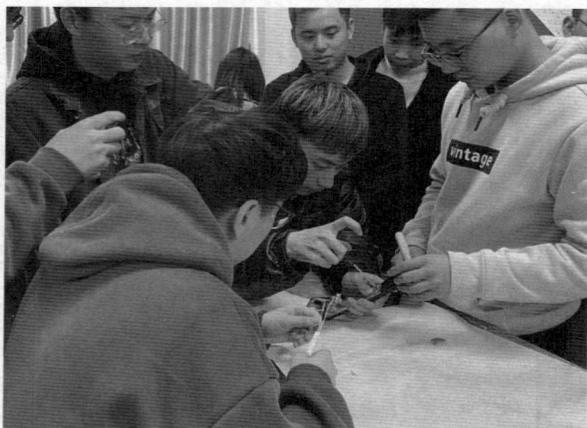

品牌	A产品	B产品	C产品
型号			
价格	79	139	75
功率	25w	40w	25w
开关方式	滑动	按压	按压
手感	次之	最佳	最差
有无负离子	有	有	无
发热时间	最快	快	快
挡位	3	5	5
外壳发热程度	略烫	不烫	烫
面板材质	陶瓷	陶瓷	陶瓷
外形	夹板v	夹板v	夹板v
重量	最重	次重	轻
开关位置	内侧	外侧	外侧

图4　学生分小组拆装样机　　　　　　　图5　样机测评数据分析

结合课内学习与课外项目实践，各小组从设计背景、产品调研、案例分析、使用分析、设计定位等方面进行PPT总结汇报，发挥小组各成员优势（见图6），增强学生的沟通表达能力，能够通过口头和书面表达方式与老师同学进行有效沟通。教师对学生汇报的内容进行评价与进一步引导，学生在老师的帮助下明确创新点与设计思路，并对内容进行修改与完善。（4学时）

图6　小组调研汇报

2.课外项目实践

课后布置工作任务，十组学生各自进行网络调研与实地调研，学生需要走进市场，面对消费者找到设计方向（见图7、图8）。通过问卷调查，对产品及用户有更深入的了解，总结出设计痛点及目标客户（见表1）。

图7　实地调研

问卷调查结果

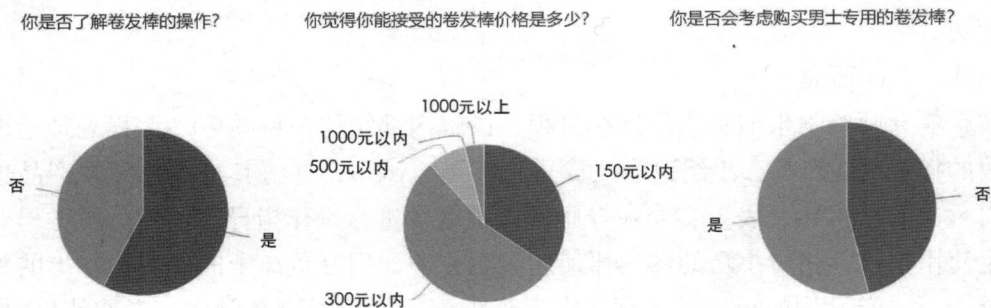

图8　网络问卷调研

在这些被调查的男生中，了解和考虑购买男士卷发棒的人有近一半，可以看出还是有不少人对卷发棒抱有兴趣的。价格方面，300元以内接受的人最多，占一半以上。

表1　网络问卷调研

项目序号	项目名称	目标群体	调研地点	项目序号	项目名称	目标群体	调研地点
1	可折叠收纳直发器	18~25岁年轻女性	柯桥各大商场及学校	6	可替换式自动卷发棒	25~35商务人士	柯桥各大商场
2	男士便携卷发棒	20~30岁年轻时尚男性	柯桥各大理发店	7	口红式卷发棒	18~25岁年轻人	柯桥各大商场及学校
3	可旋转角度卷发棒	18~25岁年轻的卷发棒使用新手	柯桥各大商场及学校	8	负离子卷发棒	在校大学生	柯桥各大理发店及学校
4	负离子多造型卷发棒	在校大学生	柯桥各大商场及学校	9	卷直两用卷发棒	18~25岁年轻女性	柯桥各大理发店及学校
5	胶囊便携直发器	18~25岁年轻女性	柯桥各大理发店及学校	10	多功能蓬松玉米夹直发梳	有蓬发需求的年轻群体	杭州各大理发店

以下介绍学生优秀作品——多功能蓬松玉米夹直发梳。

（1）组内分工

确定小组组长，进行工作分工：毛佳妍为组长，负责资料整合及汇报；宋轶负责资料收集及效果图制作；钱佳悦负责资料收集及模型制作。根据设计主题制定工作计划。

（2）产品研究

企业导师给学生演示产品拆解过程，讲解内部结构（见图9）。课程老师给该组发放的样机为A产品，小组对卷发棒进行拆装、试用，并将其与其他同类产品进行横向对比（见图10、表2），企业导师及课程老师进行操作指导。学生分析得出对于女生使用来说，相对小巧的卷发棒使用会更方便，用有负离子的卷发棒卷出的头发更顺滑。在卷发棒的设计上，开关在手柄外侧，使用时容易触碰，影响使用效果。此外，在发热板处的设计和做工极为重要，缝隙的存在可能会引起夹头发问题。在功能方面，卷直两用的夹板更受欢迎。

图9　样机拆装

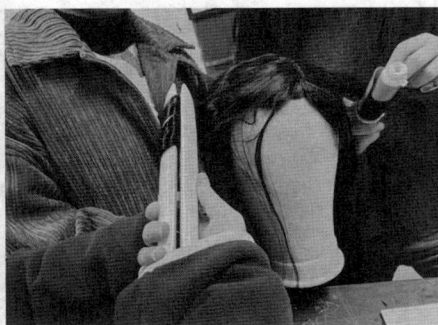

图10　产品试用

表2　同类竞品分析

品牌	A产品	B产品
种类	直发器/卷发棒	直发器
器身长	255mm	270mm
按钮位置	外壳（外）	外壳（外）
挡位	120~200（5挡）	130~210（5挡）
线长	1.8m	1.7m
发热板材质	精油陶瓷（平）	精油陶瓷（平）
加热速度	30s	25s
负离子	无	有
面板内结构	硅胶	弹簧
保护	（0.5h）自动断电	（0.5h）自动断电
问题	1.按钮易碰到；2.容易夹头发	1.只能做直发；2.操作不便

（3）实地调研

小组对商场、超市、理发店等地进行实地调研，对调研结果和资料收集结果进行分析。

调研时间：2020年12月4日。

地点：杭州某理发店。

调研产品：Z字形玉米夹。

产品使用分析：玉米夹的温度为130~210℃，使用时没有任何卡头发的感觉，使用完头发蓬松效果显著，但头发损伤严重，干枯（见图11）。玉米夹体积较大，略微沉重。

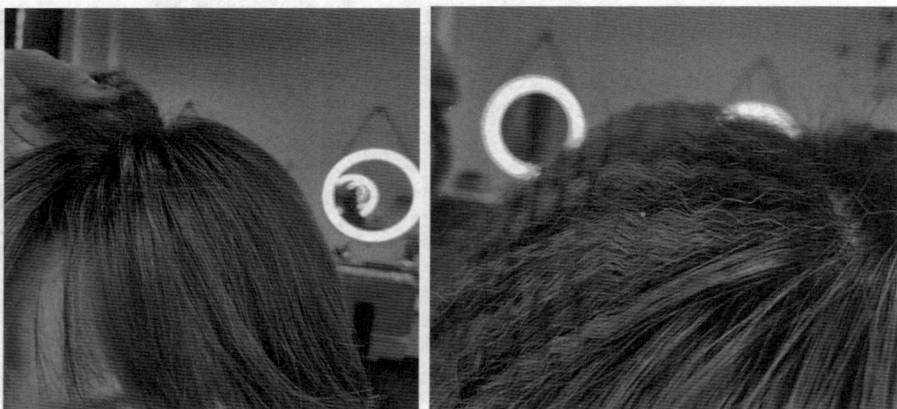

图11　使用效果

（4）用户访谈

通过问卷调查、电话访谈、视频访谈等方式进行用户调研，从而了解用户需求，确定设计方向。

访谈对象：卷发棒使用新手李某。

使用产品：D卷发棒

产品使用分析：男士的头发较短，这款玉米夹把手较合手，发热板太大不易使用，开关位置需改进。使用后效果较明显，未出现夹发现象和烫手烫头皮现象，但使用后头发干枯。

（5）设计定位

通过网络、实地调研及问卷分析，小组得出六点用户需求：①不同发质适宜的温度不同，需要具备温度调节功能；②高温加热后头发会受到一定的损伤，卷发棒需要具有一定的护发功能；③卷发棒外壳已发烫，男士短发卷烫更容易烫到头皮，卷发棒需要具有一定防烫设计；④卷发时易出现滑发问题，卷发棒需要具有一定的防滑设计；⑤存在电线使用收纳问题，设计卷发棒需要考虑易收纳或无线使用；⑥男士头发多且短，应考虑小巧便携型设计。

教师对上述需求进行概括分析，引导学生找到合适的设计方向。学生根据市场发展空间、痛点，确定设计方向为多功能便携式男士玉米夹，主要面向18~28岁年轻男士。

（6）头脑风暴及草图绘制

教师要求学生进行小组15分钟发散设计，利用5W2H［5W是指，What（是什么）、Why（为什么）、Who（什么人）、When（什么时间）、Where（在哪里）；2h是指，How（怎么干）、How much（干得怎么样）］法则从用户、产品、环境、问题、如何改进、定价等方面进行头脑风暴式训练，激发学生的创造性思维。训练围绕三个关键词：护发、小巧便携、功能叠加。学生最终确定方向为负离子护发功能，230mm尺寸以内，卷直一体。为更好地拓展思路，需要进行大量的草图绘制与思考，单次作业绘制不少于10张完整草图，教师通过看方案与引导帮助确定最终设计方案（见图12）。

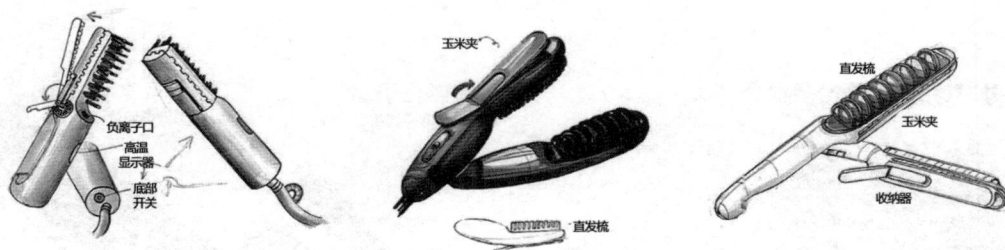

图12 草图

（7）模型制作

草图确定以后进行模型制作，先用高密度泡沫进行1∶1的模型制作（见图13）。教师进行课堂指导，小组根据元器件大小、产品结构及人机工学对模型进行多次修改，确定最终产品尺寸（25mm×5mm）与结构，进行3D软件模型制作（见图14）。

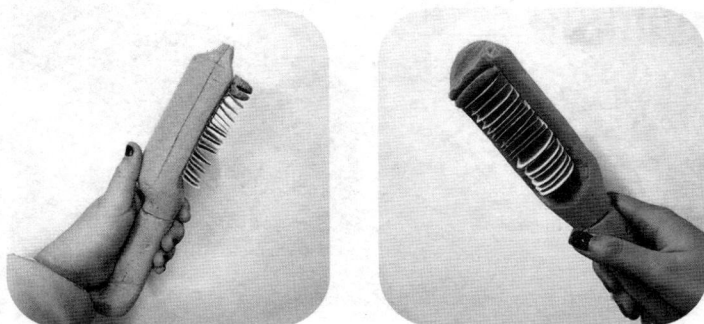

图13 草模制作

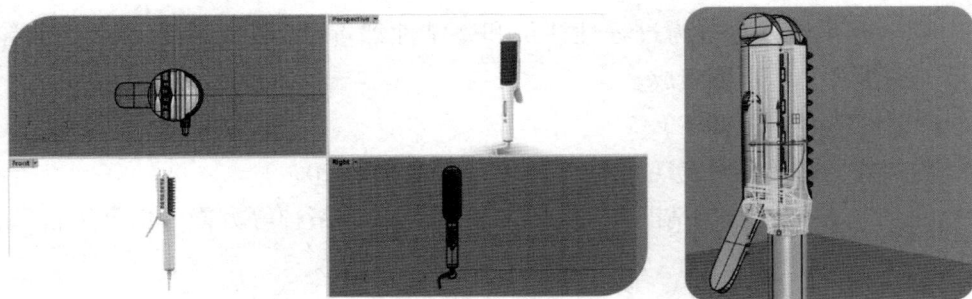

图14 3D软件建模

（8）版面设计及汇报

要求展示版面为商业版面（见图15），需含产品设计亮点、细节、结构、使用场景、爆炸图、配色、包装等。通过高强度系统化的设计，有效提高学生综合设计能力。

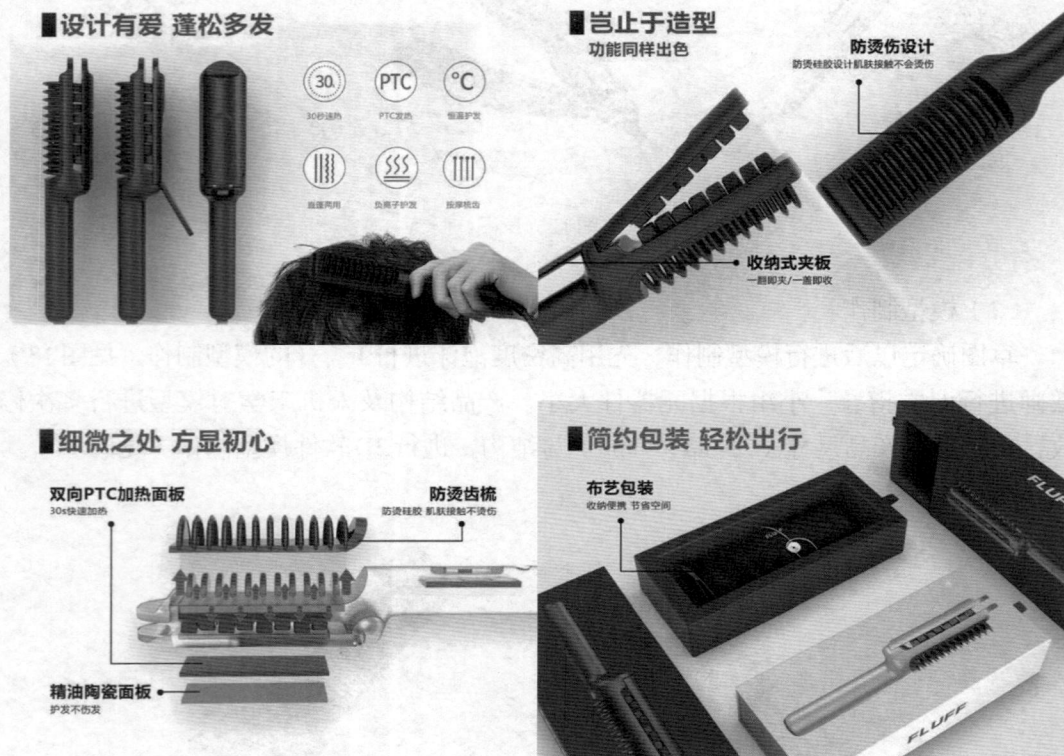

图15　效果图

五、学业评价方式

本课程采用真题真做形式、评价方式考查学生的创新能力。

学生学业评价方式分为过程性评价和终结性评价两部分，由教师、企业导师、小组组长评价及学生自评组成。

1.过程性评价（占50%）

过程性评价=A1平时表现（30%）+A2课堂测试（20%）

A1平时表现包含出勤情况、学习态度、小组合作精神等方面，由学生自己、小组组长及指导老师共同打分（见表3）。

表3　A1评价表

小组成员	出勤情况	学习积极度				小组配合度				总评
		自评	组长	企业导师	教师	自评	组长	企业导师	教师	

A2课堂测试包含每一次课堂小测试的评价（见表4）。

表4　A2评价表

分类	作业	分值	作业要求	分数
课堂测试（20分）	调研	5	确定消费群体，调研竞品、现有产品、消费者等。作业完成度高	
	汇报分析	5	分析痛点，内容有创意，语言表达清晰	
	草图绘制	5	设计有亮点，表达清晰	
	模型制作	5	符合人机工程学，尺寸合理	

2.终结性评价（占50%）

终结性评价内容如表5所示。

表5　终结性评价表

作业	细分项	分值	要求	分数
期末作业	PPT汇报 创新性	10	围绕主题，寻找市场机会，强调结合实际情况，解决生活实际问题，设计有创新点	
	市场性	10	与产业经济有效结合，保证设计成果的惠及面广，材料使用恰当，功能合理，适合商业化生产	
	可行性	10	模型制作能力强，尺寸符合人机工学要求，充分考虑当前技术条件和限制，可进行批量生产制造。	
	表达清晰性	10	汇报表达清晰，思路明确	
	产品海报 制作表达	10	产品主题突出，色彩和谐，有创意	

六、课程教学效果

该课程开课以来，学生学习热情高涨，参与短时间高强度工作，班级综合设计水平得到极大提高。作品完整度甚至超越一般商业设计公司，得到企业的极大认可。

1.学评教

本次课程学评教分数远高于院系平均分，所在院系排名第三，学生对课程及教师评价度高（见表6）。

表6　学评教

课程	对教师评价分	所在院系平均分	全校教师测评平均分	参评学生人数	所在院系排名
专题设计Ⅱ	93.87	92.64	92.92	27	3

2.成果丰富

本次真题真做的课程设计，加深了学生对工业设计前沿知识的理解，提高了学生的综合设计能力，激发了学生学习与创新的动力，校企合作项目化课程成果丰富，共完成10组作品，其中两组优秀作品得到企业的认可和采纳（见图16、图17）。

优秀作品：负离子多造型卷发棒

设计者：夏孟南、陈寿坚、邵琳

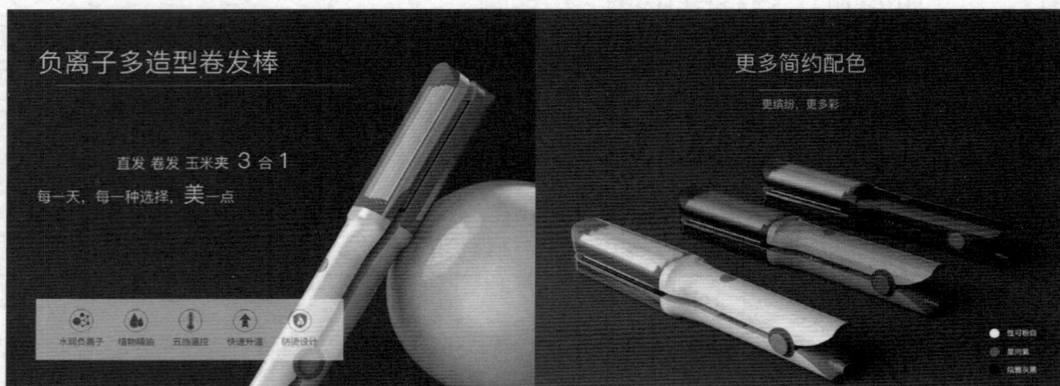

图16　负离子多造型卷发棒

优秀作品：For One Person卷直两用卷发棒

设计者：林许、刘雨洁、李贤惠

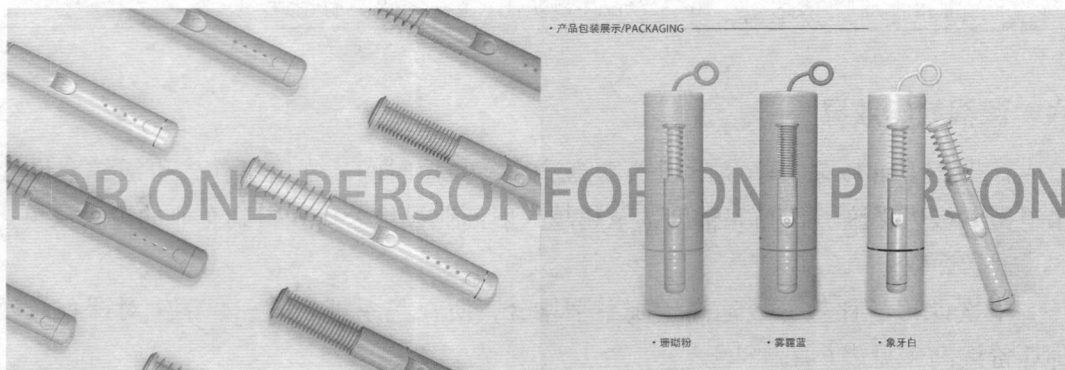

图17　For One Person卷直两用卷发棒

3.学生感受

学生：夏孟南

本次课程学习以校外合作企业直接连接市场的模式进行，我们受益匪浅。课程为我们提供了专业技术知识，使我们对产品有直观感受，老师与企业专家们给出相关的专业解答，为我们的产品创新理清了思路，这将使我们以后在职场中也能高效、快速地整理出设计思路。这种课程模式下我们专业知识的提升非常显著。产学研课程模式正是广大当代设计专业大学生所需要的，非常感谢老师们。

学生：刘铁伟

在此次专题设计课程中我们受益颇丰，课程与企业项目融合，在老师和企业专家的悉心帮助下我们学到了很多书本以外的知识。在课程学习过程中，通过拆装实践，我们更加真实地体验了产品的使用感受。在毕业前能更好地对接实际市场，更好地面对未来的职业之路。

学生：毛佳妍

本次课程学习让我们受益匪浅，我们这次的设计以创新、简约、多功能为目的，对市场上现有产品进行调研并改良创新。在设计过程中我们遇到了许多问题，但通过实地调研和专业人员的帮助，最终我们还是克服了这些困难，达到了产品创新、外观简约以及多功能的设计要求。通过两个月的课程学习，我们最终的设计作品，受到了老师及企业专家的好评。我们也希望能有更多的创新实践课程使我们更好地面对未来的职场。

4.企业评价

企业负责人：施献峰

在本次校企合作课程教学中，很多学生的创意就是现在企业所需的，这也为学生提前了解到目前企业需要的更有新意的并且是市场所需的产品。好的新品必须建立在有创意的外观造型上，希望后续加大校企合作力度、宽度、深度，携手共进，提供更多的产品满足消费者的需求。

创新创业 从"芯"开始
——"可编程逻辑器件及应用"课程案例

杨海清 ——
信息工程学院

一、课程基本信息

◎ 课程名称：可编程逻辑器件及应用
◎ 课程性质：专业必修课
◎ 授课教师：杨海清
◎ 授课对象：通信工程2017级2班
◎ 授课单元：FPGA-IP软核设计方法和应用开发
◎ 授课学时：本课程共32课时，其中本授课单元4学时

二、课程教学目标

本课程培养学生在现场可编程门阵列（field programmable gate array，FPGA）芯片设计领域从事自主知识产权（intellectual property，IP）软核开发工作需要的系统设计能力、技术创新能力和创业意识。

1. 知识目标

了解FPGA-IP软核的设计规范和开发工具，能够熟练应用Verilog HDL硬件描述语言进行模块级代码编程；掌握自顶向下设计方法，能完成系统级模块集成。

2. 能力目标

具备应用FPGA解决工程或产品方面复杂技术问题的能力；具有以批评方式进行推理的能力；具备针对特定问题提出具有创新性思路的能力。

3. 素质目标

具有精益求精的工匠精神，勇于创新、敢于创业的实干精神和科技报国的奉献精神。

三、教学设计理念

1. 教学内容

本授课单元主题是FPGA-IP软核设计方法和应用开发，包含三部分内容：①介绍FPGA-IP软核一般性设计规范和开发工具；②详细讲解常用功能模块代码框架和

编程技巧；③学生自主项目选题、动手实践以及成果评比。三部分内容之间的关系如图1所示。与其他授课单元侧重于知识性学习目标不同的是，本授课单元加入了理论联系实际的应用开发环节，着力培养学生的创新能力和创业意识。

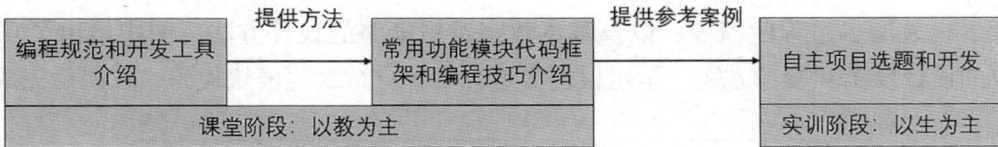

图1　授课单元教学内容

2．教学理念

遵循"启发引导、循序渐进、集成创新、主动创业"的原则，在教学中将FPGA-IP软核设计作为中心内容。一方面，FPFA-IP软核是技术创新的重要成果产出；另一方面，FPFA-IP软核能以模块化方式被集成到工程系统或产品之中，有利于创意产品的实现，如图2所示。教学中注重理论联系实际，多种教学方法灵活应用，融知识传授、能力培养、价值引领于一体。

图2　以FPGA-IP软核为纽带将创新活动与创业活动衔接起来

3.教学方法

本授课单元教学过程融合了多种教学方法。针对课程知识性内容，采用案例教学法；针对如何培养学生创新能力问题，采用研讨法和项目式教学法；针对如何促进学生养成创业意识和适应市场竞争问题，采用竞赛评比教学法。

四、课堂教学实录

本单元教学过程分成三个阶段。第一阶段是课堂教学，任务是讲解FPGA-IP软核设计方法和开发工具，为第二阶段活动提供知识和方法支撑；第二阶段是实验室实训，学生分组完成项目选题、模块化设计和系统集成调试工作；第三阶段是分组竞赛，以学生互评打分方式对各组实践情况进行综合测评。

1.课堂教学（课内2学时）

创新创业必须要有扎实的知识基础。本单元从讲解IP软核设计方法入手，沿着模块设计、集成设计、产品设计的路径循序渐进地展开教学活动。首先，在介绍一般性IP软核设计规范和开发工具后，重点对若干常用功能模块的代码框架进行讲解。常用功能模块有数字时钟、乐曲播放、超声测距、数据传输等。这些功能模块具有较强的实用性和一定的趣味性，比较适合学生在项目设计中选用。图3和图4分别是数字时钟和乐曲播放两个模块的设计框架，其中包含了本课程重要语法知识点，如分频、查表法、过程赋值等，以及基本数字逻辑电路的设计方法。图中给出了功能模块的设计要求和参考方案。学生根据参考方案，自行编写模块代码，在课后完成。

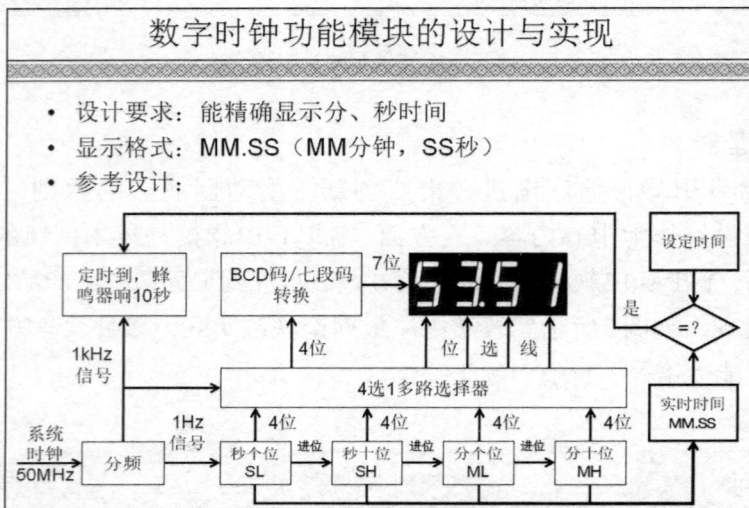

图3　数字时钟功能模块设计框架

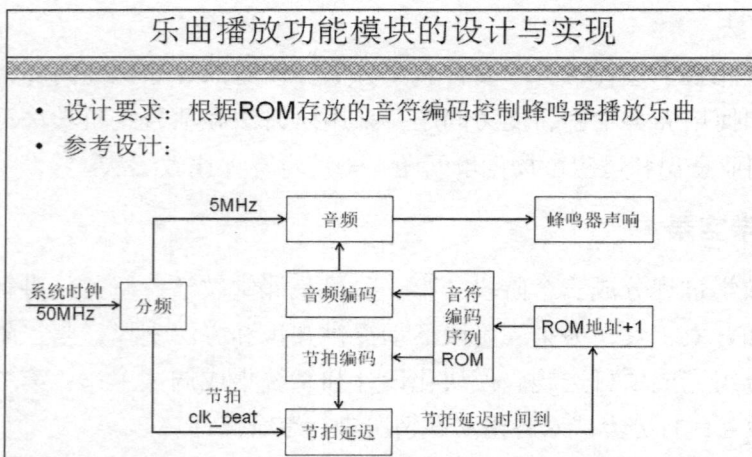

图4　乐曲播放功能模块设计框架

为了引导学生顺利开展项目自主选题，课堂上进一步介绍了组合式选题方法，如图5所示。例如，将数字时钟和乐曲播放组合起来可以搭建一个音乐定时叫醒器，将超声测距和乐曲播放组合起来可以搭建一个客人临门声响器，还可以将超声测距、数据传输组合起来搭建一个远程测距仪。鼓励学生开拓思维，充分挖掘模块组合潜力和新的应用场景，设计出更多、更有趣的系统方案。

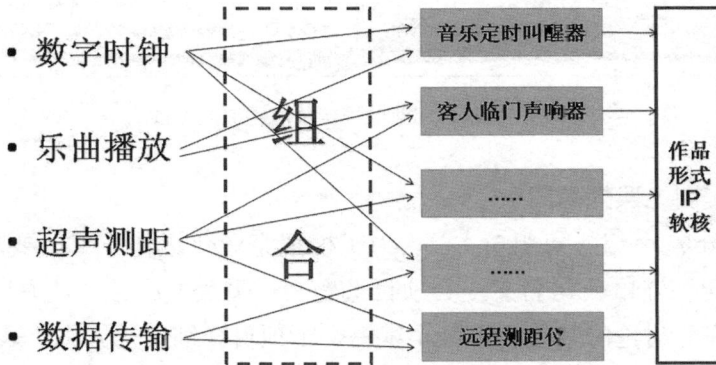

图5 组合式选题法

接下来，进入创新创业实践活动启动环节。主题是"'可编程逻辑器件及应用'课程创新创业实践活动设计与实施"。课堂上详细讲解实践目的、活动规划，进行选题指导和进程安排，有关内容如图6所示。

图6 介绍创新创业课程实践活动情况

4. 活动内容   浙江工业大学
- 在基本实验项目基础上，利用组合（或新增）功能模块，最终实现一个特定功能的产品设计
- 使用Verilog HDL编写FPGA代码（即IP软核）
- 将IP软核下载到FPGA中（即芯片样片）
- 如果能卖出去，就能创业了（即创业面向市场）
  ➢ 不是说这次活动成果一定要有买家
  ➢ 而是说创新一定要面向市场、知道市场需要什么
  ➢ 知识为人民服务：知识转化成产品(有形或无形)、产品围着市场转

5. 活动安排   浙江工业大学
- 2019-12-5，活动动员会，上午第4节，信息楼B414
  ➢ 自行分组：3~4人/组
  ➢ 每组选定项目、设计方案、写项目书
- 2019-12-8，开题报告会，晚6:30—8:30，建工楼C317
  ➢ 每组5分钟介绍
- 2019-12-9至2019-12-20，分组实训，信息楼B414
- 2019-12-21，小组赛，下午1:30—4:00，建工楼C317
- 下学期，全国集成电路创新创业大赛，有兴趣的小组可关注

图6 介绍创新创业课程实践活动情况（续）

2. 实验室实训（课外两周）

学生自行分成14组，每组3~4人。为了模拟企业化运作方式，要求每组自行组建一家虚拟公司，并以公司名义提交项目选题表（见表1）。表2是项目申报书格式。在各小组成员充分讨论的基础上，各小组提交了项目详细设计方案。表3汇总了每个方案的项目简介。可以看出，学生的选题趣味性、实用性都很强，有的关注日常生活，有的关注航天工程，还有的关注博物馆应用，体现出巨大的创新潜力和务实的创业精神。

表1 学生小组组建的虚拟公司名称和项目选题

小组编号	项目名称	功能模块组合
G1	坐姿矫正器	测距模块、乐曲模块
G2	区域监测装置	测距模块、声响模块
G3	画无缺	测距模块、乐曲模块、时钟模块
G4	宝宝帮解放妈妈的双手	时钟模块、月缺模块
G5	倒车警报器	测距模块、声响模块
G6	便携墙贴	测距模块、时钟模块、声响模块
G7	安全着陆检测器	测距模块、声响模块
G8	超声波工地测距	测距模块、乐曲模块
G9	博物馆展示系统	时钟模块、测距模块
G10	创意音乐闹钟	时钟模块、乐曲模块
G11	倒车入库超声波测距警报器	测距模块、声响模块
G12	音乐闹钟	乐曲模块、时钟模块
G13	地铁站台警戒区报警器	测距模块、声响模块
G14	咸鱼闹钟的开发	时钟模块、声响模块

表2 创新创业课程实践项目申报书格式

依托课程	可编程逻辑器件及应用					
公司名称	××公司					
项目名称	××					
团队主要成员	姓名	学号	学院	年级	专业	电话	分工
项目设计方案						
教师意见	签名： 年 月 日					

表3 各小组撰写的项目简介汇总

组号	项目简介
G1	用测距模块和歌曲模块制作一个矫正坐姿的工具，当测距模块测出的距离小于33cm时，触发歌曲模块驱动蜂鸣器。
G2	当物体进入监测距离，蜂鸣器响起并亮灯提醒，实现区域检测功能。
G3	画展8分钟整开始，16分钟整结束，时间由数码管显示。计时7分50秒至8分钟整，蜂鸣器循环播放开展音乐；计时15分钟50秒至16分钟整蜂鸣器循环播放闭展音乐。展画上方放置超声波测距模块，当模块检测到游客与展画的距离在安全范围（1米）内时，蜂鸣器发出警报声，直至游客退出安全范围之外，停止警报。
G4	本产品的用途在于辅助家长监督小孩子，帮助其养成良好的学习生活习惯，让爸爸妈妈们可以腾出时间做别的事情。本产品通过时钟运行，设定不同的响铃时间和音乐，提醒孩子在该时间段内进行相应的活动，类似上下课铃声。当听见音乐《两只老虎》时，开始学习；当听见音乐《小兔乖乖》时，开始休息。学习时长设置为50分钟，休息时长设置为10分钟。
G5	运用超声波模块测量车距，根据车距来控制蜂鸣器频率。车距为99~80cm时，蜂鸣器开始以0.5Hz的频率响，79~60cm时以1Hz的频率响，59~40cm时以4Hz的频率响，39~0cm时以32Hz的频率响。
G6	墙贴产品通过超声波测距来判断是否有人，将测距和定时器二合一。有闹钟的功能，同时避免在人已经起床或在学习的情况下，闹钟依然报警的情况，十分人性化。而且设置简单、操作方便、小巧便携。针对人群：学生群体。用于场景：① 睡觉定时用时，用户设定睡眠时间，如果到规定时间，超声波模块检测到床上有人就报警。② 学习定时用时，用户设定休息时间，如果到规定时间，超声波模块检测到课桌前没人就报警。

续表

组号	项目简介
G7	该产品安装在返回舱的底部,在返回舱着陆之前,进行实时测距,当距离小于一米时,发出警报声,提醒宇航员,使其安全着陆。
G8	主要应用于工地测距。工地现场经常需要同等高度两点一线测距,用超声波模块进行测距,当低于、高于或等于预定高度时,仪器会播报不同的音乐。
G9	博物馆展示系统总共包括两个重要部分:第一,它可以做到开馆/闭馆提示。如9点开始营业,18点闭馆。数码管从9:00开始计时,并且蜂鸣器播放一遍音乐1,表示开馆;数码管计时到18:00,蜂鸣器循环播放音乐1,表示闭馆。第二,它可以对一些展示品设置展示音乐,游客进入2米距离,蜂鸣器播放音乐,让游客可以一边听一边看展品。
G10	当今是数据化、快节奏的时代,一日之计在于晨,而紧凑的生活需要抒情、轻柔音乐。采用定时器与音乐播放器相结合的创意音乐闹钟更利于舒缓人的情绪,利于全天的工作与学习。
G11	结合超声波测距和蜂鸣器模块,在超声波模块中,将外接的超声波模块反馈的高电平信号,转换为相应的距离(厘米)数据。通过对该数据与预定数值的比较,确定优先级别,并产生相应的警报声种类和频率,实现二级分频率的报警。当距离大于1米小于3米时,蜂鸣器每隔1秒报警1次(声频率为1000Hz);当距离小于等于1米时,蜂鸣器以1000Hz频率持续报警。最大距离为4米,精度为厘米。
G12	我们公司想要通过这款产品,提醒人们时间的流逝,并由此让大家珍惜时间,提高做事效率,形成更好的生活习惯。本产品将音乐与闹钟结合,在一段时间内完成每隔一定时间闹铃一次的任务,以提醒人们时间如流水,要争分分秒秒。
G13	将测距模块与蜂鸣器进行组合,实现在一定距离内的提醒功能,提醒人们不要站在地铁站台警戒线以内。当人们进入警戒线约80cm时,测距模块测到有人进入,蜂鸣器发出警报,警示人们退到警戒线以外。
G14	为了解决拖延症问题而开发本装置。用户设定闹铃时间,响铃时,用户需要到达闹钟位置。设定时间到,闹钟即响起音乐,持续时间3分钟。用户抵达闹钟正面范围0.8m内,闹钟则自动消音关闭。若闹钟正面0.8m范围内有障碍物,则到设定时间闹钟也不会响。

确定项目方案后,各小组进入实验室开展代码编写与系统调试工作(见图7)。教师不定时到实验室巡视,帮助学生解决一些技术问题。在实训第一周,要求学生先把各个模块调试成功,指导学生检查模块接口信号的电平和时序是否规范;在实训第二周,教师将指导重点放在系统级模块集成上,指导检查模块之间数据传输格式是否符合功能设计要求。

图7 实验室分组实训

3.竞赛评比（课内2学时）

首先，教师介绍竞赛评比规则，内容如下：

①每组推选1人作为候选评委，再由全班投票从14人中选出10人担任竞赛评委。

②打分指标有四项，分别是创新性（占30%）、实用性（占30%）、工作量（占20%）和演示效果（占20%）。每一项指标细分为A、B、C、D四个等级，分别对应于优秀、良好、中等和及格成绩。评委要给每组打分，但计分时要去掉对自己组的打分。

③每组演示时间限定为5分钟。

然后，开始分组项目演示，各小组成员现场演示情况如图8所示。

图8 小组赛分组演示

图8　小组赛分组演示（续）

图9是其中两个分组学生展示成果。

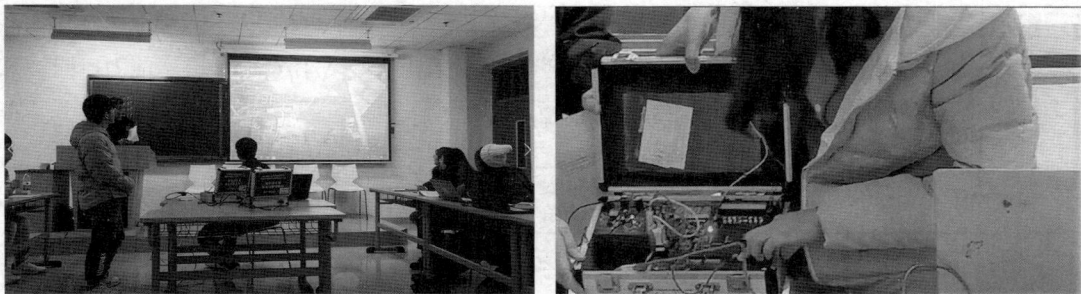

图9　学生成果展示

4.优秀项目点评

产品名称：地铁站台警戒区报警器。

产品功能：在地铁站台警戒区安装本产品，当有人进入警戒线约80cm时，本产品的超声波测距模块能自动感知目标，蜂鸣器将立即自动播放一段警报录音，提醒人退到警戒线以外。

技术方案：硬件上由FPGA、超声波模块和蜂鸣器模块组成，软件上实现超声波测距、蜂鸣器发声、数值滤波、数码显示等功能，分别对应于超声波测距IP软核、蜂鸣器IP软核、滤波IP软核和数码显示IP软核，再由一个顶层模块将各子模块集成起来，组成一个完整的产品级IP软核。

目标完成情况：①知识目标。全面运用本课程涉及的Verilog HDL主要语法点，并运用自顶向下法给出技术设计方案。②能力目标。能够应用FPGA解决无线测距方面的技术问题，针对地铁领域测距方面的特定问题能提出基于FPGA的创新性解决方案。③素质目标。能够在实训阶段发挥小组团队力量，发扬不怕失败、勇于实践、追求极致的工匠精神和学以致用的务实精神。

五、学业评价方式

学业评价由学生评委打分决定。每位评委按四个指标打分，分别是功能性演示效果（满分20分）、成果创新性（满分30分）、成果实用性（满分30分）、工作量饱满程度（满分20分），如表4所示。然后将10位评委的打分汇总，求出平均分，作为小组赛分组成绩。最后，将小组赛成绩作为创新创业课程实践表现计入课程，形成平时成绩，占总评成绩的20%。

表4　本单元学业评价指标

序号	评分指标	指标内涵	评分等级	对应课程目标
1	功能性演示效果	①IP软核模块数量； ②IP软核模块质量	A/B/C/D	知识目标

续表

序号	评分指标	指标内涵	评分等级	对应课程目标
2	成果创新性	①新增功能模块数量； ②产品创意新颖性	A/B/C/D	能力目标
3	成果实用性	①满足现实需求程度； ②成本估计	A/B/C/D	能力目标
4	工作量饱满程度	①设计方案复杂度； ②设计方案完成度	A/B/C/D	素质目标

注：评分等级A表示优秀，B表示良好，C表示中等，D表示及格。

六、课程教学效果

1.学生学习体会和评价

本单元实践主体是通信工程1702班学生，实践活动在2019年12月底前就基本结束了。时隔1年多时间后，该班学生进入大四最后一个学期，一部分学生考上了研究生，大多数学生正在找工作。我们联系了几位学生，请他们谈谈该课程单元实践活动对他们后续的学习、考研、求职的影响。

（1）张同学（入职杭州某软件公司）的感受

参与此次创新创业活动，对我的工作生活都有一定启发引导作用。主要表现在两个方面。一方面，团队协作的工作模式让我意识到，一加一不只等于二，今后无论投身技术部门还是管理部门，团队协作的沟通必不可少。本团队的项目实践过程并不艰难，但也没有想象中的一路坦途。起初大家各自为战，除了任务开始前的工作部署，此后的一段时间内都缺少沟通，导致"产品经理"对成果的预期超过技术水平支持，产品研发进程中工作交接艰难，产品迟迟难以产出。幸运的是大家也意识到问题所在，及时交流沟通后，顺利完成项目。另一方面，产品的创新当然要建立在技术支持的基础上，让我庆幸的是，自己在学习过程中的努力是必要的也是值得的，但是我也认识到同一行业中相同部门之间的竞争压力巨大。在我们确定项目方向后，具体的产品创意商讨一直是我不满意的地方，如果真正投身职场，我们的产品真的能在市场上获得认可和成功吗？因此今后的生活中我会更加留意身边的小细节，努力提升工科生在创意上的能力。

（2）胡同学（入职杭州海康威视公司）的感受

本课程的创新创业实践项目，在具有创新性的同时对我们是非常有益的。从就业方面来说，给我提供了一个机会，使我可以了解到如何自主控制一个项目的整体设计：从选题到顶层设计，再到模块设计、编程与实际试运行。除此之外，课程结合了针对硬件的操作，提高了我的动手能力和团队配合能力。这些或许在求职简历上会是一个加分项，对于今后从事相关工作，也算是一种预演，积累了一定的经验。回顾课题本身，在课程安排方面固然存在一些瑕疵，希望之后的课程安排，在适当提升一些复杂度的同时，能够给予我们充分的时间进行研讨和实际操作，而不必仓促地进行验收打分。又或者说，创新设计可以和理论课程本身分离开来，成为一门暑期实践课程或者课程设计，其效果或许会有所提升。

（3）朱同学（保送浙江大学研究生）的感受

本科期间非常需要实打实的课程项目训练，"可编程逻辑器件及应用"这门课让我对软硬件结合产生兴趣，杨老师带领我们进行课程创新创业训练，让我对实际过程有了切身感受，有幸能从课程学习到毕业设计一直跟着杨老师探索FPGA的强大功能。我们浙江大学的硕士生导师课题组研究无线传感网络，也需要将通信算法编成FPGA代码，因此我有信心做好这方面的研究工作。

2.课程教师的体会

从大的方面看，当前我国芯片产业链竞争能力总体不强，关键领域仍处于"卡脖子"困局中，芯片设计高端人才紧缺。为应对面临的困境，我国将集成电路提升为国家一级学科，智力和资本开始积聚到芯片全产业链中。因此，学生毕业后在芯片设计和应用领域创业就业前景广阔。

从小的方面看，现行教学体系还存在不足之处：①四年本科总课程量较大，知识点多，知识碎片化严重，一部分学生知识理解不够深透，做不到融会贯通，缺乏独立见解；②工科专业以课堂教授为主，实验环节验证性内容过多，扩展性实践机会少；课程之间缺乏交叉，课程壁垒现象突出，在复杂工程问题的解决能力培养机制上还有待大力加强；③目前，创新创业教育局限在大学生各类竞赛中，而且参与竞赛的学生人数也不多，大多数学生的创新创业意识还很薄弱，难以适应高科技行业对创新人才的要求。

随着我国进入创新驱动发展新时代，国家层面提出教育引导创新、创新引领创业、创业促进就业。创新创业已经是每个年轻学子都要好好思考的事，也是每位教育工作者需要好好思考的事。作为通信工程专业"可编程逻辑器件及应用"课程的主讲教师，我将该课程的实验内容进行了拓展，开展了主题为"FPGA-IP软核设计和应用开发"的训练项目。该项目以一个班为试点，模拟公司化运作方式，动员学生参与活动，希望在创新创业上迈出有意义的第一步。从实际效果上看，取得了一些好的结果，但也面临不少问题。其中一个比较突出的问题是时间段选择。由于实践活动安排在学期的第12~15周，除了本课程之外，学生还要应付好几门课程的上课和实验任务，正如胡同学说的那样，投入创新创业实践活动的时间远远不够，没有深入做下去。我们课程教学团队将进一步研究存在的问题，努力把大学生创新创业课程教学深入地开展下去，让每一名毕业生在创新上有想法、在创业上有追求。

创新软件解决方案　数字赋能地方企业
——"JavaEE 技术"课程案例

韩姗姗 ——

计算机科学与技术学院

一、课程基本信息

- ◎　课程名称：JavaEE 技术
- ◎　课程性质：专业必修课
- ◎　授课教师：韩姗姗
- ◎　授课对象：软件工程专业大三学生
- ◎　授课内容：JavaEE 技术——面向复杂企业级项目的轻型框架综合应用
- ◎　授课学时：本课程共64课时，其中本授课单元4学时

二、课程教学目标

1. 知识目标

通过对该课程的学习，对企业级应用开发有完整的理解，掌握JavaEE平台的开发模式，理解JavaEE技术所解决的问题及其蕴含的设计思想，并能够综合应用Java服务器开发等相关技术，设计实现多层架构的JavaEE项目，从而打下牢固的理论基础与实践基础。

2. 能力目标

通过综合应用理解JavaEE所表达的软件架构和设计思想，能综合运用所学的知识，完成分布式复杂工程问题的分析、设计、开发、部署、调试和测试，从而具备团队交流和协作能力；掌握对综合性企业级JavaEE系统的分析、设计和开发；提高创新性解决实际问题的能力。

3. 素质目标

结合国外软件开发技术和服务外包行业的发展，理解职业道德、软件行业规范和法律法规，能够在软件工程实践中遵守职业道德规范，培养社会责任感和爱国情怀。

在将JavaEE技术应用于实际问题时，结合我国软件行业发展以及浙江省经济发展特色，认真分析企业特点与实际需求，并能设计开发出实用创新的软件，使之更

好地服务于社会可持续发展。

三、教学设计理念

1.教学内容

"JavaEE轻型框架综合应用"是本课程最后一个授课单元，主要教学内容是：项目小组结合新技术的发展以及浙江省经济发展特色，自主选择面向复杂工程问题的企业级项目，根据企业特点与实际需求，设计开发实用创新的应用软件，使之更好地服务于社会发展。

2.教学理念

本课程的教学理念为：以建构主义为理论依据，以实际的复杂任务为背景，以"自主、探究、合作"为主要特点进行探究式教学，立足实际需求，服务社会发展，培养创新性解决实际问题的能力。

该教学理念反映的主要特点为：

①在真实的复杂的任务情境中针对复杂的实际问题进行探究。通过学习者的分析、协作、验证等主动意义建构来获得解决复杂问题的基本规律和方法，形成应对复杂环境的可迁徙技能，具备创新创业的基本素质。

②以"自主、探究、合作"为主要特点进行探究式教学。以学生为中心，以能力发展为本，以问题导向或任务驱动开展教学活动，在寻求问题解决方案的过程中培养学生的研究思维和创新能力，使学生具备创新创业的基本能力。

③立足实际需求，服务社会发展。鼓励学习小组结合新技术的发展以及地方发展特色，设计开发实用创新的应用软件，遵守职业道德、软件行业规范和法律法规，实现跨学科知识整合，使设计开发内容更好地服务于社会发展，具备创新创业的基本意识。

3.教学方法

（1）分组研讨

小组讨论选题，结合课程知识与社会需要，特别是地方发展特色及地方企业实际需求，提出小组选题，并完成初步的需求分析和功能设计。在项目设计与实现过程中，针对出现的问题不定期组织小组研讨。设计开发完成之后，小组成员制作PPT和相关文档进行汇报。

（2）问题探究

教师介绍往届案例，根据案例的应用背景、实际需求、技术难点，结合社会、安全、法律等因素提出问题。小组针对问题进行分析、讨论、探索等，寻找可行方案。

（3）案例教学

教师分享往届优秀案例，在应用背景、实际需求、技术难点等各个阶段进行详细分析，并分阶段与学生进行交流互动，启发学生思考在项目实现过程中的各阶段应解决的关键问题，思考结合应用背景和实际需求展开的功能设计创新以及技术方案的选择等。

四、课堂教学实录

本授课单元的教学内容是JavaEE轻型框架综合应用（面向复杂工程问题的企业级项目），课程分为一次课堂教学（2学时）和二次课外讨论（课前和课后各1学时）共4个学时，总体教学设计与安排如图1所示。教学以实际的复杂任务为背景，教师发布可选题目或选题要求。教师发布的可选题目往往是教师教学科研过程中的实际应用项目，或是国家服务外包创新创业大赛、浙江省服务外包创新创业大赛发布的赛题。以"自主、探究、合作"为主要特点进行探究式教学，在学生充分思考、自主探究的基础上，结合案例教学，通过往届优秀案例分享，启发学生立足实际需求、服务社会发展积极探索设计、实现等各环节的创新，培养学生创新性解决实际问题的能力。

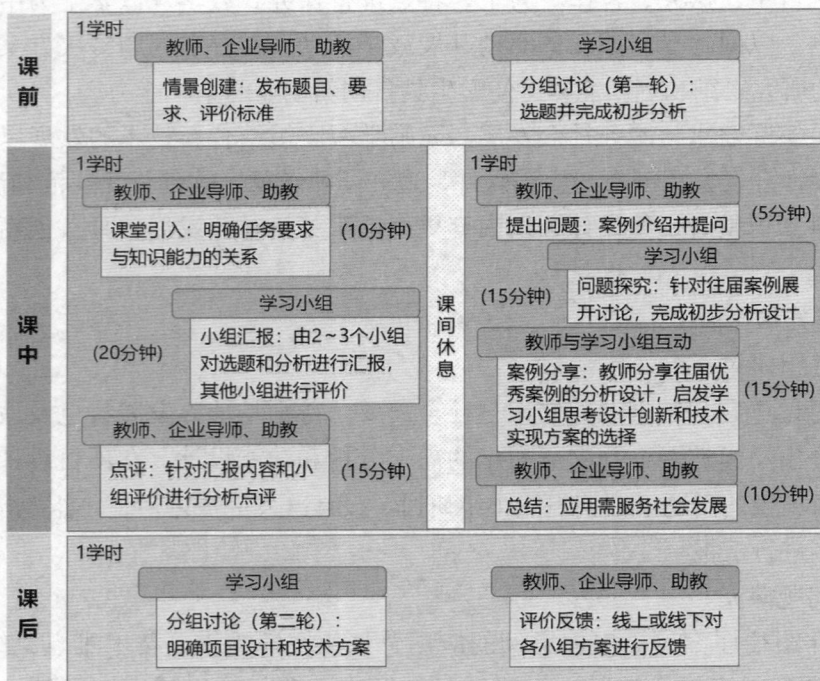

图1　总体教学设计与安排

（1）课前

发布以实际的复杂任务为背景的选题，明确选题要求和评价标准，组织学习小组进行第一轮小组讨论，进行初步的需求分析和功能设计。

（2）课中

在第一轮小组讨论的基础上，采用分组研讨、问题探究、案例教学等教学方法，启发学生立足实际需求、服务社会发展积极思考复杂实际工程问题的解决方案，探索设计、实现等各环节的创新。

（3）课后

学习小组进行第二轮小组讨论，修改与完善选题，最终明确项目设计和技术方案，为项目后期的具体实施打下坚实的基础。

下面以课中环节的课堂教学（2学时）为例，来阐述其完整授课过程与具体教学设计，并在每个教学环节给出实际样例。

1.课堂引入

在本次课堂教学之前，教师已发布可选题目或选题要求。在课堂引入环节，教师进一步说明可选题目、选题要求以及选题意义，同时明确任务要求与知识能力的关系。启发学生思考：当前先进科学技术手段（如本课程所学习的JavaEE轻型框架技术）有助于解决哪些社会问题？如何提高社会服务的效率和质量？综合应用本课程所学习的JavaEE轻型框架技术，如何赋能浙江中小企业，提高企业管理的效率和质量？

以2021—2022学年第1学期为例，项目清单如表1所示。项目题材的来源主要可分为三大类：①大学生服务外包创新创业大赛等学科竞赛；②教师的科研项目；③学生的学习生活。项目内容丰富多样，与社会发展需要和浙江省特色发展联系紧密。

表1 项目清单

项目来源	项目名称
创新创业类学科竞赛	智能会议室系统
	工夹具管理系统
	智慧校园系统
	地铁游戏系统
	任务收发管理系统
	桥梁巡检管理系统
	一站式教材服务平台
	停车场管理系统

续表

项目来源	项目名称
创新创业类学科竞赛	智慧旅游平台
	绿色出行平台
	充电桩管理系统
	人力资源管理系统
	集团内购系统
	企业一体化聊天系统
	车位在线售卖系统
	查勘车管理系统
	乡村基层数字治理系统
教师的科研项目	酒店管理系统
	校园招聘管理系统
	人才管理系统
	人才招聘系统
	自主学习平台
	康复训练系统
	儿童教育平台
学生的学习生活	音乐发布管理系统
	校园活动管理系统
	论坛系统
	在线考试平台
	摄影师预约拍摄平台
	牙科门诊管理系统
	二手书管理系统
	工程实训平台
	图书订阅系统

（1）选题要求

选题的内容应具有实际应用价值，并包含复杂工程问题，在学习解决复杂问题的基本规律和方法过程中，形成应对复杂环境的可迁徙技能，具备创新创业的基本素质。

选题的意义应立足实际需求、服务社会发展，设计开发出实用、创新的应用软件。同时，结合行业发展理解职业道德、软件行业规范和法律法规，使设计开发内容更好地服务于社会发展，具备创新创业的基本意识。

选题的实现方案应以本课程（JavaEE轻型框架）及相关课程（数据库、软件工程、设计模式等）所学认知结构为基础，结合自主探索、交流协作等方式解决问题，在寻求问题解决方案的过程中形成研究思维和创新能力，具备创新创业的基本能力。

（2）选题样例：乡村基层数字治理系统

治国安邦，重在基层。"三农"问题是全党工作的重中之重，乡村是国家治理的"神经末梢"，国家治理体系和治理能力现代化的基础是乡村治理体系和治理能力现代化。加强乡村治理体系建设是实现乡村全面振兴、巩固党在农村的执政基础、满足农民美好生活需要的必然要求。乡村治理量大面广、资源分散，必须借助数字技术才能实现系统治理、依法治理、源头治理、综合治理。乡村数字治理系统，立足乡村振兴战略和数字乡村发展战略背景，坚持现代治理、系统综合、问题导向、数字赋能，以智能化提升社会化、法治化、专业化，为有效破解乡村治理顶层设计缺失、资源统筹不足、数据信息薄弱等问题，提供技术支撑和综合服务，发掘信息化在乡村振兴中的巨大潜力，打造"便捷管用、干部常用、村民乐用"的最有人情味的乡村数字治理共同体系统，促进农业全面升级、农村全面进步、农民全面发展、"三治"全面融合。

2.小组汇报

在老师发布选题之后，课堂教学之前，学生应已完成分组并进行了第一轮小组讨论，且通过讨论确定了选题，进行初步的需求分析和功能设计。选题确定和初步分析设计完成之后，小组成员制作PPT和相关文档。

由于本次小组讨论的结果往往比较粗糙，需要进一步完善，因此在课堂教学中，老师将选择2~3个小组进行汇报。汇报完成后，由老师和其他学习小组提出问题、评价、意见和建议，为进一步完善项目提供依据。在此过程中，学生不仅能思考针对复杂工程问题的解决方案，探究技术、资源、现代工程工具和信息技术工具，还能够考虑安全、法律、环境等因素及其对社会可持续发展的影响，从而体现出创新的初步意识。

小组汇报样例如图2所示，汇报情况样例如表2所示。

图2　小组汇报样例

表2 汇报情况样例

汇报人	第5小组全体成员
汇报选题	乡村基层数字治理系统
初步需求分析与功能设计	为有效破解乡村治理顶层设计缺失、资源统筹不足、数据信息薄弱等问题,打造"便捷管用、干部常用、村民乐用"的乡村数字治理共同体系统。 系统的目标:建立面向村民的应用子系统;建立面向乡村/乡镇干部的管理治理子系统;建立面向县市管理部门的可视化数据子系统。 从交互层、业务处理层、数据存储层、数据采集层四个层面开发系统。其中,数据采集层可实现多维度收集;数据存储层利用映射处理器将文件数据映射成对象数据,分类存储,权限分级,隐私数据加密;业务处理层分为两大板块、十二大功能业务,将民生服务与治理服务交互;交互层分为移动端、PC端和大屏端。
提问交流	问题1:应用对象是村民,那么如何便捷地完成数据采集,都需要依赖于人工输入吗?(现代技术工具相关) 问题2:村民信息和村务信息的收集是否符合法律要求和地方性法规要求?(法律法规相关) 问题3:该系统是否能切实解决或部分解决目前乡村治理的困难?(社会发展相关)
意见建议	建议1:在日常乡村工作中,有很多不同的基层治理方面的问题。例如:基层矛盾多而复杂,如何利用数字化等各类技术手段,提升治理效能,提高基层干部的处理效率,提高村民的满意度等?建议以某一类乡村为应用背景,进行地区调研和分析需求,从某个基层治理方面的问题和需求出发开发项目。 建议2:该系统线上业务处理流程和可视数据分析的基础都是数据,因此数据梳理和业务流程分析都非常重要。

3. 教师点评

教师针对小组汇报和交流环节进行点评。点评时首先应总结各小组选题分析过程中的共性问题;同时应点出在提问交流环节中学生对复杂工程问题的解决方案,现代工具的选择,社会、法律、文化等因素及其对社会可持续发展的思考,巩固学生的创新意识。

共性问题样例1:学习小组对复杂工程问题的理解有一定的误区,认为项目功能多就意味着复杂,实则不然。若业务逻辑简单且功能类似,那么重复的功能再多也不复杂。复杂工程问题的基础是目标模糊、解题途径多样的非良构问题。选题中往往包含这样的问题,但需要结合应用背景,进行全面深入的调研和需求分析后,才能发现和提出有价值的问题。在这类解题途径多样的问题之上进行技术方案选择才是有必要的,设计开发的功能才是有实际意义的,创新性地实现应用系统才是有可能的。

4. 提出问题

老师介绍往届案例,根据案例的应用背景、实际需求、技术难点并结合社会、安全、法律等因素提出问题。

往届案例:基于视频监控的门禁系统。

问题举例：

①聚焦应用背景：应用于公司大楼等办公场所的门禁系统还是应用于住宅小区等生活场所的门禁系统？

②实际需求分析：办公场所和住宅小区的门禁有什么区别？

③技术难点、社会、安全、法律等因素：有哪些用户信息需要管理？如何管理？有多少种角色和权限？如何解决上班高峰期间门禁系统的实时性和安全性？门禁系统如何更自然地完成人脸识别并鉴别出真人还是图片？

5.问题探究

学习小组针对往届案例以及老师提出的问题进行分析、讨论、探索等，结合课程知识与社会需要，聚焦应用背景，提出小组初步方案，如图3所示。

问题探究式的小组研讨应在项目设计与实现过程中，针对出现的问题不定期组织开展。

图3　小组研讨

6.案例介绍

老师分享往届优秀案例，在应用背景、实际需求、技术难点等各个阶段进行详细分析，并分阶段与学生进行交流互动，引导学生思考在项目实现过程中的各阶段应解决的关键问题，思考结合应用背景和实际需求展开的功能设计创新以及技术方案的选择。

往届案例展示样例如图4所示。

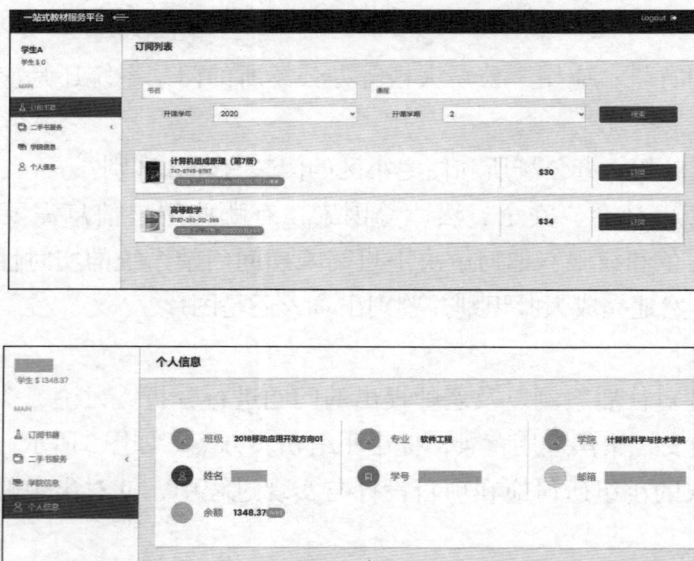

图4　往届案例展示

关键问题样例：

问题1：一站式教材服务平台如何进行安全的财产和信息保障？

回答1：采用超文本传输安全协议（hypertext transfer protocol secure，HTTPS）技术加密用户和网站之间的通信，确保不会被第三者监听窃取内容，并采用安全的方式来加密用户的信息，确保只有平台和用户自己知道加密的信息，包括二手交易记录、密码和余额。

问题2：选择什么技术进行前后端交互？

回答2：传统的网页开发通过模型传递给页面渲染引擎进行页面渲染，但是使用这种方式已经很难和动态界面兼容，可前后端分离的开发模式，使用JSON的方式进行前端和后端的交互。这样可以使得后端不需要关注使用何种模型，而只需要关注数据的提取和处理即可。前端也可以更灵活地使用假数据、JSON数据进行开发和调试等。

问题3：教材的精准分发是什么意思？

回答3：一站式教材服务平台与学校深度对接，教材的名称、版本都由课程教师提供并由学校采购教材，采购流程透明可溯源，确保学生和教师得到的是符合课程的教材，也杜绝了买到盗版劣质教材的情况。同时教材与课程和专业的深度绑定，可以为学生提供更方便快捷的教材选购服务，提供整个学期的专业教材选择，免去了去购物网站查找书籍的烦恼。

问题4：项目有什么社会效益?

回答4：综合考虑部分学生的经济状况以及出于环保的目的，系统提供二手教材交流服务，减少了印刷和全新教材的购买，使学生在享受纸质教材的同时也减少了开支，同时也很环保。

7.总结

在学习小组思考探究的基础上，结合往届优秀案例分享，进行分析总结，启发学生立足实际需求、服务社会发展、解决实际问题，并鼓励学生积极探索在设计实现等环节的创新。

五、学业评价方式

本课程的考核强调过程化考核。总成绩分为平时成绩和期末成绩两部分，分别占50%。平时成绩主要考核学生的实验开发能力、实验报告撰写与总结能力和自主学习能力几个方面。本课程主要考核分析和解决复杂工程问题的能力、创新性运用知识的能力、资料查阅能力、实验方案设计能力、科学素养和社会责任感、工程职业道德和规范意识，以及自主学习能力和创新思维。这些素质和能力都是创新创业的重要基础。这些考核指标点作为重要的指挥棒，有利于学生进行创造创新。

六、课程教学效果

1.课程考核结果

JavaEE技术的总评成绩由50%的平时成绩和50%的期末成绩构成。其中，期末以大项目的形式进行考核，项目成员不超过5人，项目实现需恰当地应用SSH（Struts+Spring+Hibernate）或SSM（Spring+SpringMVC+MyBatis）等轻型框架。项目小组成员的得分根据其小组基础得分、个人工作量、个人回答问题情况等计算得到。

①从2021—2022学年第1学期考核情况看（见图5），学生对JavaEE技术的课程内容掌握情况较好，其中约65%的学生获得了优良的好成绩。学生能够综合应用Java服务器开发等相关技术，设计实现多层架构的JavaEE项目，达到课程的知识目标；通过团队交流和协作能够对综合性企业级JavaEE系统进行分析、设计和开发，绝大多数学生提高了创新性解决实际问题的能力，达到课程的能力目标；同时能够在将JavaEE技术应用于实际问题时，结合新技术发展以及地方经济发展特色，根据企业特点与实际需求，设计开发实用创新的软件，使之更好地服务于社会可持续发展，达到课程的素质目标。

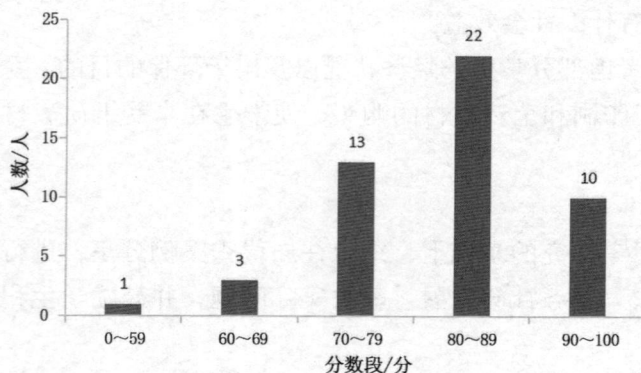

图5 学生成绩分布

②三个课程目标分别支撑四个毕业要求指标点（见表3）。

表3 课程教学目标对毕业要求指标点的支撑关系及其权重

课程所支撑的毕业要求细分指标点
【指标点3-5】具备创新意识，能够在软件设计中发现创新点，并掌握基本的创新方法。
【指标点5-2】能够开发或选择使用恰当的工具和技术用于解决实际软件工程问题。
【指标点7-2】能够客观分析和评价复杂软件工程实践可能对外部环境以及社会可持续发展产生的影响。
【指标点8-2】理解职业道德、软件行业规范和法律法规，能够在软件工程实践中遵守职业道德规范。

支撑权重系数			
	课程目标1	课程目标2	课程目标3
毕业要求指标点3-5		0.5	0.5
毕业要求指标点5-2	1		
毕业要求指标点7-2			1
毕业要求指标点8-2			1

2021—2022学年第1学期课程对毕业要求指标点的达成度在80%以上。

③部分学生优秀作品：乡村基层数字治理系统。

系统包括网页端、手机端（见图6）。

图6　乡村基层数字治理系统手机端

2.学生学习体会和评价

学生对课程给予了较高的评价，学评教名列前茅。同时，学生能结合实际问题对课程中所学技术进行灵活应用；在项目设计中考虑了安全、法律等因素；充分学习并利用了先进的技术，创新性地将其应用到项目实现过程中。学生在对本次综合应用开发的评价中说到，课程内容不仅锻炼了个人动手能力，也加强了团队合作和沟通交流的意识和能力，同时增强了自学能力，对行业前沿技术也有了了解和应用，为今后的工作学习、创新创业积累了经验，带来了帮助。

以下选取了具有代表性的几位学生的学习感受。这些学习感受反映出课程教学较好地达到了的知识目标、能力目标和素质目标。

这次JavaEE课程设计，我们使用了SpringBoot作为项目框架，极大地提高了项目开发效率，同时使用Git进行版本控制和代码同步，经过四个星期的工作开发了一个较为完整的系统，代码超过了12000行，可以说是一次很好的开发经历。系统同时采用了Kotlin和Java，并且在前端使用了Vue，后端通过注解和反射实现了通过身份限制用户访问的功能，再用Junit工具测试后端的函数。总的来说，本项目让我们更好地了解了SpingMVC、IoC和MyBatis的Mapper操作数据库的方法，使我们可以在以后的开发中轻松应用。

在这学期的实验中，我学会了以专业的眼光去对待系统中的每一段代码，这是一次宝贵的实践机会。在这次实践过程中，不论是个人动手能力，还是团队合作能力，都得到了一定程度的提高。在这个过程中，我学会了很多学习的方法，这是日后最实用也最宝贵的，对我将来工作也会有很大帮助。面对社会的挑战，我们应不断地学习、实践，再学习、再实践。

在这次JavaEE学习及课程设计实现中，我认识到开发是需要团队共同协作的，一个人不可能把方方面面都掌握得很好。在团队开发中，不仅可以在组员之间相互学习，还能通过不断讨论将所需功能不断完善。在这次的开发过程中，最初由于我们对需求的理解不同，导致项目难以实施。但通过大家积极地讨论，最终达成了共识。在后续的开发过程中，遇到解决不了的问题，我们会一起讨论解决，不断完善，最终完成了系统开发。团队的力量真是强大，这次JavaEE课程设计为我积累了不少团队合作项目经验。

我们上网查找资料，极大地培养了自主学习能力，同时我们学习一些课本之外的知识，开拓了我们的知识面，了解了行业的前沿技术，而不仅仅局限于课本和老师传授的知识。

这次课程设计让我清晰地感受了一个项目从开始到结束这段过程的艰辛和成果的来之不易，也清楚地认识到了软件工程中开发团队存在的意义。大项目的工作量大，单靠个人可以说是难以完成的。回顾整个项目开发的过程，从最开始的大家聚在一起需求分析，到后来的利用 node.js 和 Vue 实现前端设计，再到后端设计接口来实现相应的功能，一步一个脚印，每一步都离不开大家的共同努力。在这个项目中我确实学到了很多有用的知识，但是我觉得更珍贵的是大家在面对困难时不抛弃不放弃，持之以恒去思考解决方案的精神。

本次课程设计我们选择了乡村经济项目，因为我们应该关心如何让乡村跟上数字化的步伐这个问题。从项目出发，我们学以致用，将课上学习到的知识运用到项目中，完整地体会了JavaEE的各种功能在项目中的使用。根据老师的建议，我们对系统的设计更加贴合实际。这让我体会到了理论和实践之间的差距，从学会到学懂再到应用，这过程中都需要我们越过鸿沟。这种理论和应用之间的融会贯通，让我们能真正地学以致用，体会到学习的成果，比做作业更有意义。通过这次课程设计，我感受到了团队开发的好处，一个人的思维是非常有限的，集思广益才能得到更好的设计与实现，项目最后完成，是大家不断地讨论，持续地开发的结果。开发过程中，我们精益求精，将项目分化为若干块，合理分工，最终完成了项目。

3.比赛获奖

由于课程的实践项目选题大多数直接来自大学生服务外包创新创业大赛等学科竞赛，极大地激发了学生积极参与相关学科竞赛的积极性。同时，通过本次课程学习，特别是本次授课内容的学习和实践锻炼，学生大多具备了分析和解决复杂工程问题的能力、创新性运用知识的能力、资料查阅能力、实验方案设计能力，以及自主学习能力和创新思维，并且培养了科学素养和社会责任感、工程职业道德和规范意识。具备了这些素质和一定的创新创业的能力、意识和意愿，学生就能积极参与创新创业活动。

课程相关的学科竞赛有："挑战杯"全国大学生课外学术科技作品竞赛、中国大学生服务外包创新创业大赛、浙江省大学生服务外包创新创业大赛、大学生创新创业训练计划、中国"互联网+"大学生创新创业大赛、全国大学生电子商务"创新、创意及创业"挑战赛、浙江省大学生电子商务竞赛等。我院每年参加以上赛事的学生约有1000人次，并多次获奖。2021年，在第十七届"挑战杯"全国大学生课外学术科技作品竞赛中获得全国三等奖1项；在中国第十二届中国大学生服务外包大赛中，获得二等奖1项、三等奖12项；在浙江省第十六届大学生电子商务竞赛中，获得一等奖6项、二等奖2项、三等奖2项。部分获奖如图7所示。

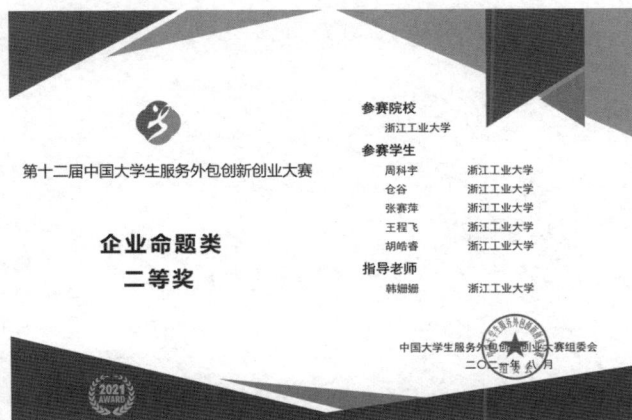

（a）第十二届中国大学生服务外包创新创业大赛二等奖

图7　比赛获奖情况

（b） 中国大学生服务外包创新创业大赛一等奖

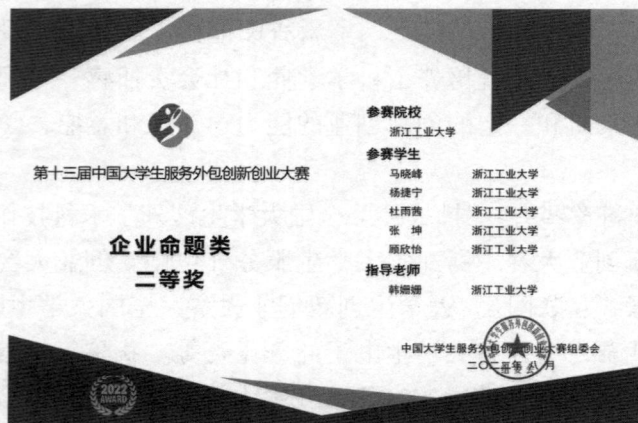

（c）第十三届中国大学生服务外包创新创业大赛二等奖

图7　比赛获奖情况（续）

教学－科研－实践三位一体　产学研融合推动教学创新

——"基础工程"课程案例

孙博、郑国平、孟凡丽

土木工程学院

一、课程基本信息

- ◎ 课程名称：基础工程
- ◎ 课程性质：专业必修课
- ◎ 授课教师：孙博、郑国平、孟凡丽
- ◎ 授课对象：土木工程专业大三学生
- ◎ 授课单元：天然地基上的浅基础
- ◎ 授课学时：本课程共32课时，其中本授课单元6学时

二、课程教学目标

结合我校省部共建综合性院校的办学定位，并基于新工科建设理念，确定了知识传授、能力培养和价值塑造统一融合的教学方向，最终目标是培养专业素质过硬、创新实践能力突出、社会责任感强的复合型工程人才。

1.知识目标

①掌握基础工程的基本概念和术语。

②掌握基础工程的基本类型、技术标准和设计依据。

③掌握基础工程的设计方法和步骤以及基本计算方法。

2.能力目标

①获得发现和解决问题的能力——正确分析地质条件，初步确定结构选型。

②获得理解和使用规范的能力——严格遵守技术标准，确定结构尺寸。

③获得归纳和整理成果的能力——对标工程需求，设计制作图纸、数量表等。

3.价值目标

①思想素质：培养正确的人生观，具备爱党爱国和为国奉献的思想品质。

②专业素质：培养正确的专业观，具备诚信为本、开拓进取的专业素养。

③工程素质：培养正确的工程观，具备实事求是、一丝不苟的科学态度。

三、教学设计理念

1.教学理念

随着"以学生为发展中心"教育理念的深入，局限于"书本知识""填鸭式""固定时空"的传统教学模式已经不能满足新工课教育要求。课程组依据本课程的特点，结合多年的实际发展基础，从学生需求出发，提出基于"教学–科研–实践"融合的多维度创新教学设计理念，具体的设计原则包含以下三点。

①教研结合：本课程为专业课程，因此应注重理论知识与专业实践的结合，以及向科学研究的引申，以期望学生将理论与设计实践、科学前沿相结合，做到学以致用、学以致研。

②学生为本：学生是教学的实施对象、评价对象和监督对象，因此教学创新应紧紧围绕"以人为本，以学生为本"的中心思想，教学设计、实施、评价过程均围绕学生展开。

③时空破局：课程实施期间的特殊性（疫情）要求新形势下的教学必须打破传统教学时间和空间上的局限性，利用多平台和多种教学手段开展线上/线下混合教学和课前/课中/课后全过程教学，做到学生随时可学、随处可学、随手可学。

2.教学内容

（1）学情分析

"基础工程"是一门专业特色方向模块课，其重要性强、知识点多且专业性强，实践与理论并重。主要内容为各类地基和基础的设计与施工，涉及工程地质、土力学、结构设计与施工等课程，综合性、理论性和实践性强。通过本课程的学习，学生应掌握常见的地基基础的设计理论和计算方法方面的内容，包括地基基础设计原则、条形基础的设计及验算、桩基础布置、承台验算等。

课程面向土木工程大三本科生，这一阶段的本科生处于刚刚完成专业大类课程学习、全面迈入专业核心课程学习的关键过渡阶段，往往呈现以下特点。

①知识经验：土木工程大类课程修读完毕，专业基础知识体系已经形成，但在所选择专业方向特色新知识体系构建方面的认知尚未深入。

②学习能力：具有一定的自学能力和分析能力，但自主性不够，新知识体系建构的内驱力缺失，批判性思维和独立思考的高阶能力还需提高。

③思想特点：心智简单，可塑性和好胜心强，但缺乏持之以恒、刻苦钻研的学习意识以及思想政治素养方面的提升意识。

（2）"痛点"问题

通过对教学内容和学生特点的分析，结合过往课程实施经验，实现"基础工程"既定教学目标和践行创新设计理念的"痛点"主要集中在以下五个方面。

①教学内容的滞后性：传统教学注重理论教学，与设计实践的联系不足，加上教材出版周期和成熟度因素，内容往往落后于当前该领域科学前沿五年左右，导致教学内容相较于专业前沿的飞速发展存在严重滞后的问题。

②学生学习的内惰性：理论教学部分以讲授为主，学生被动接受知识，对教学过程的参与度与体验感不足，部分学生养成了不动脑筋的习惯，缺乏独特的见解和主张，在主动学习上存在惰性。

③思想素质的落后性：本课程中级目标是培养有社会责任感强的复合型工程人才，然而当下部分大学生对学习求知的认知仍停留在浅层次状态，课程思政已经势在必行。

④课堂教学的时间局限性：课堂教学时间是有限的，新知识体系的容量是无限的且处在高速的增长与更新状态中，培养方案修订呈现出压缩课堂学时的趋势，有限的课堂教学时间已无法满足知识增长更新的需求，教学行为的延展性较弱。

⑤实践教学的空间局限性：实践教学是提升学生素养的重要环节，但其过于依赖实际工程，在场地、空间和环境等方面门槛较高，尤其是在后疫情时代的大环境下，实践教学的顺利开展已经成为一大难题，实践教学质量亦亟待提升。

3. 教学方法

（1）多角度充实教学内容，打造创新教学设计

首先以选定的国家级优秀教材为主开展教学内容设计，并结合设计实践和科学前沿，对教学内容进行适当的调整和拓展，做到教研结合，培养学生创新精神和科研意识。其次，课程设计依托实际工程，旨在让学生将所学理论用于实践。最后依托学院校企联合实践基地资源，结合在建工程项目，组织学生前往同课程设计紧密相关的项目工地进行现场参观和实践教学，增强学生对工程设计施工的理解。通过设置丰富的教学内容，融入多种教学手段、课程思政和信息化技术元素，打造具有创新性的"教学－科研－实践"教学设计闭环（见图1）。

（2）多层次丰富教学活动，培养学生主体意识

一方面，课堂内层次，除传统的理论讲述外，通过互动问答、翻转课堂、小组讨论等形式，提高学生的体验丰富度。另一方面，课堂外层次，通过课堂授课、在线问答、线下答疑、论坛讨论、课后作业、期末考试、课程设计实践等多种形式，实现丰富灵活的教学活动，提高学生参与度和学习体验（见图2）。

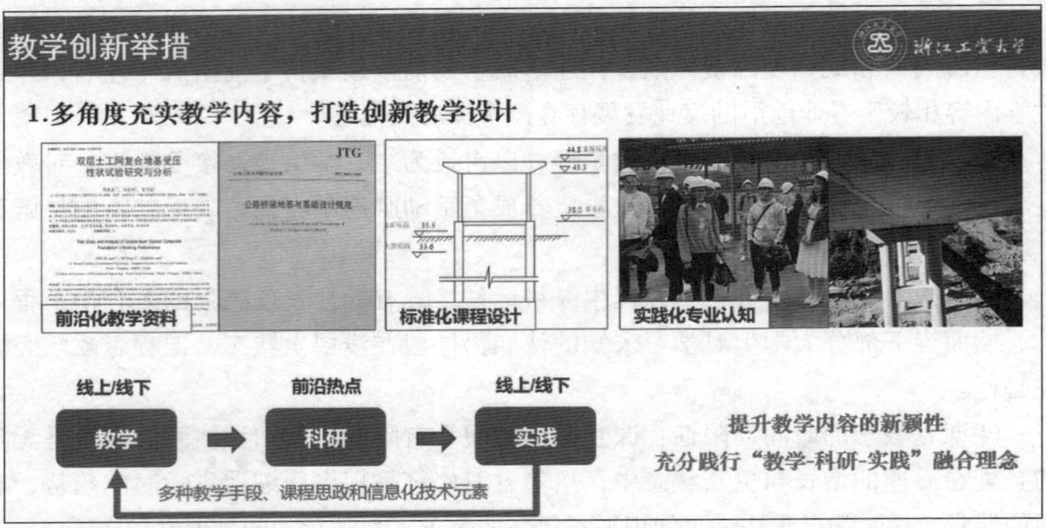

图1 多角度教学内容

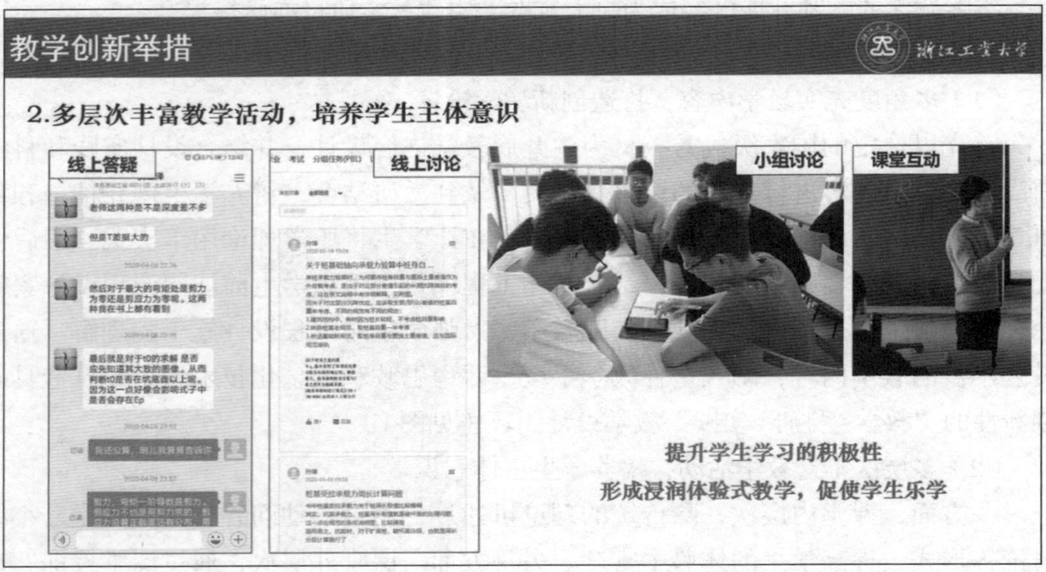

图2 多层次教学活动

（3）全过程课程思政引领，提升学生家国情怀

联合其他专业课程，将课程思政元素融入课程教学中（见图3）。主要做法包括：

①通过嵌入我国交通发展历程、交通建设取得的辉煌成就，让学生了解交通发展和国家政治体制、经济发展以及人民生活水平之间的相互关系，明白交通设施建设的基础性和先导性，培养学生的爱国情怀、民族自信和自豪感。

②通过嵌入我国重要交通领域发展战略规划和发展愿景，让学生明确应承担的时代使命和责任，明确学习的最终目的和奋斗目标，树立勇于担当、开拓进取、为国奉献的思想品质。

③结合我国一些典型基础工程案例、建设成就，以及行业前辈为之不懈奋斗的事迹，培养学生正确的人生观和价值观，以及爱国情怀和专业自豪感，使学生养成实事求是、一丝不苟的科学态度。

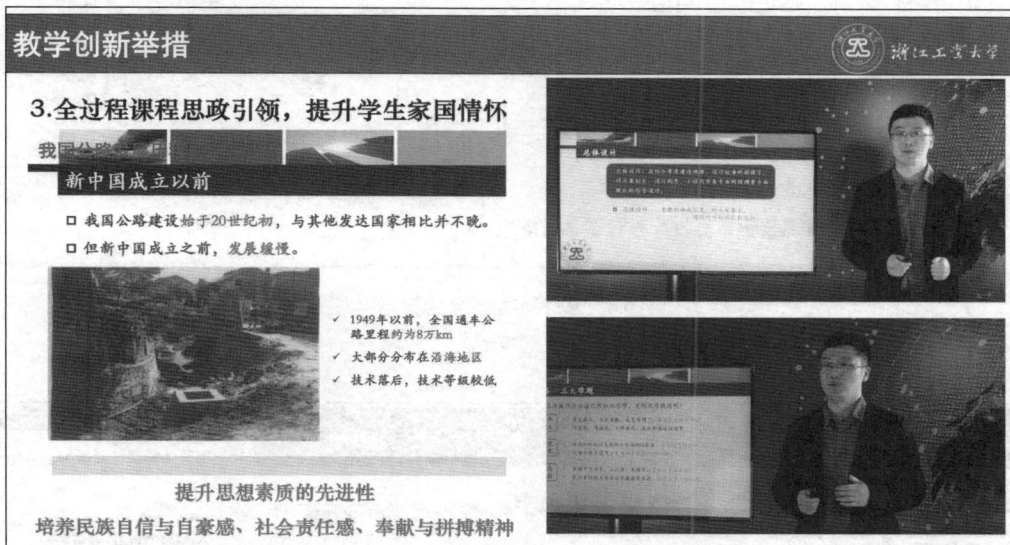

图3　课程思政微课案例

（4）线下/线上混合教学，提升教学延展性

通过学校超星教学系统、钉钉软件、微信等多种平台，开展线上/线下教学，包括发布教学任务、在线教学直播、课程参与管理、作业发布与批改、教学资料备案等，实现全方位教学；利用超星平台打造了课前预习视频、课中教学视频、课程教学资料、拓展科研资料、教学难点探讨论坛等多方位教学辅助系统，实现全过程教学（见图4）。

（5）BIM信息技术助力，提升教学智慧化水平

采用建筑信息模型（building information model，BIM）技术，以浙江工业大学大板球馆建设项目为工程背景，打造板球馆4D基础施工信息化模型，并提供PC端和手机移动端两种模式，实现线上实践（见图5）。

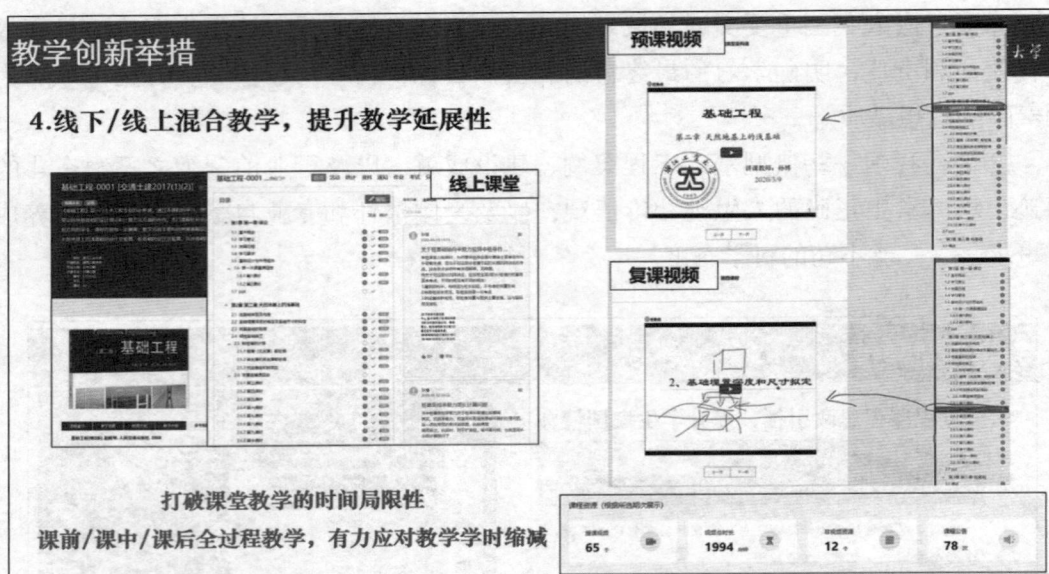

图4　线下/线上混合教学

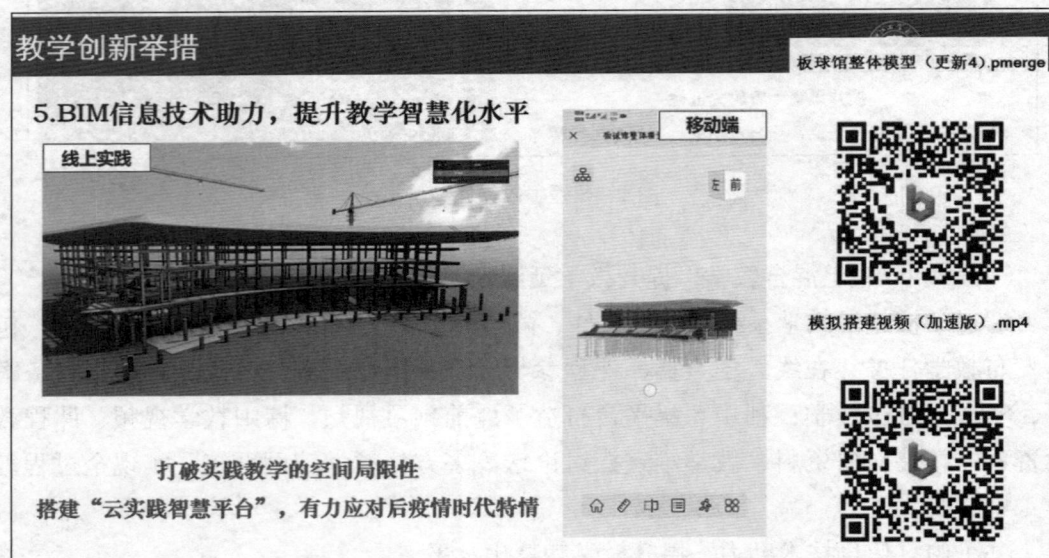

图5　BIM信息技术助力

四、课堂教学实录

1.实录章节

案例教学单元属于第二章"天然地基上的浅基础",需要掌握的内容包括浅基础类型、基础埋置深度、地基承载力的确定、基础地面尺寸的确定、地基变形和稳定计算、扩展基础的设计、减轻建筑物不均匀沉降危害的措施。通过培养学生对浅基础特点的认知能力和设计计算能力，使得学生认识工程设计的复杂性，同时培养学生的工程意识和基础工程设计的安全意识。

教学实录为其中第2节"基础埋置深度的确定"的教学过程。

2. 教学活动

①学情分析：学生需掌握材料力学和工程地质相关前置知识。

②教学重点：基础埋置深度的确定。

③教学难点：地基的地质条件及冲刷因素影响。

④教学策略：通过内容回顾引入教学内容，帮助学生认识本节学习内容在课程整体中的定位；重点讲解原则和原理；利用板书，建立思维导图，助力教学过程和课程内容小结；提供预课视频，助力学生课前预习和课后回顾。

⑤讨论练习：特殊地形地质条件下基础埋置深度和基础类型选择。

3. 教学环节

与提供的附件材料中的教学视频对应的教学环节，根据时间段划分如表1所示。

表1　教学环节

0:00—4:00 教学活动1：前置教学内容回顾	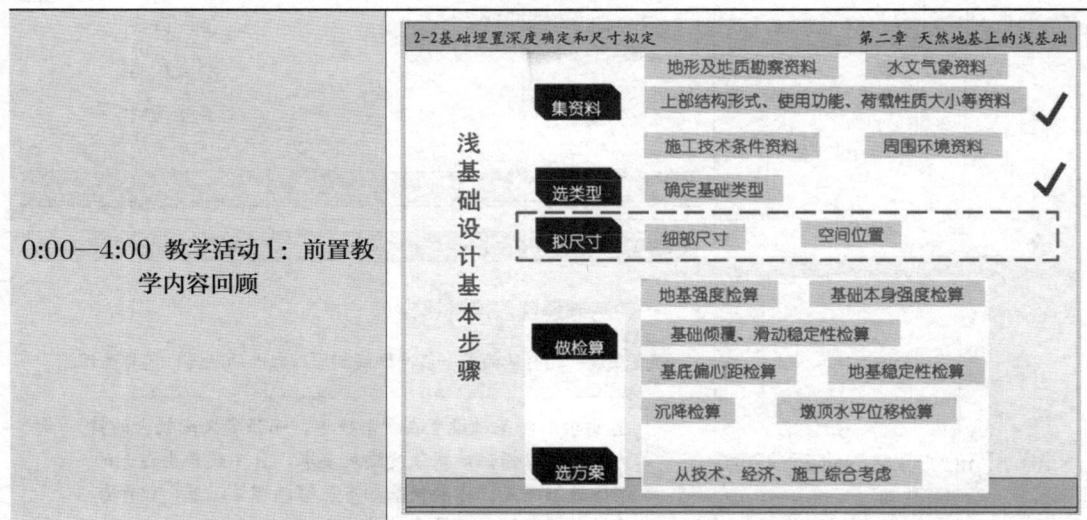

续表

4:00—6:50 教学活动2：互动问答和本节课程问题引入	
6:50—8:50 教学活动3：本节内容概述	2-2基础埋置深度确定和尺寸拟定　　　　　第二章 天然地基上的浅基础 拟尺寸　　空间位置　　细部尺寸 基础埋深　　　　　基础高度 　　　　　　　　　剖面尺寸 　　　　　　　　　平面尺寸
8:50—15:00 教学活动4：埋置深度确定	2-2基础埋置深度确定和尺寸拟定　　　　　第二章 天然地基上的浅基础 **一、基础埋置深度的确定** 埋置深度：指自地面或一般冲刷线到基础底面的距离，简称为埋深。 总要求：将基础设置在变形较小，而强度又比较大的持力层上，以保证地基强度满足要求，且不致产生过大的沉降或沉降差。还要使基础有足够的埋置深度，以保证基础的稳定性，确保基础的安全。 地质地形　　冻结深度　　上部结构 河流冲刷　　………

15:00—29:00 教学活动5：地基的地质条件因素影响（难点）	**2-2基础埋置深度确定和尺寸拟定**　　　　第二章 天然地基上的浅基础 ①地基的地质条件 （非岩石地基）　　　　　　　　　因地制宜 在满足其他要求情况下尽量浅埋　　只有低层房屋可用，否则需要地基处理　　尽量浅埋，但是如果h₁太小，按情况II处理　　$h_1<2m$基底选择好土；$h_1=2\sim4m$高楼选择好土，低楼选择软土；$h_1>4m$采用桩基或进行地基处理 好土：良好土层 软土：软弱土层
29:00—35:00 教学活动6：冲刷因素影响和互动问答（难点）；	**2-2基础埋置深度确定和尺寸拟定**　　　　第二章 天然地基上的浅基础 ②河流的冲刷深度 ➤ 洪水冲刷后，整个河床面要下降，这叫一般冲刷，被冲下去的深度叫一般冲刷深度。 ➤ 同时由于桥墩的阻水作用，洪水在桥墩四周冲出一个深坑，这叫局部冲刷。 冲刷的危害？
35:00—38:35 教学活动7：冻胀因素影响	**2-2基础埋置深度确定和尺寸拟定**　　　　第二章 天然地基上的浅基础 ③当地的冻结深度 冻胀丘 ● 为了保证建筑物不受地基土季节性冻胀的影响，除地基为非冻胀性土外，基础底面应埋置在天然最大冻结线以下一定深度。 ● 《公桥基规》（D2—2007）规定，当上部结构为超静定结构时，基底应埋置在最深冻结线以下不小于0.25m处； ● 对静定结构的基础，一般也按此要求，但在冻结较深地区，为了减少基础埋深，对有些类别的冻土，经计算后也可将基底置于最大冻结线以上。

续表

38:35—40:25 教学活动8：上部结构形式因素影响	2-2基础埋置深度确定和尺寸拟定　　　第二章 天然地基上的浅基础 ④上部结构形式 基础变位 → 基础结构 ➡ 响应 　　　　　 → 上部结构 ➡ 作用 ● 对中、小跨度简支梁桥来说，这项因素对确定基础的埋置深度影响不大。 ● 但对超静定结构，即使基础发生较小的不均匀沉降，也会使内力产生一定变化。
40:25—41:25 教学活动9：地形条件因素影响	2-2基础埋置深度确定和尺寸拟定　　　第二章 天然地基上的浅基础 ⑤当地的地形条件 　　若墩台、挡土墙等结构位于较陡的土坡上，在确定基础埋深时，还应考虑土坡连同结构物基础一起滑动的稳定性。

41:25—44:00 教学活动10: 持力层稳定因素影响	2-2基础埋置深度确定和尺寸拟定　　第二章 天然地基上的浅基础 ⑥保证持力层稳定 ● 地表土的性质是不稳定的。人类和动物的活动以及植物的生长作用，也会影响其强度和稳定，所以一般地表土不宜作为持力层。 ● 为了保证地基和基础的稳定性，基础的埋置深度（除岩石地基外）应在天然地面或无冲刷河底以下不小于1m处。 ● 在确定基础埋置深度时，还应考虑相邻建筑物的影响。 哪些影响呢？
44:00—47:30 教学活动11: 埋置深度选择案例研讨	
47:30—48:31教学活动12: 教学回顾、小结与下节课内容引出	2-2基础埋置深度确定和尺寸拟定　　第二章 天然地基上的浅基础 小结 确定基础埋置深度　→　拟定基础尺寸 ● 地基的地质条件　　　● 基础高度 ● 河流的冲刷深度　　　● 剖面尺寸 ● 当地的冻结深度　　　● 平面尺寸 ● 上部结构形式 ● 当地的地形条件 ● 保证持力层稳定 下节内容 进行基础验算

4.课外项目实践

（1）实践任务

地基和基础是建筑体系及桥梁结构的重要组成部分。因为基础埋置于地基之中，两者之间密切相关，设计时必须认真考虑两者相互间的影响，所以在实际工作中通常将两者合并在一起进行设计。地基基础设计通常包含：

①方案设计：目的是确定地基基础的技术方案，包括地基持力层的选取和基础结构形式的确定。

②技术设计：包括地基检算和基础结构设计两者。其任务是通过力学计算和结构措施两方面的手段来保证所设计的地基基础满足设计总体目标，符合相关设计规范的要求。

（2）任务下达

通过2个课时集中下达课程设计任务，发放课程设计任务书和设计资料（见图6），并统一讲解课程设计难点和要点。

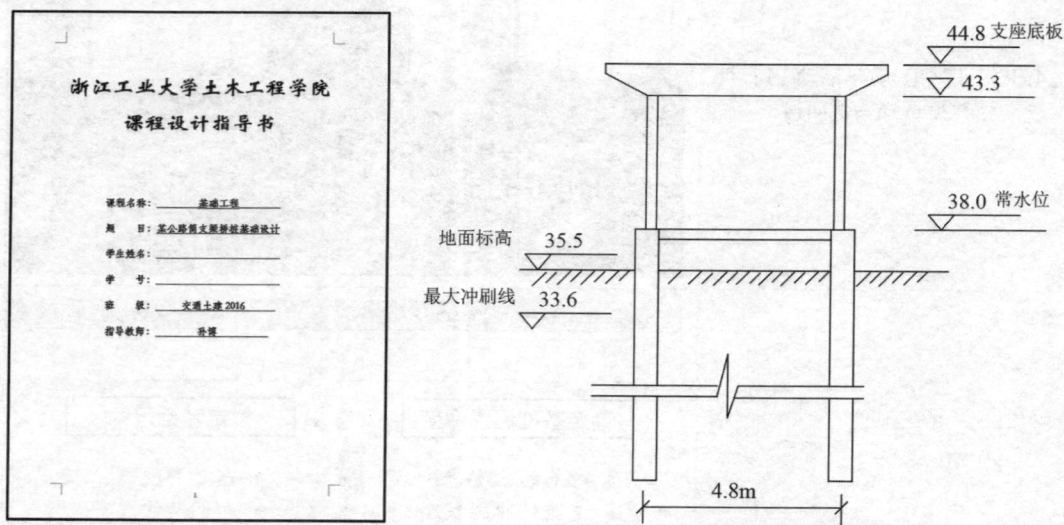

图6　课程设计任务书

（3）学生分组完成任务

由于设计任务工作量较大，学生需自由组合分组完成课程设计任务（见图7），过程中需要自行上网查询相关规范并进行小组内头脑风暴式讨论，相互协作完成课程设计。

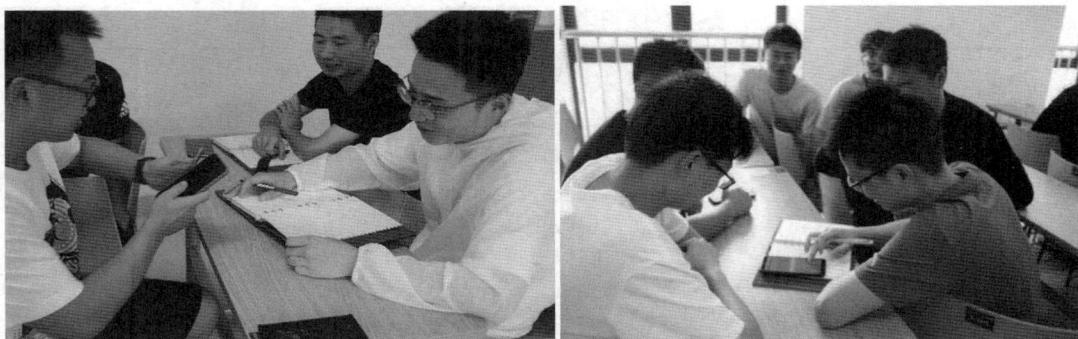

图7　小组协作

（4）实践学习

课程设计期间，依托学院校企联合实践基地资源，结合在建工程项目，组织学生前往同课程设计紧密相关的项目工地进行现场参观和实践教学（见图8），增强学生对工程设计施工的理解。

图8　现场教学

（5）设计成果

设计成果包括设计计算书及相关图纸，课程设计完成后，根据平时考核成绩、计算书和施工图的质量、答辩情况对学生的综合成绩进行评定，按优秀、良好、中等、及格和不及格五级计分。

五、学业评价方式

学生是被评价的主体，通过课程实践总结，我们重新自主设计了"线上＋线下""过程性考核＋终结性考核"的多元化评价机制，如表2所示。

表2　课程考核与成绩评定方法

成绩构成	考核项目	支撑课程目标	考核依据与评价方法	占总评成绩的比重
过程性考核	线上学习与检测	知识目标 能力目标 价值目标	线上自主学习数据，系统自动评判；观看思政视频，上传观后感或心得体会，同伴互评	10%（思政占1%）
	课堂表现	知识目标 能力目标 价值目标	课堂测验，课堂互动（包括小组任务等），同伴互评与教师评价	20%（思政占2%）
	项目实践	知识目标 能力目标 价值目标	提交实践报告，教师评判；课程设计汇报PPT展示，同伴互评	20%（思政占2%）
终结性考核	知识记忆性题目+知识应用性题目	知识目标 能力目标	考试成绩，教师评价	50%
总评成绩	过程性考核×50%+终结性考核×50%			100%

六、课程教学效果

（1）教学实施情况良好

疫情特情下，教学顺利展开，学生全部顺利完成了课程学习任务，达到了课程设置的预定目标，课程达成度高。

（2）学生评价情况良好

选课人数42人，共30人参与了评价，个人、部门、全校完全满意人数占94.67%、82.90%、82.12%，个人、部门、全校基本满意人数占4.33%、12.17%、14.73%，个人、部门、全校一般满意人数占1.00%、3.56%、2.65%，个人、部门、全校完全满意人数占0%、1.38%、0.50%，获评"优课优酬"奖励。

（3）课程推广情况良好

教学经验成功于团队成员其他教学任务中进行了推广。教学创新成果协助土木工程专业完成工程教育认证，获得浙江工业大学第二届教学创新大赛中级组二等奖，教学改革成果协助学院教学成果获得浙江省省级教学成果二等奖，与其他课程联合课程思政成果入选浙江省高教学会优秀课程思政案例。

（4）青年教师发展良好

通过教学创新实践和改革，青年教师（主讲教师孙博）迅速提升了自身的教学能力，取得了一定的荣誉：两年累计获得4次"优课优酬"奖励，获得课程思政微课比赛院级一等奖、青年教师教学竞赛院级二等奖；作为负责人，完成校级教学建设项目 1 项、在研教育部产学合作协同育人项目 1 项、校级课程思政建设项目1项，入选浙江省高教学会优秀课程思政微课1项，以通讯作者发表教学管理论文 2 篇。

（5）教学反思

对课程创新进行反思是促进教师专业发展的有效途径，教师既回味反思，又探索前行，用经验教训来提高教育教学水平。总的来说，教学创新改革是一项任重而道远的任务，漫漫求索之路上，教师还需努力提升自身教学水平和教学能力，只有教师乐教善教，学生才可能乐学爱学。本课程在教学内容、教学流程、教学资源、考核方法等角度力求实现多元化的创新，但由于实施年数较短，尚有较多不足，如教学材料还不够完整，实践案例素材库不够丰富，思政元素的挖掘仍需研讨，课程教学的"高阶性"和"创新性"仍需提升等。只有通过不断的分析、总结和优化，才能进一步提升教学质量，真正实现"以学生为中心"的"基础工程"课程教学。

高能激光技术　点亮创新之路
——"激光加工技术"课程案例

张群莉、姚建华、杨高林

机械工程学院

一、课程基本信息

◎ 课程名称：激光加工技术

◎ 课程性质：专业选修课

◎ 授课教师：张群莉、姚建华、杨高林

◎ 授课对象：机械工程专业大三学生

◎ 授课单元：激光表面处理

◎ 授课学时：本课程共24课时，其中本授课单元2学时

二、课程教学目标

1. 知识目标

理解激光的产生原理，了解激光器结构，掌握激光表面处理、激光再制造、激光3D打印、激光焊接、激光切割、激光打孔、激光雕刻等技术原理、特点、新方法及新工艺，了解这些新技术的工业应用。

2. 能力目标

能够根据机械制造领域零部件的实际工况和性能需求，突破传统制造思维，创新性地设计所需激光加工技术实施方案，并通过实验进行验证，培养学生对科技前沿技术的文献检索的能力、自主学习的意识和能力及抓要点的能力；从产品性价比角度思考创业可行性，培养创业意识。

3. 素质目标

将课程内容与科学研究的"四个面向"相结合，在提出问题、解决问题的过程中开拓思维，提高创新能力，培养创业能力，增强科学素养，并培养家国情怀，增强为建设制造强国而努力创新、努力学习的使命感。

三、教学设计理念

1. 教学内容

本授课单元的主要教学内容是激光表面处理。激光表面处理技术作为先进表面

工程技术之一，具有高性能、低变形、高结合强度等特点，可以达到传统表面技术难以实现的强化效果。本授课单元的主要内容包括激光表面处理概述、激光淬火、激光合金化、激光熔覆以及其他激光表面处理技术（激光清洗、激光抛光、激光仿生等）。本授课单元重点介绍三种代表性激光表面处理技术（激光淬火、激光合金化及激光熔覆）的原理、特点、工艺及应用。

2.教学理念

①启发引导、循序渐进。从国家制造业发展的重大需求出发，引入创新性学习激光表面处理技术的重要性，启发创新思维，逐步引出需掌握的知识点。

②注重理论联系实际。到实验室开展现场教学，将课堂理论知识付诸实践，综合应用所学知识，并通过实验验证创新性工艺的可行性。

③协同多种教学方法。协同课堂教学、实践教学、文献查阅、专题汇报等多种教学方法，多环节相辅相成，形成闭环教学模式。

④培养交叉学科复合型人才。引导学生将机械工程、材料工程、光学工程、控制工程等多学科知识综合应用，做到融会贯通，培养复合型人才。

3.教学方法

①启发式教学法。以科研项目为例引入创新性学习的必要性与紧迫性，启发创新性思维，培养学生提出问题、分析问题、解决问题的能力。

②案例式教学法。引入激光表面处理技术的多个应用场景开展案例分析，让学生多方位了解创新技术应用领域，激发学生的创新创业热情。

③现场教学法。为学生开放科研实验室，在实验现场将课堂内容付诸实践，增强学生的动手能力和创新能力。

④合作学习法。分小组查阅文献资料并进行专题汇报，培养团队协作能力，提高对复杂机械工程问题的解决方案、过程和结果的表达能力。

四、课堂教学实录

1.课程引入

介绍激光表面处理技术的时代背景。从"中国制造2025""工业4.0""'双碳'战略"出发，介绍提高基础件表面性能、开展激光表面处理技术研究及应用的紧迫性和必要性，如图1所示。

活动1：教师抛出问题，工业领域关键零部件运行过程中如何失效、如何损坏的？

活动2：学生短时讨论，并回答问题。

活动3：师生互动，教师对学生的回答进行逐一解析，让学生了解常规的零部件表面失效形式，引入激光表面处理的紧迫性和必要性。

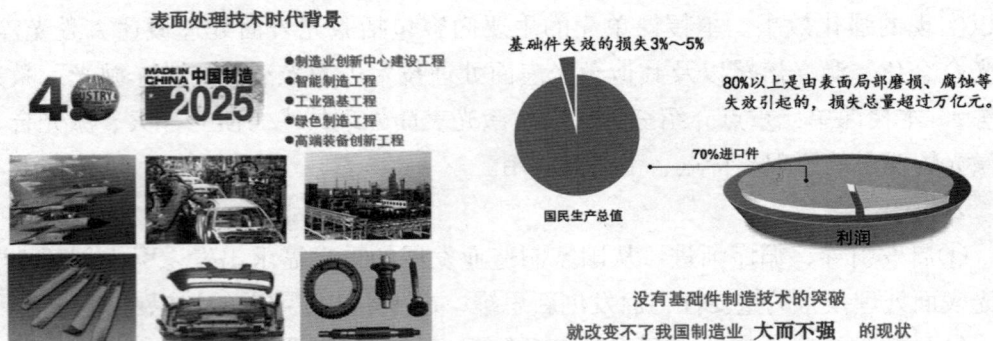

图1　激光表面处理技术的引入——时代背景

2.课堂讲授

介绍激光表面处理的定义、分类、特点及应用概况，详细讲解三种代表性激光表面处理技术（激光淬火、激光合金化及激光熔覆）的原理、特点、工艺及应用，同时介绍最近几年发展起来的新型激光表面处理技术，如激光抛光、激光仿生、超快激光加工等。

开展启发式教学，引入主讲教师正在承担的国家重点研发计划战略性先进电子材料重点专项项目"大型风电轴承激光表面强化关键技术研发与应用示范"。在大力发展清洁能源的大背景下，面对目前我国大型海上风电主轴轴承只能高价从国外进口的现状，介绍轴承激光表面强化的必要性，可实现大型海上风电轴承的全套国产化制造。该项目可以作为学生创新创业的蓝本，深入研究开发重载轴承的表面强化工艺，并逐步实现高端重载轴承（包括风电轴承、高铁轴承、盾构轴承等）的国产化制造。基于此，学生组成团队，成立了创业公司，并参加"互联网+"大学生创新创业大赛。

开展案例式教学，以学生感兴趣的汽车为例，讲解激光淬火在汽车发动机缸套上的应用，结合发动机工作原理的视频，让学生了解发动机缸套的工况及性能要求，通过工程实际应用数据，即装有未经激光淬火和经过激光淬火的缸套的汽车的应用公里数，证明激光淬火技术的优势。以家用缝纫机针板为例，讲解激光淬火在节约制造成本、提高产品品质方面的应用。一般的缝纫机针板是采用40Cr合金钢作为原材料的，主要是因为针孔位置容易与上下运动的针发生碰撞，导致磨损、变形，从而影响针板的使用寿命和缝纫质量，所以对针孔部位的性能要求较高，而针板其他部位的要求不高。所以我们可以用更廉价的45钢替代高价格的40Cr合金钢来制造针板，而在针孔部位用激光淬火技术进行局部强化，一方面可以提高针板使用寿命，提升产品质量，满足出口要求，同时又可以大幅降低制造成本，如图2所示。通过该案例教学，教导学生在创新创业时需充分考虑性价比因素，提高成本意识，用高新技术改造传统制造技术，实现技术革新。

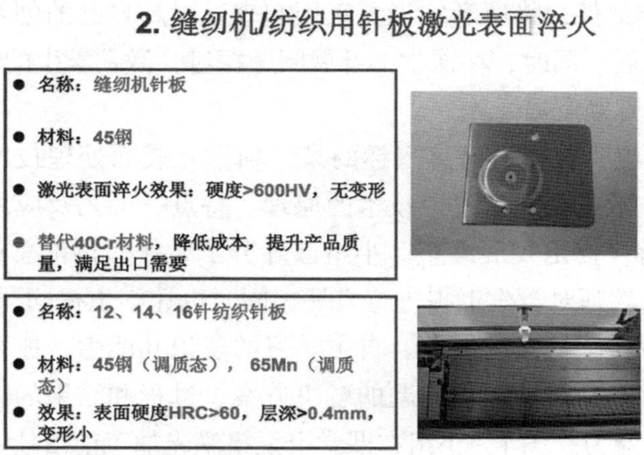

2. 缝纫机/纺织用针板激光表面淬火

- 名称：缝纫机针板
- 材料：45钢
- 激光表面淬火效果：硬度>600HV，无变形
- 替代40Cr材料，降低成本，提升产品质量，满足出口需要

- 名称：12、14、16针纺织针板
- 材料：45钢（调质态），65Mn（调质态）
- 效果：表面硬度HRC>60，层深>0.4mm，变形小

图2　案例式教学——缝纫机/纺织用针板激光表面淬火

另外，以学生常用的游标卡尺、常见的橡胶产品的制造模具为例，分析激光处理的必要性和工艺特点、技术优势等；以学生熟知的家用厨刀为例，介绍激光纳米涂层强化刀具的应用（见图3），融合激光技术和纳米技术，在家用厨刀刃口上，对高性能纳米陶瓷材料通过激光熔覆的方法熔入刃口表层，在刀刃产生高性能纳米合金表面梯度涂层，使得刀具在保证高硬度高耐磨性能的同时，还具有较高的韧性和抗冲击性能，被称为"懒汉刀"。

激光纳米涂层强化刀具（发明专利）

- ➢ 融合激光技术和纳米技术，把高性能纳米材料用于厨刀刃口，在刀刃产生高性能纳米合金表面梯度涂层
- ➢ 涂层与基体产生冶金结合及梯度合金过渡，其刃口锋利、抗冲击、耐磨，性能比一般刀具好，比国外同类名牌产品性能好
- ➢ 使用时切片手感准确、省力，无需磨刃，是一把名副其实的"懒汉刀"

图3　案例式教学——家用厨刀的激光纳米涂层强化

以学生学习、生活中熟知的物品为对象，引入激光表面处理技术在这些物品上的应用实例，教导学生要善于思考、善于创新，可以从身边的小物件入手，实现产品的激光技术应用，申报相关发明专利，开办相关科技公司，实现创业。并扩展到高端制造装备关键部件，将所学知识真正用起来，提高自己的创新能力，推动国家先进制造技术的发展。同时，在课堂上开展问题探讨，激发学生的创新性思维。

3.小组讨论与专题汇报

学生3~5人一组，选择自己感兴趣的某一项激光表面处理技术作为专题，课外广泛查阅国内外文献资料，阐述该技术的原理、特点、工艺及应用，并加入自己对该技术应用的理解，提出发展展望。小组课外分工合作，再汇总讨论，制作PPT进行汇报交流。然后教师对学生汇报进行点评，同时也让学生提问，形成良好的互动。一方面，培养学生文献检索的能力、自主学习的意识和能力、抓要点的能力；另一方面，提高学生对复杂机械工程问题的解决方案、过程和结果的表达能力，并加强学生的交流与沟通能力。图4为小组在课堂上汇报激光加工前沿技术的PPT封面。

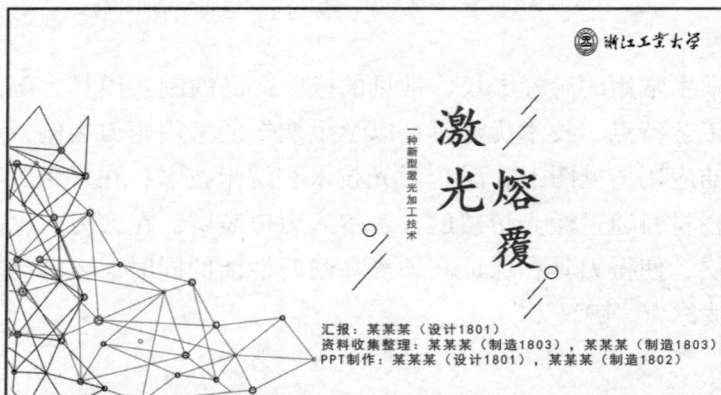

图4　学生汇报PPT封面

4.实验教学

开设"激光对铁碳合金的表面淬火实验"课程，并在实验过程中引入"激光表面改性虚拟仿真实验"（国家虚拟仿真实验教学一流课程）。如图5所示，让学生走进实验室，零距离接触激光表面处理仪器设备和分析测试设备；让学生了解实验室，掌握激光表面淬火的工艺过程，掌握激光淬火工艺过程与工艺参数对强化层的影响，通过虚拟仿真实验，学习仿真软件，计算工艺参数，预测强化效果，如图6所示。通过实验验证激光表面淬火的强化效果；观察激光强化层的显微组织，测试其显微硬度。将课堂内容付诸实践，增强学生的动手能力和创新能力。

图5 开展实验室现场教学

图6 虚拟仿真实验界面

5.课外专题实践案例

学生通过对课堂理论知识的学习以及对实验室设备的了解，选择自己感兴趣的某一项激光加工技术作为专题，3~5人为一组，利用课外时间，广泛查阅国内外文献资料，结合实验内容，分工合作制作PPT进行专题汇报，如分成原理小组、工艺小组、应用小组、PPT图文配置小组等，阐述该技术的原理、特点、工艺及应用，进行汇总讨论，加入各自对该技术应用的理解，提出发展展望。最后通过PPT进行专题汇报交流。表1为某学期学生专题汇报标题。

表1 学生专题汇报标题清单

序号	专题汇报标题	序号	专题汇报标题
1	飞秒激光加工技术及应用	14	飞秒激光加工技术
2	水辅助激光加工	15	超快激光精微加工技术
3	激光增材制造	16	水辅助激光加工
4	激光雕刻技术	17	激光增材制造技术
5	激光熔覆技术	18	激光加工飞秒技术
6	激光微纳制造技术	19	激光复合焊技术
7	水辅助激光加工	20	激光冲击强化
8	激光熔覆技术	21	水辅助激光细微加工技术
9	激光加工之增材制造	22	激光3D打印技术
10	超声速激光沉积（SLD）技术	23	水导引激光加工
11	水辅助激光加工技术	24	激光加工设备及其应用
12	超快激光	25	DMG MORI LASERTEC LSM 系列机床
13	超声速激光沉积	26	蓝光激光器

下面以1号小组为例进行介绍，其专题标题为"飞秒激光加工技术及应用"，该教学过程涵盖了文献查阅、小组讨论、实验实践、PPT制作及汇报交流等环节，在学生创新创业能力提升方面具有以下特点。

（1）合作学习能力

5名学生根据自己的特长和兴趣点进行分工，如图7所示。查阅飞秒激光加工领域国内外最新文献资料，整理成知识点，小组内部进行信息共享，以获得完整的知识架构；再通过小组讨论，表达各自对该技术发展的理解程度，并提出展望，培养学生的团队协作精神及合作学习能力。

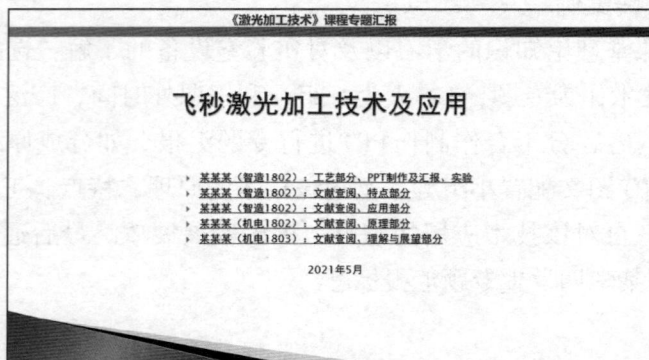

图7 专题汇报学生分工

（2）创新思维能力

飞秒激光加工技术作为激光微纳加工领域前沿技术之一，给先进工业制造带来了高品质与效率。学生自行选择这个专题，表明学生对前沿知识有较高敏感性。自学环节，提高了学生对创新技术的掌握能力。结合飞秒激光加工技术的应用，如在眼科治疗近视中的应用，利用飞秒激光加工的非热熔性，引导学生思考其在超精密加工、超亲水超疏水涂层方面的创新应用，发散思维，开阔眼界。图8为学生专题汇报页面。

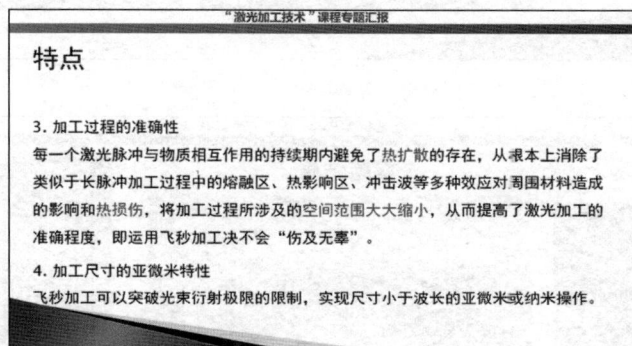

图8　飞秒激光加工技术的先进性特点

（3）实践动手能力

为学生开放实验室，让学生将理论与实践相结合，在实验现场巩固复习课堂上讲解的关于激光器、激光原理、激光加工工艺的理论知识，并通过实验室的激光加工实物理解激光加工技术的应用。指导学生根据典型工业产品的技术需求设计实验，按照实验室实验规程安全操作激光器。通过操作飞秒激光器和连续高功率激光器，设定激光扫描轨迹，实现石墨烯薄膜的激光加工，对比分析两种类型激光器及相应激光加工方法的异同点，理解各自特点及应用场合，如图9所示。引导学生深入思考结构设计、工艺参数对激光加工结果的影响规律，通过实践获得相应实验结果，指导学生撰写相关专利，为创业做好准备。

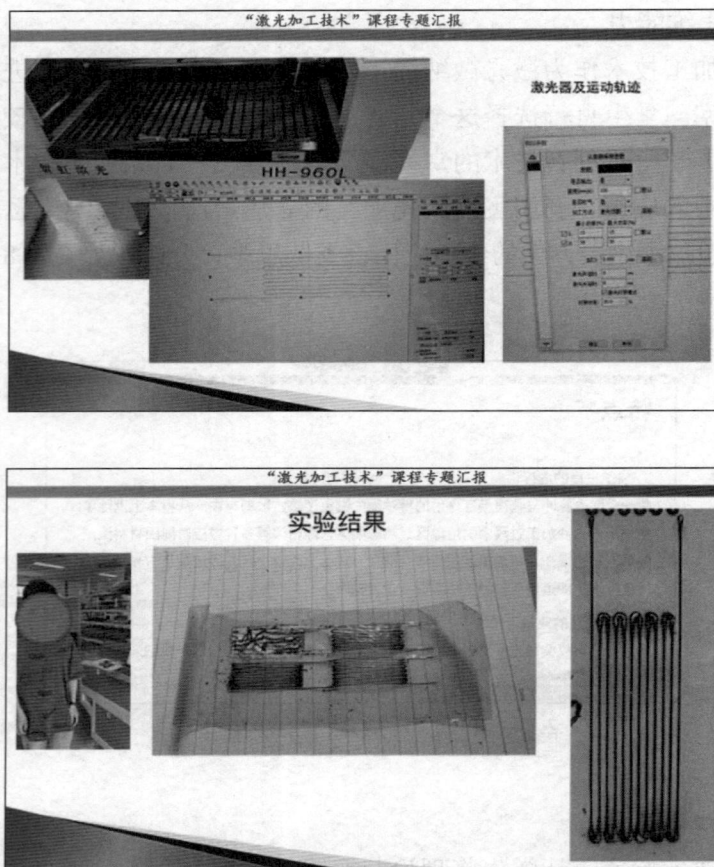

图9　激光扫描轨迹设计及实验结果

五、学业评价方式

该课程的学业评价方式是考查，成绩由平时成绩、实验成绩、PPT汇报成绩组合而成。课堂的问题探究和平时作业作为平时成绩，占10%；实验成绩以积极参加实验及提交的实验报告的质量为依据，占40%；PPT汇报成绩以小组讨论和PPT演讲交流为依据，占50%。改变了常规的闭卷考试的评价方式，采取更加灵活的评价方式，鼓励学生积极参与实验，开展先进激光加工技术的文献查阅，提出自己的想法。通过小组研讨、PPT汇报交流的形式，提高学生对复杂机械工程问题的解决方案、过程和结果的表达能力，增强其创新意识，加强其交流与沟通能力。

六、课程教学效果

通过多种教学方法的综合应用，对学生在知识、能力、素质三大目标中的创新思维和创业意识培养的达成度较高，具体如下：

1.拓宽知识面

学生对这门课的选课热情高涨，1个班级人数最多达到111人，表明学生对先进激光技术在现代制造业中的创新应用具有敏锐的洞察力。课后学生自行选择课堂内容之外的先进激光加工技术作为主题制作专题汇报PPT，并在班上进行分享，让学生了解更多的激光表面处理前沿技术，拓宽知识面，丰富知识结构，促进在创新创业活动中对所需知识的综合应用。该课程学评教成绩良好，其中2019—2020学年第2学期，课程选课人数为93人，学评教成绩同意程度为97.53%，学院排名第3，表明学生对该课程教学效果的认可程度很高。

2.提升创新创业能力

通过启发式、案例式教学，结合教师所在团队正在开展的国家科研项目，组织学生建立团队参加"互联网+"大学生创新创业大赛，先后建成高教主赛道初创组、产业命题赛道两个团队。初创组团队成立了杭州轴城科技发展有限公司，制定融资计划，学生充分掌握了开办企业所有流程以及运营企业所需业务，提高了创业能力，最终获得第七届浙江省国际"互联网+"大学生创新创业大赛金奖。产业命题赛道团队针对命题企业的技术需求，系统设计了激光表面强化全套解决方案，并在实验室开展实验研究，通过团队协作，达到企业所提出的技术指标，培养了系统和创造性思维能力，全面提升了创新能力，最终获得第七届中国国际"互联网+"大学生创新创业大赛金奖。

3.提升科学素养与团队精神

指导学生全面学习先进的激光表面处理技术科学知识，让学生了解创新性激光加工技术的研究过程和方法，并通过项目式教学让学生了解激光加工技术对我国制造业的发展以及对日常生活所产生的影响，培养学生敏捷的思维和正确判断、善于发现问题的能力，能将理论知识和实践融会贯通。通过课外专题实践活动、课程实验、"互联网+"项目申报组织及实验研究，组建团队，团队分工明确，优势互补，培养了技术协作能力以及人际交往能力。

以2020—2021学年第2学期的课程为例分析课程目标总体达成度，如表2所示。课程总目标达成度为85.5%，达成度较好。通过课堂教学与案例分析，让学生基本掌握激光加工技术的原理及其最新应用，拓宽了学生的视野与知识面，增强了其科学素养；通过实验教学，提高学生的动手能力和实验现象的分析能力、完成实验报告的能力，培育创业所需的能力和技能；通过课外资料的查阅以及整理、汇报，培养学生文献检索的能力和综合利用知识的能力，培养学生的创新性思维方式，增强其自主学习的意识、自主学习的能力和抓要点的能力，使其能通过案例解决复杂工程问题。

表2　课程目标总体达成度分析

总评平均分	80～89分	70～79分	60～69分	≤59分
85.5分	53%	12%	2%	1%
毕业要求指标点		考核环节	达成度评价占比	达成度
了解机械工程前沿现状和发展趋势，熟悉新产品、新工艺、新技术和新设备研究、开发的基本流程，掌握基本的创新方法，在解决复杂机械工程问题中具有追求创新的态度和意识。		平时作业	10%	85.4%
按照研究需要设计实验，按照合理步骤进行实验并获取数据。		实验	40%	83%
了解机械工程前沿现状和发展趋势，熟悉新产品、新工艺、新技术和新设备研究、开发的基本流程，掌握基本的创新方法，在解决复杂机械工程问题中具有追求创新的态度和意识。		综合报告	50%	87.5%

国货自强　设计创业
——"产品推广"课程案例

朱昱宁 —

设计与建筑学院

一、课程基本信息

- ◎ 课程名称：产品推广
- ◎ 课程性质：专业必修课
- ◎ 授课教师：朱昱宁
- ◎ 授课对象：工业设计专业大三学生
- ◎ 授课单元：产品推广概述及分组选题
- ◎ 授课学时：本课程共48课时，其中本授课单元3学时

二、课程教学目标

1．知识目标

了解与工业设计相关的产品推广所需要的知识体系。掌握产品市场战略、产品定位、品牌、包装、广告与展示设计等领域中主要的调查研究方法与设计流程。

2．能力目标

通过以选定产品为核心的策划设计实践，理解、掌握商业设计的基本技能，包括利用模型、效果图、视频、多媒体文本等具有实践性的商业专业设计手段；通过小组合作的项目实践，培养团队协作能力、设计管理能力、设计对接能力、观察能力、分析能力、思考能力、表达能力。

3．价值目标

理解中国品牌发展历程，培养文化自信和爱国精神，树立正确的人生观；引导学生从浙江地域产业出发虚拟创业，激发学生双创热情，使学生具备非遗复兴与国货自强的设计思想。

三、教学设计理念

1．教学内容

本授课单元先概述国货推广相关知识，而后学生分组自主选择产品品类，虚拟创立一个新国货品牌，扮演品牌创始人，开展产品推广设计。

2．教学理念

①以创新创业为导向。把整个课程当成一个具体项目，将教学流程分为前后有机串联的五个阶段，每个阶段都融合了理论与实践。学生在课程学习之初从小组团队的兴趣爱好出发，先进行分组与选题，以设计任务为驱动，将课程相关专业技能以"创新创业"的形式串联，从品牌命名及形象、包装设计、感性和理性推广、店装展示、商业模式五个方面边学习边实践，最终形成完整的产品推广报告。

②以产品推广应用为目标。围绕应用型人才培养目标，从市场实际需求出发构建课程模块，设计教学活动。课程团队熟知产品开发、落地、销售、推广、商业模式设计等在实践中的运用，积累了大量的实操案例。将细化评价指标引入外部专家参与评价，提高课程的实用性和落地性，也能更好地检验学生实践的效果。

③结合课程思政，融入国货创新。通过中外对比弘扬国货正能量，培养文化自信；结合案例分析，激发国货自强和非遗复兴的热情；结合浙江地域产业进行品牌创新，传承创新创业的浙商精神；倡导求真务实，强化设计师职业道德。

3．教学方法

课程教学结合案例式教学法、项目式教学法、研讨式教学法进行授课，具体如下：

①案例式教学法。课程团队在校企联合研发项目中积累了丰富的实践经验，从实际案例成果和工作流程出发，采用案例结合理论的方法进行教学，理论结合实际，加深学生的理解与认知。

②项目式教学法。通过以创新创业为导向的虚拟推广项目，要求学生整合资源，完成从产品推广定位、产品命名到产品展示完整的商业设计及方案展示汇报的全链路设计实践。

③研讨式教学法。针对不同产品推广阶段的子任务，以创业团队分组汇报的方式开展课堂讨论，提升学生兴趣，开拓学生思维，培养学生团队协作能力、表达能力及沟通能力。

四、课堂教学实录

1．教学实录

以第一章概论的第二节内容的教学为例，以国货品牌现状及课程虚拟创新创业为主题，本次课程的教学目标为：巩固工业设计范畴的产品推广框架体系知识；增强对现有国货推广背景、范围、风格样式等信息的认知；提高对国货的学习热情和创业激情；培养团队协调互助能力、设计观点的纸上表达能力与口头陈述能力。

本次教学活动与学生学习测评设计为：中外产品对比式课程导入，引起兴趣；线上线下混合式前测，了解基本态度；任务驱动式教学，引导创新创业；手、口结合翻转式后测，提高综合表达能力；鼓励式总结，维持课程学习劲头。

具体教学过程设计如表1所示。

表1　"产品推广"教学过程设计

教学内容	教师活动	学生活动	设计意图
前情回顾，提出本堂课的总目标	回顾上一次课内容，问答式询问：产品推广课程分哪几个步骤？为虚拟的创新创业选定课题，即确定推广哪类产品	回答老师提问，基本掌握无误。对课程表现出兴趣	巩固产品推广课程框架体系知识；让学生了解本次课的流程和内容
课程导入，介绍建立中国品牌的重要意义	结合课件，以国外知名品牌产品（双立人、OXO等）实际上由国内代工企业生产为出发点，讲授从OEM企业、ODM企业到OBM企业的变化	学生听老师讲课，积极反馈	以中外产品对比为出发点，讲授从OEM到ODM到OBM的变化，引出创立中国品牌的重要性
融入思政，激发创业热情	讲述习近平总书记提出的"三个转变"、国务院批准设立中国品牌日、浙江省提出品字标，展示国家对中国产品、中国品牌的重视	学生听老师讲课，积极反馈	展示国家对中国产品、中国品牌的重视，激发学生的创业热情
课程讲授，呈现中国元素	先进行提问互动，了解学生对国货风格的理解；然后通过大量案例，从不同深度和广度讲授中国元素的应用方式；古典元素、现代工业元素、民国元素、革命元素等都是可以运用的中国元素	学生积极反馈，提出了青花瓷、中国园林、祥云、红色等常见的中国传统元素；听老师讲课	了解不同类型中国元素，拓宽对国货范围的认知，为后续确定选题方向打开思路，这也是本次课程的难点
线上问卷互动，加强对国货的认知	将问卷二维码打在屏幕上，引导学生扫码填写问卷，并在屏幕上实时反馈结果，由此了解学生对国货的认知层次	学生手机扫码填写问卷，积极反馈	增强课程互动性，以即时的反馈让学生了解同龄人对国货的不同认知
布置任务创新创业选题	要求学生虚拟创立一个新国货品牌，扮演品牌创始人，教师列举不同产品品类，介绍浙江的区域优势产业，为学生选题提供方向	学生前后排组队，开始进行讨论	培养学生的创业团队意识
学生小组讨论，分确定虚拟创业的选题方向	分配纸笔，要求学生以小组形式进行讨论，每组学生在A3纸上，列举2个品类中优秀的国外品牌和国内品牌，分析其差异性。让学生讲述选择这个品类的理由以及预期往什么方向去开展工作	学生分组进行讨论，并在A3纸上记录。老师旁听	对国内外案例进行分析和讲解，厘清其优势与不足。培养学生的创业团队意识
小组代表讲述自己的选题方向并简述理由	每个小组派出代表向全班发布本组的初步选题方向和选题依据，教师对每组发言进行评价	学生代表起立发言与老师及其他同学有一些互动	使得学生能够通过书面报告、口头陈述讲述自己的观点

续表

教学内容	教师活动	学生活动	设计意图
课程小结，任务下达	要求学生确定自己团队产品推广的对象，建立起初步的品牌画像	学生按要求推进课程任务，从而巩固本节的学习内容	将创新创业的热情和学习知识引导到自己的课题设计中

教学活动1：回顾上一次课程内容，巩固产品推广课程框架体系知识，提出本堂课的总目标，如图1所示。

图1　产品推广课程整体介绍教学现场

教学活动2：课程导入，以中外产品对比为出发点，讲授从OEM（original equipment manufacturer）企业到ODM（original design manufacturer）企业再到OBM（original brand manufacturer）企业的变化，引起学生的学习兴趣。先在屏幕上打出双立人品牌的锅具和OXO品牌的厨具，让学生猜测其产地，最后揭示均为浙江省的地域制造企业代工生产，精良的制造工艺只换来微薄的利润，这就是OEM企业的困境；如果制造企业拥有了自主设计，就将转为ODM企业；如果进一步拥有了自主的品牌，则成为OBM企业，而这正是制造型企业转型跃升的目标。学生纷纷表示认识到了自主国货品牌的重要性。

教学活动3：融入思政，讲述习近平总书记提出的"三个转变"，即"中国制造向中国创造转变、中国速度向中国质量转变、中国产品向中国品牌转变"展示国家对中国产品、中国品牌的重视，激发学生的创业热情。

教学活动4：提问互动，了解学生对国货的风格理解；课程讲授，通过大量案例，从不同深度和广度讲授中国元素的应用方式。

教师首先提问：如果要大家选择一个中国元素进行设计，你们最先想到的是什么？

学生A：青花瓷。

学生 B：祥云如意。

学生 C：红色喜庆。

教师肯定了学生的回答，同时展示了两个知名国外品牌简单生硬地使用中国元素的产品，引发学生进一步思考什么是中国风元素。紧接着向学生展示多种风格的中国元素，最终指出创立一个国货品牌无需刻意使用中国元素，而应该根据受众和用户来确认风格，满足中国人民的审美需求和使用需求的就是好的国货品牌。

教学活动 5：线上问卷互动，引导学生扫码填写问卷，并在屏幕上实时反馈结果，由此了解学生对国货的认知层次，如图 2 所示。

互动结果：学生对国货的认知仍存在一些偏见，对国货缺乏关注。

图 2　问卷互动教学现场

教学活动 6：布置任务，以 2~3 人为一组，自选方向创立一个新国货品牌。本环节最重要的目标是引导学生开拓选题的视野，因为学生受生活经验的限制，往往会选择如文具、玩具、时尚产品、日用品等领域。教师首先向学生展示浙江地图，同时随机抽取几位学生，问其家乡的位置和家乡的主要产业，从而引申出浙江省的区域优势制造业，鼓励学生从家乡的龙头制造业中寻找选题方向，如图 3 所示。同时也鼓励学生串联一、二、三产业，为农业的深加工产品提供推广设计策划方案。学生由此开阔了选题思路，在后续的选题中产生了农药、花卉苗木、油漆、五金工具等专业领域的创业方向。

图3　国货推广选题教学现场

教学活动7：开展十分钟的讨论会，让学生分组进行虚拟创新创业选题方向讨论，学生以纸笔和平板电脑记录讨论的要点，如图4所示。

图4　学生课堂讨论现场

教学活动8：采用翻转课堂形式，学生小组代表分别发布本组的创业方向和选题依据，表2为本堂课学生选题内容。教师对每组发言进行评价。

表2 学生选题汇总

组别	选题/品类方向
1	混合现实（MR）体验与周边产品售卖
2	最懂年轻人的中医养生品牌
3	洗护用品——香皂
4	云和木制儿童玩具
5	新国货STEM儿童编程玩具
6	潮流玩具
7	香水品牌
8	行李箱
9	黑胶唱片
10	国潮文具品牌
11	做东半球最好用的耳机
12	精品香氛
13	新式东方风格茶具品牌
14	入门级武术体育用品
15	中低端小容量便携式香水品牌
16	卫生棉条
17	办公室睡眠用品
18	农药与化肥

学生小组2发言：我们组的创业方向是膏药，膏药为民间通俗说法，它是由药材提取物、药物与橡胶等基质混匀后，涂布于布上的外用制剂。一直以来人们对于市场中贴膏类产品的关注不是很密切，纵观国内橡胶膏剂市场，贴膏类产品竞争也波澜不惊，其在医药领域的销售量与市场占有率也非常低。膏药目前的受众多是中老年人，在年轻人心目中，膏药是一种古老又不起眼的东西，因此我们想做一种面向年轻人的膏药品牌。

教师评价：可以多去研究一下传统中医药，中药的现代传承和推广很受国家重视。建议将中药方剂与不同膏药产品进行结合，同时利用现代用户研究手段，对不同功效的膏药采用不同尺寸或风格进行包装，拓展年轻人市场。

学生小组14发言：我们组的创业方向是传统武术器械。我们想创立一个专业的武术器械品牌，使其达到专业化、标准化和体育用品化。

学生小组18发言：我国是农药生产、制造与使用的大国，我们却难以说出一个知名的品牌，甚至农药这个品类还被污名化。我们将农药定义为"理想的环境化合物""生物调节剂"，打算让返乡创业的大学生获得更有趣且生动的农药使用体验，我们为品牌取名为"农度"，浓的是农药化肥的纯度，更是人与人的亲密度，度是农药与化肥界限的尺度。

……

教学活动9：总结本堂课内容，布置课后任务，引出下堂课内容。

2. 课外项目实践

本单元的教学仅为选题阶段，下面对最终课程项目实践概况进行介绍。我们从24组选题的方向中看出，有的选题来自年轻人的美好家居生活，有的来自学生家乡的风味特产，有的来自浙江地域的制造产业，更有对高科技与日常生活融合的畅想……其实践项目信息如表3所示。

表3　课程项目实践信息

序号	组员	项目类型	主要特色亮点
1	平雅沁、陆柔璇、余明洁	健康生活	面向年轻人的中医养生茶饮
2	徐梦瑶、俞博凡、何卓妍	家乡风物	由鸡毛换糖而来的义乌红糖
3	袁鑫城、谭文杰	家居用品	面向中国人使用习惯的厨具
4	章宗强、张瑞隆、周行健	家居用品	时尚眼镜品牌
5	朱凌妍、吴晨怡	文创产品	河姆渡博物馆的文创产品
6	邵晨晨、俞俏璐、范梓伊	健康生活	改善睡眠的周边产品
7	蔡晨超、缪文波	电子数码	电子竞技游戏手柄品牌
8	瞿浩翔	家居用品	男性香水
9	汪世源、董晨恺	健康生活	反转"寒食节"的即热食品
10	黄琼燕、黄砚羽	家乡风物	新疆骆驼奶推广
11	陈文清、费垲丽、顾博文	户外用品	让"宅男"踏出家门开始运动
12	朱婕、张佳钰	宠物用品	针对宠物猫的高端零食品牌
13	陈含秀、余佳航	健康生活	中药文化与口香糖融合
14	吕嘉豪、张宏宇	家乡风物	浙江台州的涌泉蜜橘
15	王达、马紫钰	电子数码	个人电脑的革命性提升
16	王聿辰、沈梁余、王振昌	户外用品	致敬徐霞客的中国登山杖
17	裘楚颖、李倩	体育用品	国人乒乓球品牌
18	钱怡嘉、管伊朵	家居用品	有文艺气质的矿物颜料品牌
19	韦海亮、任京杭	家乡风物	广西横县茉莉花
20	金建宏、吴星霞、吴凡	健康生活	庄生梦蝶——东方睡眠产品

序号	组员	项目类型	主要特色亮点
21	黄佳怡、姜诗婷、袁宇	家乡风物	贵州遵义羊肉粉
22	章乐涛、徐飞	家乡风物	贵州兴仁薏仁米
23	周扬、刘华瑛	家居用品	年轻人的桌面时尚盆栽

学生优秀作品：虚拟中医养生品牌策划报告。

该作品为2019—2020学年学生产品推广课程作业成果。意在打造面向年轻人的中医养生品牌。

【作品名称】虚拟中医养生品牌策划报告

1. 品牌调研与定位

中医药文化是中国传统文化核心组成部分之一，是中医发展的根基和灵魂，它推动着中医事业的发展，推动着中医学术的不断创新，更是促成了中医行业的凝聚。

增强传承发展中医文化的自觉主动意识，深入探讨中医药文化的核心价值体系，建立健全中医文化传承的内容和方法，传承创新，建立起中医文化，我辈义不容辞。在年轻群体中传承发展中医药文化，正是品牌课程小团队的初心和使命。

产品品类：膏药为民间通俗说法，其药学名称应为"橡胶膏剂"，也叫"透皮吸收剂"，它是将药材、食用植物油与红丹炼制成膏料，摊涂于裱褙材料上制成的外用制剂。一直以来，贴膏类产品竞争波澜不惊，其在医药领域的销售量与市场占有率也非常低。膏药独特的外敷疗法历史悠久、源远流长，是中华医药学中的瑰宝。它的特点是见效快、适应证广、使用安全，符合现代人崇尚自然、回归自然的理念。特别在治疗颈、肩、腰、腿疼痛等疾病时，更有着西医药无法比拟的优点和长处。

通过前期大量的竞品调研，本小组明确了品牌用户定位为高压力快节奏生活背景下，希望尝试传统养生的亚健康年轻人。

2. 品牌形象

在高压力快节奏生活背景下，有些年轻人生活习惯和健康状态较差。根据品牌的调研结果，并结合品牌的定位，选用戴墨镜的寿星形象作为品牌形象，寓意为健康长寿。

3. 包装与海报设计

品牌的包装设计是在黑白色的纸盒上，采取激光渐变镀膜的工艺，将富有个性的现代设计风格与传统养生产品互相碰撞，让人产生一种具有冲突的审美感受，以期吸引年轻消费者的青睐。

4. 店装设计（见图5）

本小组店面地址拟设在杭州滨江龙湖天街。设计了8个分区，分别是：①心理压力测试和生成迷你报告区；②柜台和周边贩卖区；③中药气味墙；④眼动游戏和产品展示区；⑤按摩和产品体验间（热敷眼罩/中药香薰）；⑥养生茶DIY区；⑦品尝区；⑧水母充电和展示区。

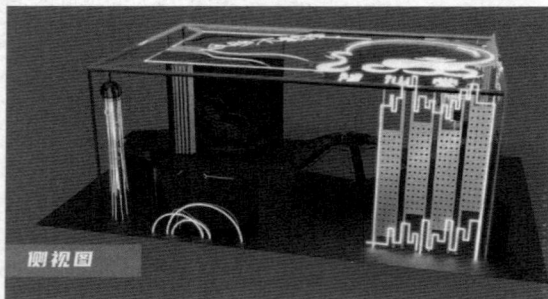

图5　店装设计

5.商业画布

对自己产品的商业画布进行构思，思考品牌的价值主张、重要伙伴、关键业务、核心资源等要素。

五、学业评价方式

课程学业评价从课程三大目标出发，对标三个毕业指标点，强调过程化考核。通过结合学生评价、教师自评、不同专业教师与校外专家评价、线上课程成果展示与线下课程作业展览中采集的大众评价，综合得出课程评价指标，促进课程不断改进。

课程重在考查学生在产品推广领域的创新思维与创业意识，以及与之相匹配的综合设计创新能力。学生分组完成完整的创新创业虚拟课题的产品推广设计策划，学业评价以最终项目路演为主要评分标准，并将平时课题研讨、课堂纪律等作为评分参考依据。其中，平时成绩包括过程性作业考核成绩、分组讨论和课堂表现得分，占总成绩的30%；课程大作业的汇报得分占总成绩的70%。课程最终按百分制计分。

六、课程教学效果

（1）课程目标达成

产品推广课程是工业设计的专业核心课程之一，专业四个年级约有240人，每学年三个班约65人可从课程中受益。

针对知识目标：学生了解与工业设计相关的产品推广所需要的知识体系。学生学习兴趣提升，在后续课程、学科竞赛、毕业设计中大幅提高对于国货推广的综合素质，达成工业设计毕业要求的支撑指标点。

针对能力目标：学生熟练掌握商业设计的基本技能，受惠学生在参加2019年、2020年浙江省大学生工业设计竞赛中，充分运用课程成果，在作品的介绍版面、宣传视频、周边展示、现场答辩等方面都有长足的进步，其中2019年获金奖6项，2020年获金奖8项，连续两年刷新近年来最好成绩；学生的包装设计，参加2020年、2021年中国包装创意设计大赛获得一等奖1项、二等奖2项、三等奖5项、优秀奖6项的好成绩；学生成果在第五届"汇创青春"大学生文化创意作品展示活动中获得一等奖1项、三等奖3项。

针对素质目标：学生的文化自信、团队协作能力、设计管理能力、观察能力、分析能力、思考能力和表达能力得到了培养和锻炼。2016至2019级学生创新创业积极性高涨，获国家级和院级大学生创新创业人才计划10项。学生还积极参加"挑战杯"红色专项活动，拍摄制作了精良的短视频进行设计推介。

（2）课程建设成果

2019年校级课堂教改项目"双创背景下的工业设计产品推广课程教学改革"立项，于2021年验收为优秀；2020年被认定为浙江省一流本科线下课程。本课程在引导学生创新创业中较好融入了思政元素，成为2020年度浙江工业大学课程思政改革试点建设项目，并参与思政课程成果展览，入编课程思政相关丛书，获得浙江省思政征文比赛二等奖。课程教学效果良好，近三年连续获学校优课优酬奖励8次，学生满意度高。

（3）成果应用价值

产品推广课程在教学创新中培养学生产品创新创业实践的设计思想，引导学生利用专业优势适应大众创业、万众创新的改革潮流。课程教学成果与浙江省地方制造企业、产学研基地、地方研究院、院校的创新创业教育联动融合，打造双创课程共同体。

作为一门实践性极强的综合性应用课程，除面向工业设计专业开设之外，本课程有不同的教学内容侧重点，教学创新成果有助于培养其他专业学生的商业思维，将商业知识的应用与市场接轨，提高学生的综合实践能力。